王永春 著

小学数学与

数学思想方法

（第二版）

华东师范大学出版社

·上海·

图书在版编目(CIP)数据

小学数学与数学思想方法/王永春著. —2 版. —上海:华东师范大学出版社,2022

ISBN 978 - 7 - 5760 - 3075 - 4

Ⅰ.①小… Ⅱ.①王… Ⅲ.①小学数学课—教学研究 Ⅳ.①G623.502

中国版本图书馆 CIP 数据核字(2022)第 148750 号

XIAOXUE SHUXUE YU SHUXUE SIXIANG FANGFA

小学数学与数学思想方法(第二版)

著　　者　王永春
策划组稿　倪　明
责任编辑　汤　琪
责任校对　时东明
装帧设计　黄惠敏

出版发行　华东师范大学出版社
社　　址　上海市中山北路 3663 号　邮编 200062
网　　址　www.ecnupress.com.cn
电　　话　021 - 60821666　行政传真 021 - 62572105
客服电话　021 - 62865537　门市(邮购)电话 021 - 62869887
地　　址　上海市中山北路 3663 号华东师范大学校内先锋路口
网　　店　http://hdsdcbs.tmall.com

印 刷 者　浙江临安曙光印务有限公司
开　　本　700 毫米×1000 毫米　1/16
印　　张　16.5
字　　数　269 千字
版　　次　2022 年 8 月第 2 版
印　　次　2024 年 8 月第 6 次
印　　数　37 401—45 400
书　　号　ISBN 978 - 7 - 5760 - 3075 - 4
定　　价　63.00 元

出版人　王　焰

如发现图书内容有差错,或有更好的建议,请扫描下面的二维码联系我们。

(如发现本版图书有印订质量问题,请寄回本社客服中心调换或电话 021 - 62865537 联系)

目　录

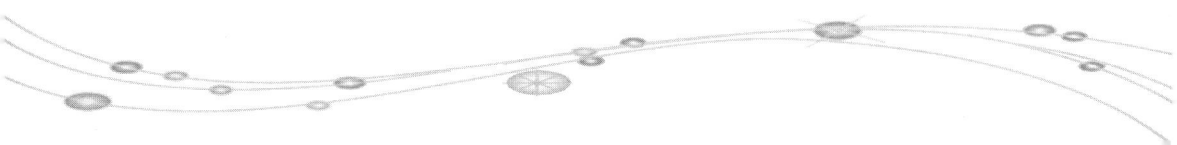

第二版修订说明

　　本书自2014年10月出版第一版以来,得到了小学数学教研员和教师的认可,部分高等院校的小学数学教育专业选此书作为教材使用。近年来,数学课程改革不断推进,《普通高中数学课程标准(2017年版)》(本文中,简称《高中标准2017版》)于2018年1月颁布,《义务教育数学课程标准(2022年版)》(本文中,简称《标准2022版》)于2022年4月颁布,均提出了数学核心素养的课程目标,认为数学核心素养具有整体性、一致性和阶段性。数学核心素养中最基本的是数学抽象、逻辑推理和数学模型,同时这些也是数学的基本思想。为了更好地贯彻落实《标准2022版》提出的新理念和数学核心素养目标,对本书进行了修订,修订的基本出发点是:理解和掌握数学思想方法是为了更好地达成"四基""四能"和"三会"的目标,特别是数学核心素养的课程目标。

　　本书在修订时参阅了很多文献,包括《高中标准2017版》和《标准2022版》对数学思想方法和核心素养的阐述,数学教育界近几年最新的一些研究成果,并使用了本人近年来学习和研究的成果，以此完善本书的理论和案例，力求体现数学新课程改革的理念和目标，助力教研员和一线教师全面科学地把握数学思想方法、数学核心素养的内涵，并于实践层面进行落地，满足高等院校小学数学教育专业师生的教学和学习需求。

本书与第一版比较，除了理论和案例进行了比较大的修改，同时不再设下篇，就是希望教师或师范院校学生通过对本书每个章节的理论学习和案例分析，把握数学思想方法和核心素养的内涵，把如何应用数学思想方法解决问题迁移类推到教科书的例题和习题中，迁移类推到巩固练习中，迁移类推到中学数学的学习中，使学生逐步学会学习、学会思考。

为了方便作为高等院校小学数学教育专业的教材，本书每章末尾附加了一些练习，供参考使用。

因时间和本人水平有限，本书难免出现不妥之处，欢迎各位同仁提出修改建议。

2022 年 2 月 14 日

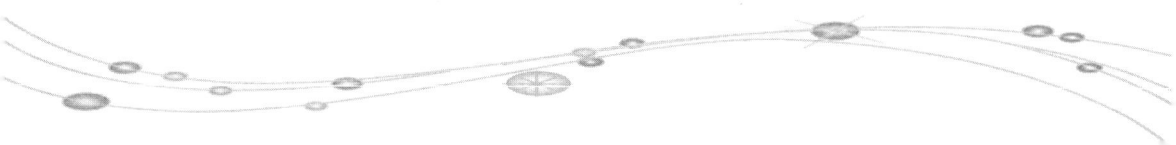

第一版作者的话

《义务教育数学课程标准(2011年版)》在总目标中提出:通过义务教育阶段的数学学习,学生能获得适应社会生活和进一步发展所必需的数学的基础知识、基本技能、基本思想和基本活动经验。

把基本思想作为"四基"之一,进一步强调了数学思想的重要性。对于小学数学教师而言,多年来形成了课堂教学重视双基的意识。面对新一轮的课程改革,小学数学教师既需要转变观念,逐步培养重视数学思想的意识;同时又需要在数学的专业素养上提高自己,这样才能更好地落实"四基"目标。带着这种强烈的愿望和责任感,我产生了撰写本书的想法。

本书是在笔者多年来在《小学数学教育》杂志上发表的有关数学思想方法在小学数学中的应用的系列文章的基础上,补充完善而成。全书分为上篇和下篇两部分,上篇阐述与小学数学有关的数学思想方法,并结合案例谈思想方法的教学;下篇介绍人教版各册教材中体现的数学思想方法。在上篇的案例选取中,基本出发点是尽量少出现教材中常用的例子，就是想给老师和同学们多提供一些案例，拓宽知识面，更加有利于了解和掌握思想方法，有利于中小学的衔接。有的例子是在小学知识基础上的拓展和提高，有的是中学知识的简化，可能会有一些案例的难度高了点，希望老师在借鉴中把握好尺度。下篇的教材案例解读，没有按照思想方法分类，而是分册编写的，主要是为了教师使用方便。

数学思想方法不同于一般的概念和技能，后者一般通过短期的训练便能掌握，而数学思想方法则需要在教学中长期地渗透和影响才能形成。古语云："泰山不让土壤，故能成其大；河海不择细流，故能就其深。"教师应在每堂课的教学中适时、适当地体现思想方法的教学目标，使学生在潜移默化中日积月累，通过提高数学素养达到学好数学的目的。

人教社小学数学室的同事、全国各地的小学数学教研员和老师的鼓励和支持，才使我有信心完成本书的写作。在此深表谢意。

本书的出版，要特别感谢华东师范大学出版社的倪明老师和责任编辑。

因时间和本人水平所限，书中定有不妥之处，恳请大家提出宝贵意见。

王永春

2014 年 4 月 2 日

第一章　数学思想方法简介

数学是研究数量关系和空间形式的科学。数学的数量关系和空间形式来源于生活实际,但是又高于实际,是通过对实际的抽象形成数学的研究对象,继而进行符号表达、运算、推理,建立模型等,再形成数学的概念、命题、关系、结构、思想和方法,以帮助人们理解和表达现实世界的关系和规律。数学已经应用到现代社会的各个方面,直接为社会创造价值,推动科技进步和生产力的发展。同时,数学在形成人的理性思维、科学精神和促进个人智力发展等方面发挥着不可替代的作用。因此数学素养是现代社会每一个公民应当具备的基本素养,这些数学素养不仅仅包括数学的知识和技能,还包括数学的思想和方法。我们都知道,中国数学教育的传统强项是双基,但是在人工智能、大数据、云计算、高科技的新时代,仅有双基是远远不够的,甚至双基的内涵也需要改进。同时迫切需要加强培养学生的数学思想和方法等,这样学生才能形成和发展数学核心素养,发展实践能力和创新精神,树立正确的世界观、人生观和价值观。

双基是数学课程教材和教学的载体和主线,而数学的思想和方法是比较隐性的且更加重要的另一条主线,是数学的灵魂,是数学的精气神。如果说没有双基的数学是无源之水、空中楼阁,那么没有思想方法的数学就像一堆枯木、一潭死水,没有生机和活力,没有前进的方向。

从本章开始,我们以双基为载体,对数学思想方法进行比较系统的讨论和阐述。

第一节　对数学思想方法的认识

一、数学思想方法

数学思想、数学方法、数学思想方法近年来受到了数学教育界的广泛关注，尤其是从 2011 年我国颁布《义务教育数学课程标准（2011 年版）》（以下简称《标准 2011 版》）以来，这三个概念在各种专著和文章中被使用的频率越来越高。

多数专家认为数学思想是对数学知识的本质认识和理性认识。参与《标准 2011 版》撰写及《标准 2011 版》解读的专家学者认为数学思想是有层次的，较高层次的基本思想有三个：抽象思想、推理思想、模型思想，这三个基本思想分别对数学学科的建立、发展和应用起到了重要作用，并且由这三个基本思想演变、派生、发展出很多其他的较低层次的数学思想，如分类思想、归纳思想、方程思想、函数思想等。这些数学思想的关系可表示如下：

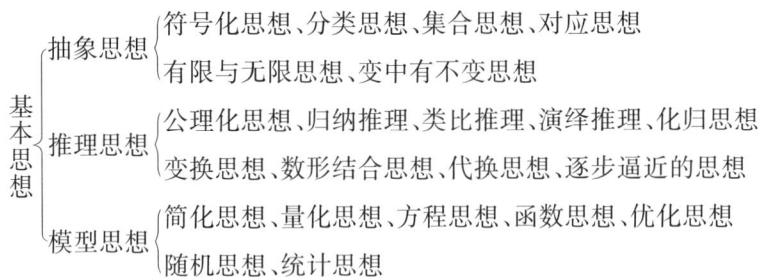

基本思想
- 抽象思想
  - 符号化思想、分类思想、集合思想、对应思想
  - 有限与无限思想、变中有不变思想
- 推理思想
  - 公理化思想、归纳推理、类比推理、演绎推理、化归思想
  - 变换思想、数形结合思想、代换思想、逐步逼近的思想
- 模型思想
  - 简化思想、量化思想、方程思想、函数思想、优化思想
  - 随机思想、统计思想

数学方法一般是指用数学解决问题时的方式和手段。

数学思想和数学方法既有区别又有密切联系。数学思想是数学方法的进一步提炼和概括，数学思想的抽象概括程度要高一些，而数学方法的操作性更强一些。人们领悟数学思想往往要靠一定的数学方法；而人们选择数学方法，又要以一定的数学思想为依据。

参与《标准 2011 版》解读的专家学者认为数学方法也是有层次的，基本的方法有：演绎推理的方法、合情推理的方法、变量替换的方法、等价变形的方法、分类讨论的方法等。下一层次的方法有：分析法、综合法、穷举法、反证法、列表法、图象法等。

如推理思想是数学中的重要思想,在数学的各个领域都有广泛的应用;在此思想指导下,有三段论、数学归纳法、类比法、归纳法等具体的数学方法。因此,二者是有密切联系的。另外,在表述数学思想和方法时,有时也很难把二者分得十分清楚,如数学抽象,有专家称其为数学抽象方法,有专家称其为数学抽象思想。综合以上考虑,在本书以下的论述中,不再严格区分数学思想、数学方法、数学思想方法这三个概念。另外,上述对数学思想方法的分类并不是逻辑意义上的严密的概念分类。数学思想方法是数学的灵魂,要想学好数学、用好数学,就要深入到数学的"灵魂深处"。

二、数学知识与数学思想方法

数学知识一般指数学的各个分支的具体内容,以及相应的概念、性质、法则、公式、公理、定理等。如义务教育阶段的数学分为数与代数、图形与几何、统计与概率等;高中阶段的数学往往分为函数、代数、几何、微积分、概率与统计等。这些数学知识以显性的结论为主,是学生必学的课程内容,确实必要、也很重要。但是我们得进一步思考:还有没有比显性知识更重要的需要学习和掌握的隐性知识呢?学生从一年级到高中毕业,学习了十二年的数学,做了那么多以双基为主的题目,如此能够适应和面对人工智能和大数据时代吗?新时代迫切需要具有理性思维、科学精神、创新意识和实践能力的人,需要我们用新的知识观来看待基础知识和基本技能。新时代需要新的具有理性思维和科学精神的"基本知识",包括知识中蕴含的思想、方法、价值、应用等重要的方面,这些基本知识更能促进人的发展,适应新时代的需要。其中的数学基本思想方法就是重要的需要落实的目标,数学知识是数学思想方法的载体,数学思想方法是对数学知识的本质的进一步提炼概括;它体现了结论性知识的发生、发展和应用的过程和方法,体现了数学本质的一般性、严谨性和应用性,包括怎样获得概念、性质和规律,怎样形成概念之间的关系和结构,怎样应用数学的知识与方法解决问题等;而不是单纯地记忆结论和模仿训练。

三、数学思想方法与数学核心素养

数学核心素养是继数学思想方法之后的又一个热词,官方文本中首次出现这个概念的是在《普通高中数学课程标准(2017年版)》(以下简称《高中标准2017版》)。《高中标准2017版》对数学学科核心素养的界定如下：

数学学科核心素养是数学课程目标的集中体现，是具有数学基本特征的思维品质、关键能力以及情感、态度与价值观的综合体现，是在数学学习和应用的过程中逐步形成和发展的。数学学科核心素养包括：数学抽象、逻辑推理、数学建模、直观想象、数学运算和数据分析。这些数学学科核心素养既相对独立、又相互交融，是一个有机的整体。①

与《高中标准2017版》对数学核心素养的内涵界定既有相同点又有不同点，《义务教育数学课程标准(2022年版)》(以下简称《标准2022版》)关于数学核心素养的内涵，从两个层面阐述：一是从各学科课程标准基于义务教育培养目标的角度，将党的教育方针具体细化为一般性的核心素养，即正确的价值观、必备品格和关键能力。二是从数学课程目标的角度，包括以下三个方面(简称为"三会")。

(1) 会用数学的眼光观察现实世界。

在义务教育阶段，数学眼光主要表现为：抽象能力(包括数感、量感、符号意识)、几何直观、空间观念与创新意识。

(2) 会用数学的思维思考现实世界。

在义务教育阶段，数学思维主要表现为：运算能力、推理意识或推理能力。

(3) 会用数学的语言表达现实世界。

在义务教育阶段，数学语言主要表现为：数据意识或数据观念、模型意识或模型观念、应用意识。

核心素养具有整体性、一致性和阶段性，在不同阶段具有不同表现。小学阶段侧重对经验的感悟，初中阶段侧重对概念的理解。小学阶段，核心素养主要表现为：数感、量感、符号意识、运算能力、几何直观、空间观念、推理意识、数据意识、模型意识、应用意识、创新意识。②

我们可以发现，无论是高中阶段，还是义务教育阶段，数学核心素养都包

---

① 中华人民共和国教育部.普通高中数学课程标准(2017年版)[S].北京：人民教育出版社，2018：4.

② 中华人民共和国教育部.义务教育数学课程标准(2022年版)[S].北京：北京师范大学出版社，2022：9.

括抽象、推理和模型这三个数学基本思想;关于数据,从小学到高中分了三个层次:数据意识、数据观念、数据分析,本质上也就是统计思想和随机思想的核心的具体表现⋯⋯也就是说,数学思想方法是核心素养的核心部分。当然,数学核心素养更加强调用数学思想方法面对外部世界,去分析和解决现实世界的问题,而不是仅仅解决数学学科本身的问题。数学核心素养作为课程目标,不仅包括数学思想方法,还包括关键能力及情感态度和价值观等方面的要素,是综合性的目标,其最高境界是"三会"。数学核心素养是需要实实在在落地的,包括教材呈现、教学设计、课堂教学、考试评价等一系列环节的实施。

综上所述,我们梳理出数学知识、数学思想方法和核心素养的关系,如图 1-1-1 所示。

数学基础知识和基本技能是基础和载体;

数学基本思想和活动经验是思维品质;

用数学思想方法发现、提出、分析和解决问题是关键能力;

"三会"是数学核心素养的最高境界。

图 1-1-1

四、数学思想方法对于小学数学教育的意义

1. 有利于建立现代数学教育观、落实新课程理念

起始于 2001 年的义务教育阶段的数学课程改革就已经非常重视数学思想方法了,并且将其纳入教学目标。当年颁布的《全日制义务教育数学课程标准(实验稿)》(以下简称《标准实验稿》)在总体目标中明确提出:"学生能够获得适应未来社会生活和进一步发展所必需的重要数学知识以及基本的数学思想方法和必要的应用技能。"[1]这一总体目标贯穿于小学和初中,充分说明了数学思想方法的重要性。《标准 2011 版》在总体目标中进一步提出:"通过义务教育阶段的数学学习,学生能获得适应社会生活和进一步发展所必需的数学

---

[1] 中华人民共和国教育部.全日制义务教育数学课程标准(实验稿)[S].北京:北京师范大学出版社,2001:6.

的基础知识、基本技能、基本思想、基本活动经验。"①这一表述打破了我国数学教育几十年来只重视"双基"的传统局面，首次提出了"四基"的理念和目标，也首次把数学思想作为义务教育阶段，尤其是小学数学教育的基本目标之一，更加强调数学思想的重要性和重视数学思想的贯彻落实，这在我国的小学数学教育发展史上，具有里程碑的重要意义。

《标准2022版》在继承"四基"和"四能"目标的基础上进行了补充和完善，充分说明了"四基"和"四能"目标经过十年课程改革的实践检验，获得了广泛认可。《标准2022版》多次强调数学思想方法的重要性，比如在课程性质中提出"基于抽象结构，通过对研究对象的符号运算、形式推理、模型构建等，形成数学的结论和方法"，在课程理念中提出"发展运用数学知识与方法发现、提出、分析和解决问题的能力"，在课程总目标中提出"运用数学和其他学科的知识与方法分析问题和解决问题"。鉴于此，数学思想方法和数学核心素养的课程目标的落实应继续加强研究和实践层面的落地。

以上数学教育目标的变化折射出数学观及数学教育观的变化。当今社会是高度智能化、信息化和市场经济的社会，数学在人工智能、科技、经济、大数据等领域的应用日益广泛，因此数学作为广泛应用的技术越来越受到重视，并直接为社会创造价值，不断推动科技的进步。数学在形成人的理性思维、科学精神和促进个人智力发展中发挥着不可替代的作用。数学素养是现代社会每一个公民应当具备的基本素养。数学的功能无论是作为技术的功能还是作为思维的功能，都不仅仅是数学知识和技能在发挥作用，更重要的是它的思想方法在发挥作用。因此，对于学生来说，获得良好的数学教育的标志是核心素养目标的整体实现，尤其是"四基""四能"的整体实现，这体现了现代数学教育观和数学核心素养的新内涵，其最高境界是"三会"。

2. 有利于提高教师专业素养、提高教学水平

自从《标准2011版》把数学基本思想作为"四基"之一以后，特别是《标准2022版》把数学核心素养作为课程目标以后，小学数学教师会面临更大的挑战，一方面是关于数学思想方法、数学核心素养的专业知识方面的欠缺，另一

---

① 中华人民共和国教育部. 义务教育数学课程标准（2011年版）［M］. 北京：北京师范大学出版社，2012：8.

方面是课堂教学中应该具备的数学思想方法与核心素养的意识、经验、策略等的不足。

就当今小学数学课堂教学而言,重视基础知识和技能训练的情况是相当普遍的,具体地说,就是在教学中容易"就事论事",教什么就练什么,多年来简单记忆加模仿的学习方式没有发生根本改变。另外,过度训练双基导致缺少对数学思想方法的抽象概括,需要重新思考双基的内涵。举一个最简单的例子,在教学 10 的认识时,多数教师会结合计数器、点子图、小棒等直观教具让学生认识到 9 添上 1 是 10,知道 10 的基数含义、序数含义、10 以内数的顺序、读法、写法,然后再进一步学习 10 的组成及加减法;这些知识点在传统的教材和教学中,是双基的重点,是传统的双基。我们作为教师应知道,关于 10 的认识,它的双基的内涵应增加什么呢? 关于 10 的认识中所包含的数学思想方法和核心素养的内涵又是什么? 在学生理解和掌握传统的双基基础上,应引导学生深入思考:10 与前面学习的 0～9 这些数有什么不同? 9 比 8 大 1,10 比 9 也大 1,这两个大 1 是一样的吗? 事物的发展有一个从量变到质变的过程,从数的表达原理和形式上看,数从 0 增加到 9,是量变,从 9 增加到 10,就发生了质变;因为这里实际上隐含着非常重要的思想方法——数学抽象及其包含的符号思想。10 比 8 和 9 的抽象水平更高,因为 10 不仅是对任何数量是 10 的物体的抽象,而且它已经不再用新的数字符号计数了,它借用了 0～9 中的 1 和 0 两个符号表达,采用了伟大的十进位值制计数原理,这是数学发展史上的一个里程碑。

3. 有利于提高学生的数学核心素养

如前所述,传统的课堂教学偏重于传统的双基目标落实,一方面我们需要重新思考双基的内涵;另一方面我们需要厘清数学核心素养目标的内涵和落实机制。数学学习就像上台阶,成功没有捷径,只有沿着陡峭的台阶从底层一阶一阶地脚踏实地、刻苦努力地向上攀爬,才可能达到光辉智慧的顶点。我们不能梦想着像坐直升机那样一下子飞到顶端,达成数学核心素养目标;也就是说,数学核心素养的达成是一个漫长的、有层次的、层层递进的学习和感悟过程,应从理解基础知识开始,到掌握技能,形成思想方法,积累活动经验,逐步学会运用数学思想方法解决问题,养成理性思维、科学精神、创新意识和实践能力,最终会用数学思想方法面对现实世界,逐步实现智慧人生。这个过程必须一步一个脚印，一个台阶一个台阶地向上走，不能越过每一个环节和台阶。

当然，我们得承认，数学核心素养目标是一个比较"高大上"的要求，给我们的教材编写、教学研究、教学设计、课堂教学、考试评价等带来了一系列的挑战，各项工作中都需要加强学习，转变观念，狠抓落实。我们要有所为有所不为，如降低一些传统的双基要求，腾出时间和空间来加强数学思想方法和核心素养的教学，通过尽可能简单的例子和题目，体现数学思想方法和核心素养的呈现。

从学生学习数学的角度来说，从特殊的知识点抽象概括成一般的概念、原理，再上升到思想方法，更加有利于实现学习的迁移。所谓举一反三、闻一知十、融会贯通，也是这个道理。笔者通过多年调研和观察学生在课堂上的学习行为发现，学生学习数学存在一个比较普遍的现象，就是在教师教学完新知识进行变式练习甚至是简单的变式练习时，总有一部分学生存在困难。举一个一年级的例子，笔者在听"6、7 的认识"一课时，学生在学习了 6、7 的认识和读写后，要边涂圆片边写 6 的组成，多数学生没有有序地进行思考，而是比较杂乱地写 6 的组成，只有少数学生有序地书写（分别见图 1－1－2 的左图和右图）。当老师把学生各种作业展示在黑板上，引导学生进行交流比较后，肯定了有序思考的优越性，再放手让学生书写 7 的组成，这时有半数学生能够有序地思考，又对又快地完成了任务（见图 1－1－3）。由此可见，数学方法是重要的，在低年级也是可以体现并且能够在部分学生中实现迁移的。当然，还需要研究为什么还有一部分学生没有实现迁移，以便更广泛地提高教学效率。

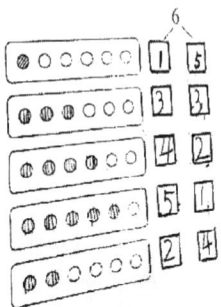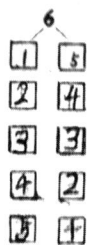

图 1－1－2

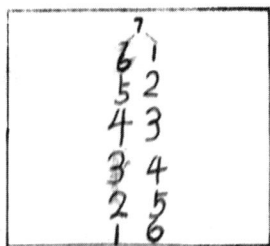

图 1－1－3

传统的数学教学注重以数学思维活动和培养学生的思维能力为核心，当今的数学教学虽然教学目标多元，但是培养思维能力，特别是理性思维，仍然是数学教学的核心目标之一。加强数学思想方法的教学不但可以起到培养思维能力的作用，还可以提高数学核心素养。因为仅就数学的三个基本思想而言，如抽象思想、推理思想、模型思想，就已经包括了思维能力和解决实际问题能力等方面的培养。因此，降低一些传统的双基要求，搞好数学思想方法和核心素养的教学，可以提高思维品质和学习效率，切实减轻学生课外学习和作业的负担。

因此，在小学阶段有意识地让学生感悟和应用数学思想方法可以加深学生对数量关系、结构、规律、思想方法等数学本质的理解，提高学生的数学核心素养，也是小学数学进行素质教育的真正内涵之所在。同时，也能为初中数学的学习打下较好的基础。

实际上，在知识爆炸的新时代，无论是成人还是儿童，无论是教师还是学生，我们大多数人无法像智能机器人那样记忆大量的知识，但是只要我们掌握了思考的方法、学习的方法、创新的方法，就能够不断进步，具备可持续发展的终身学习的能力，适应日新月异的新时代，甚至引领新时代的发展方向。

第二节　数学思想方法的教学

近年来，有关小学数学思想方法和数学核心素养的理论研究不断深入，教学实践层面也不断深化，这些都表明，在教学中落实数学思想方法和核心素养的目标是必要的也是可行的。数学思想方法的教学，既要体现数学的本质，又要基于小学生的认知特点和年龄特征，不断探索数学思想方法的教学目标层次，积累教学经验，使得数学思想方法的目标不再是像附属品一样永远停留在渗透的层面上，而是与双基一样，真正成为课堂教学的常态目标，真正成为学生数学核心素养的不可分割的一部分。数学思想方法的教学，应注意以下几个问题。

一、数学思想方法的教学应突出数学核心素养的目标导向

如前文所述,数学核心素养是课程目标的集中综合体现,教学目标是课程目标的具体化,因此教师无论在教学设计还是课堂教学中的教学目标都应坚持为达成数学核心素养的目标服务。数学思想方法的教学也要体现这个导向,一方面,抽象、推理和模型等一些基本的数学思想方法本身就是数学核心素养的核心组成部分;另一方面,数形结合、转化、分类、统计、结构化等数学思想方法的教学也要有助于数学的学习和数学核心素养目标的达成。

《标准2022版》给出了描述课程目标的两类行为动词,一类是描述结果目标的,包括"了解""理解""掌握"和"运用"等;另一类是描述过程目标的,包括"经历""体验""感悟"和"探索"等。这些动词比较清晰地概括了学习目标的层次和不同水平,有利于教师的教学设计、目标检测和评价。因此,建议广大教师在备课撰写教学设计时,把数学核心素养和数学思想方法作为比知识技能更加重要的目标呈现出来,而不是可有可无或者总停留在进行渗透的层面,同时利用这些动词进行描述和评价,使数学核心素养和数学思想方法的教学目标落到实处。

二、数学思想方法的教学目标应体现阶段性、连贯性和一致性

从儿童思维发展的过程和阶段来看,是从形象思维逐步过渡到抽象思维的,说明小学生的抽象思维水平在不断提高。吴国宏等的研究认为:"一年级儿童不具有形式运算思维的能力,三年级的儿童已开始进入形式运算阶段的前期,五年级儿童正式步入形式运算阶段。"[①]这表明小学生的思维发展和思想方法的掌握具有阶段性,是一个漫长的逐步提高的过程,应逐步养成观察、比较、分析、综合、抽象、概括的能力和推理能力。教师面对比较抽象的、概括的、不同难度的数学思想方法,可以安排不同学段学生的学习目标有水平和层次的区分,低年级学生能够感受、了解,中年级学生能够体会、感悟、认识,高年级学生能够理解、运用、探索。另外,数学思想方法的理解和掌握既要体现不同阶段的层次水平,又要体现小学的低、中、高不同阶段的连贯性和一致性,甚至

---

① 吴国宏,李其维.小学儿童"互反可逆性"发展的研究[J].心理科学,1999(2):105－108.

与中学的衔接。比如函数思想,虽然在小学数学内容中没有函数的概念,但是从低年级就可以让学生结合加减法和乘除法感受函数思想中的两个变量之间的对应关系,到了六年级,学生能够理解正比例关系,并能运用这一关系解决问题,同时为中学阶段函数内容的学习打下基础。再比如关系推理,低年级可以通过具体的数的大小关系感受关系的传递性,如因为 $8 < 9$, $9 < 10$,所以 $8 < 10$,又如因为 $9+1=10, 8+2=10$,所以 $9+1=8+2$;中年级可以用具体的关系的传递性解决问题,能够用符号表示关系的传递性;高年级可以运用关系的传递性进行推理和解决问题。再比如从小学到高中,计算的法则、运算律等也具有一致性,特别是只有相同单位的数才能直接相加减,可以随着数系的扩充和相应运算的学习,不断进行新旧运算的类比推理。可以启发学生思考以下几个问题:

在计算 $12+34$ 与 $1.2+3.4$ 时,为什么 1 和 4 不能相加?

$\frac{1}{2}+\frac{1}{3}$ 的结果为什么不等于 $\frac{2}{5}$?

在计算 $2x+3y+4x=6x+3y$ 时,$2x$ 和 $3y$ 为什么不能合并?

等学生到了高中,学习复数加减法时,可以类比小学阶段学习的相同计数单位的数相加减、合并同类项,理解复数的加减法法则:实部与实部相加减、虚部与虚部相加减,即 $(a+bi)+(c+di)=(a+c)+(b+d)i$。

教科书中的很多内容都体现了数学思想方法,有些是明显的,有些是隐藏的。如二年级上册乘法单元,对于乘法概念和乘法模型的抽象过程是比较明显的;而表内乘法中体现的函数思想,则是隐藏的。教师在研读教材、设计教学案例时,要注意体现数学思想方法的目标,要结合每堂课的教学内容体现不同的思想方法目标,重要的可以在教学过程中用板书、PPT 等形式加以明确呈现,如抽象思想、推理思想、转化思想、模型思想、归纳思想、数形结合思想、分类思想等。

另外,数学思想方法不同于传统的知识和技能,后者一般通过短期的训练便能掌握;而数学思想方法的理解和掌握更应该是一个通过长期的培养才能够形成思想和方法潜移默化的过程。正如杜甫(712—770)的诗句"好雨知时节,当春乃发生。随风潜入夜,润物细无声……"所表达的心境一样,数学思想方法的教学也应该像春雨一样,不断地滋润着学生的心田。学生只有经过学习经验和思想方法的日积月累，才能够实现数学核心素养的真正提高，为中学数学的学习打下良好的基础。

对于学生而言，小学学习 6 年、初中学习 3 年、高中学习 3 年，这 12 年每年都要学习数学，很多人甚至上了大学还要继续学习数学，课本有几十本之多，练习册更是多得不胜枚举。也就是说，从小学到高中，数学书越学越多、越学越厚，很多学生压力很大。那么如何能够越学越薄呢？如何能够比较放松（不敢说轻松）甚至自然顺畅地学习数学呢？如何能够不讨厌数学呢？最好的方法就是，加强对核心概念的多元表征，注重概念之间的关联形成结构，通过比较简单的运算理解数学本质，掌握双基、提炼思想方法、学会运用思想方法，逐步达成"三会"的境界。

这样就能够不断提升学生的数学核心素养，也使得数学核心素养从小学到高中具有一致性和贯通性。

三、在知识和方法的形成过程中体现数学思想方法

如前文所述，当前数学教学的一个普遍现象是精讲多练，就是急于把概念、性质、公式、法则等知识传授给学生，然后按照考试的要求进行技能训练。这种轻视知识和方法的形成过程，重视技能的训练的教学模式表面上对传统的应试有效果，但是随着课程改革的不断推进，尤其是以数学核心素养为导向的考试评价改革的逐步实施，通过死记硬背法则公式加题海训练的学生将会无所适从，逐步被淘汰，因而这样的教学模式势必走投无路，必须做出改变和改进。另外，从教师和学生的教育成本投入产出计算，这样的做法也是不值得的，传统的应试教育实际上既浪费时间精力，又没有真正培养学生的理性思维、思想方法和学习兴趣，导致很多学生害怕数学。正是因为这种现象的极端化，早在 2001 年开始的新课程改革就已经针对这种现象提出了重视让学生经历知识的形成过程的过程目标。经过 20 多年的课程改革，大家有目共睹的是，在小学数学的课堂教学中，过程目标逐步得到比较好的贯彻落实。

《标准 2022 版》与《标准 2011 版》相比较，仍然重视过程目标，在课程理念、教学建议、评价建议和教材编写建议等部分用不同的方式加以强调，如使学生经历数学知识和方法产生与发展的过程，重视学生直接经验的形成，注重对学

生数学学习过程的评价,课程内容的组织,要重视结果的形成过程,处理好过程与结果的关系等。因此,教师在教学过程中应一如既往地重视知识的形成尤其是概念的抽象过程,因为概念不仅是知识的基础,也是抽象思维的基础和基本形式。在数学知识中,公式、法则、性质、定律、定理等都是在概念的基础上界定和描述的,概念是知识的核心,概念及概念之间进行关联,形成的关系构成了知识结构的主体。良好的知识结构是学生获得数学思想方法的基础,如只有理解了概念及概念之间的关系,才能很好地利用分类的思想方法、模型思想和推理思想等学习数学、解决问题。

教学内容的呈现应体现知识和方法的发生发展过程。如除法的认识是重要的而且难理解的概念,为让学生经历除法概念的形成过程,需要做很多铺垫。传统的教材呈现及教学过程大体如下:

(1)通过操作活动理解平均分。

(2)体验平均分有两种实际情况及平均分的过程、方法与结果。

(3)通过操作活动引出除法、除号的概念。

(4)通过操作活动引出除法算式,被除数、除数和商的概念。

整个教学过程有观察、操作、演示、语言表达、画图、书写、符号表征、思考等多种活动,学生在已有的生活经验和积累的活动经验的基础上,逐步抽象出除法相关概念,了解除法的含义。

应该说从平均分的角度引出除法,这些学习除法的活动大多是动作、实物、几何直观等表征方式,有利于学生逐步理解除法的意义。但是这种传统的呈现方式和教学过程偏向于碎片化学习、浅层学习,割裂了除法与乘法的关系,不利于学生理解除法的本质、除法是乘法的逆运算以及除法为什么可以用乘法计算。那么如何呈现内容和展开教学过程,才能有利于学生理解除法的本质呢?我们试图通过以下呈现方式和过程展开教学,逐步达到深度学习、理解除法的本质。

1. 理解乘法的意义

乘法是特殊的加法,当若干个相同加数相加时,用乘法表达更简便。

计算图 1-2-1 中圆片的个数,式子可以写成 $6×3=18$ 或者 $3×6=18$。

○○○○○○
○○○○○○
○○○○○○

图 1-2-1

2. 理解除法是乘法的逆运算

有 18 个圆片,如果每行摆 6 个,能摆几行?

每行摆 6 个,求能摆几行,也就是说,不管摆几行,都是每行同样多,假设能摆□行,根据乘法的意义,可以写出乘法算式:$6 \times \square = 18$;□ 没有直接给出是多少,需要通过计算得到结果,是我们要求的一个乘数,像这样求一个乘数是多少,在数学上可以用除法算式表示;根据学过的加法和乘法的算式书写习惯,把事先已经知道的数写在等号的左边,即:$18 \div 6 = \square$;再根据乘法口诀 $6 \times 3 = 18$,可以算出 $\square = 3$,于是算式为:$18 \div 6 = 3$,其中 18 是被除数,6 是除数,3 是商。引导学生感悟除法的意义,除法是借助乘法定义的,要明确除法与乘法的关系,包括概念之间的关系。

同理,有 18 个圆片,如果摆 3 行,每行同样多,每行能摆几个?

可以用除法算式 $18 \div 3 = 6$ 表示。

3. 理解平均分

通过上面的操作活动和几何直观理解平均分,把 18 个圆片,如果每行摆 6 个,能摆 3 行;如果摆 3 行,每行同样多,每行能摆 6 个。相当于把 18 个圆片分成 3 份,每份同样多,就是平均分。再比如,把 15 个苹果分装到 3 个袋子里,每个袋子里的苹果同样多,每个袋子里装多少个? 也是平均分。凡是解决平均分的实际问题,都可以用除法表示。分苹果的问题可以列式:$15 \div 3 = 5$,每个袋子里装 5 个苹果。

在学生经历除法概念形成的过程中,教师可以引导学生感受从直观操作的具体情境中抽象出除法概念的抽象思想,认识用除法符号表达的具有简洁性的符号化思想,体会用实物、图形帮助理解除法的具有直观性的数形结合思想,知道除法是一种重要的模型的模型思想,体会在除法中商随着被除数、除数的变化而变化的函数思想。

当学生认识了除法,在以后的学习中再通过学习带余除法、笔算除法等知识逐步加深对除法的理解,会更有利于分数、比、百分数等知识的学习,体会数学本质的变中有不变的思想。因此,理解概念及概念系统是非常重要的。

除了重视概念的形成过程,还要重视法则、性质、公式、定律等的探索、归纳过程。小学数学学习的一大特点是很多法则、性质、公式、定律等,是通过实验、观察、猜想、类比、归纳等非演绎推理方法获得的。学生经历和体验了这些知识的形成过程,有利于理解所学知识及其背后的原理,有利于提炼概括数学思想方法,提高学生的思维品质和关键能力,进而提高数学核心素养。反之,如果不让学生经历、体验、感悟这些过程,直接把结论呈现给学生,就可能使学生的学习仅停留在对知识的记忆、模仿的水平上,更谈不上思想方法的提升了。"教学实践证明,那种只注重现成结论的传授,而不讲究生动过程的展示,教与学势必都将走入一条没有出路的'死胡同'。这样培养出来的学生只能是'知识型''记忆型'的人才,同时这种教学也必然会束缚'创造型''开拓型'人才的成长。"①

四、在知识与方法的应用过程中体现数学思想方法

小学生学习数学,一方面是为将来的学习打下四基的基础,另一方面要解决问题,包括数学问题、跨学科的综合问题和生活中的问题,培养四能。有些教师经常反映,教材中问题解决的例题简单、习题难,也就是说部分学生在学习了例题后做练习时遇到了困难;或者练习会做了,考试的时候又不会了。原因可能有两种:一种是习题确实难了,可以把难题作为例题进行教学;另一种是该部分学生没有形成思考方法和关键能力,无法解决变式习题。这种思考方法和关键能力的形成,需要方法上的提炼,包括类比法、归纳法、关系推理法、数形结合法、转化法、分析法和综合法等方法,即所谓的授人以渔。

教材关于问题解决和数量关系的编排,加强了联系真生活、创设真情境、解决真问题的安排,突出用字母表示数量关系,体现符号表达数量关系的一般性和普适性。在关于问题解决的教学中,主张以问题串引领学生学习的形式呈现,这是很好的做法和经验,有利于学生达成数学核心素养目标,形成认知结构。但这种问题串的结构往往是线性的,如果能够再以基本模型和问题为核心,构建问题链,形成网状结构,从而最大限度地整合丰富多彩的问题,那么就能够把握数学本质,避免被各种问题的表面信息所迷惑。以路程、速度和时间的模型 $s=vt$ 为例,以这个乘法模型为核心,可以得到另外两个基本的变式,即相应的除法模型 $v=s\div t$ 和 $t=s\div v$;无论是乘法模型还是除法模型,都是三个数量的关系式,在分析数量关系和列式解答的过程中,都要已知其中两个

---

① 戴丽萍.中学数学思想方法的教学[M].上海:上海教育出版社,1999:195.

量,才能够求出第三个量。以基本模型为核心,再分别把其中的一个量做些适当的变化,会得到更多的变式模型,形成网状模型链。这样在解决各种变式问题时,凡是有关路程、速度和时间的问题,都可以归结为这个模型中的问题,仍然遵循在分析数量关系和列式解答的过程中,都要已知其中两个量,才能够求出第三个量的分析思路和方法,充分地发挥了基本模型在解决问题中的作用。另外,就问题解决的方法而言,分析法和综合法是非常重要的方法,是培养学生逻辑思维的基本方法。在后面的模型思想章节中会结合具体案例进行详细阐述。

五、在复习与关联、总复习中体现数学思想方法

学生的数学认知结构和数学核心素养的形成,是一个比较持久和日积月累的过程,需要每堂课进行训练,特别是每个单元后的复习与关联、全册书后的总复习都需要进行关联和结构化,而不是简单地复习知识、巩固技能,更应是总结和提升思想方法。如二年级学习了乘法口诀后,在进行整理和复习时,不仅仅是复习乘法口诀、整理口诀表、熟背乘法口诀,还应进一步进行提炼,如表1-2-1。

表1-2-1

5×1=5	6×1=6	7×1=7	8×1=8	9×1=9
5×2=10	6×2=12	7×2=14	8×2=16	9×2=18
5×3=15	6×3=18	7×3=21	8×3=24	9×3=27
5×4=20	6×4=24	7×4=28	8×4=32	9×4=36
5×5=25	6×5=30	7×5=35	8×5=40	9×5=45
	6×6=36	7×6=42	8×6=48	9×6=54
		7×7=49	8×7=56	9×7=63
			8×8=64	9×8=72
				9×9=81

可引导学生思考:每一列算式有几个数? 哪些数不变? 哪些数在变? 是如何变化的? 你能发现什么? 你能用一种简便的方式表达出来吗? 使学生感受正比例函数($y=kx$,其中 k 为常数,且 $k \neq 0$)的思想。

另外,乘法口诀不是用来死记硬背的,不能不管三七二十一,要思考为什么三七二十一。如果个别口诀记不清了可以推导出来,如 $9×6=(10-1)×6=$

$60-6=54$。

小学生进入六年级,尤其是在最后的总复习阶段,更应该对小学数学的知识进行系统的、结构化的梳理,在思想方法上进行提升。如果说学生以前学习的零散的知识是一棵一棵的树,那么现在看到的应该是一片森林、一处美丽的风景,以此感悟数学的结构化思想方法。

例如,分数是小学数学非常重要又难以理解的概念,从分数的初步认识到分数的意义和性质,再到分数的运算、分数的应用、百分数的意义和应用、分数与除法、分数与小数、分数与比等,意义多元且与其他概念的关系密切复杂。我们在学习分数的过程中,应注意适时体现抽象、推理、模型、符号、分类、集合、转化、数形结合、极限、等量代换、结构化等思想方法,加强学生对分数本质的理解和分数应用的掌握。

分数的历史非常悠久,《莱茵德纸草书》(公元前 1650 年)记载了古埃及人把所有分数($\frac{2}{3}$ 除外)都表达为单位分数(也叫分数单位)之和,古埃及人为什么如此重视单位分数呢? 单位分数实际上是正整数的倒数,为了便于计算除法,把正整数除法转化为单位分数的乘法,可见用分数可以表示除法精确的商。也就是说,人类为了平均分配东西的实际需要,先产生了单位分数,然后产生了带分数,带分数表达除法的商或者其他的量才是实际分配的结果,而假分数不被认为是实际分配的结果。我国秦朝时期颁布的历法中以 $365\frac{1}{4}$ 天为一年,一年有 12 个月。历史上先产生了真分数,紧接着产生了带分数(把整数与真分数合起来)。后来因为多个真分数的加法运算的结果,出现了分子比分母大或者相等的情况;另外,带分数的乘除法也需要转化为假分数,于是假分数的产生就成为了必要,所以才叫假分数。当然,假分数也是分数。1905 年商务印书馆出版的教科书高小第二册编排了正分数(现在的真分数)、带分数和混分数(现在的假分数)。1912 年商务印书馆出版的教科书高小第三册改为真分数、假分数和带分数(也叫混分数),此后这些名称一直沿用至今。我们有必要让学生知道分数产生的历史,尤其是在分数的初步认识当中,应该让学生了解分数产生的必要性。分数是一个数,最开始它用来表示比 0 大,又比 1 小的数;后来为了表达整数除法运算的结果产生了带分数,而假分数是通过真分数加法才产生的,结果仍然写成带分数的形式,一直没有给它正式命名,直到100年前才给予命名,起了这个假分数的名字,说明假分数不是原生态的数学概念,所以才叫假分数。

综上所述,分数本质上是数,正整数可以表示大于或等于1的物体数量的多少,分数可以表示小于1的物体数量的多少;正整数可以进行大小比较及四则运算,分数也同样可以进行大小比较及四则运算。分数的难点在于深度抽象和意义多元,同时写法也怪异——用两个正整数加横线表达。

我们知道,在教材和课堂教学中,经常用数线(数轴)上的点表示整数、小数和分数,也就是说,每一个数都可以表示数轴上一个确定的点。这种分数表示法,加强了数形结合和几何直观。特别需要强调的是,美国数学家伍鸿熙教授把这种表示法作为分数定义的方式,"分数作为数轴上某一个点,这一定义已被证明是到目前为止在数学上唯一切实可行的定义"①。分数的内涵丰富而又难以理解,国内外很多学者都致力于分数概念的研究。我国儿童心理学专家孙昌识教授致力于儿童数学认知结构的研究,并运用概念分析方法研究数学知识和数学教学在儿童数学认知发展中的作用。例如,在他的著作中介绍了分数与有理数的概念结构系统。"美国学者基伦(Kieren)和莱什(Lesh)等人,通过概念分析方法研究学生有理数的获得时,认为学生要真正掌握有理数概念,必须掌握有理数的七个子结构。它们是:(1)分数表示部分与整体的关系;(2)比表示两个量之间的关系;(3)比率表示两个量之间关系的一种新的量;(4)商表示有理数与除法之间的关系,即 $\frac{a}{b}$ 作为有理数,可解释为 a 除以 b;(5)线性坐标把有理数解释为数轴上的点,表示有理数集是实数集的子集;(6)小数表示有理数与十进制系统的关联;(7)算子表示有理数是函数,每一个有理数都是一个变换。部分与整体结构是有理数概念发展的基础结构,也是有理数其他六个子结构教学的基础和起点。中学生在获得有理数概念过程中遇到挫折,其原因可归之为小学时期未能掌握分数概念。"②对于小学生而言,前六个子结构是重要的,而且是需要尽可能掌握的。

---

① 伍鸿熙.数学家讲解小学数学[M].赵洁,林开亮,译.北京:北京大学出版社,2016:164,165.
② 孙昌识,姚平子.儿童数学认知结构的发展与教育[M].北京:人民教育出版社,2005:4.

练习一

1. 简述数学思想方法与数学核心素养的关系。

2. 简述数学思想方法对小学数学教育的意义。

3. 数学思想方法的教学,应注意哪些问题? 请举例说明。

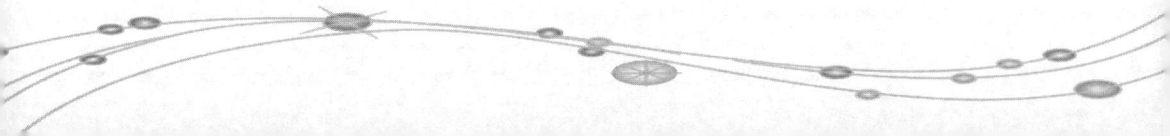

第二章 与抽象有关的数学思想

如前文所述，数学的研究对象是数量关系和空间形式。这大体上有两层含义：一是来源于现实世界、具有实际背景的数量关系和空间形式，这样的研究对象是通过对现实世界的事物和现象进行一系列思维活动的加工和提炼，脱离具体事物，用数学的语言和符号表达，形成数学的概念、命题、方法、关系和结构等。二是把已经数学化和符号化的数量关系和空间形式直接作为研究对象，运用数学的逻辑法则进行运算和推理，产生很多新的数学理论，使得数学向广度和深度两个方向发展。比如数论的主要研究对象是整数的性质而不是现实世界的数量关系，这个整数是在自然数基础上的扩展，自然数则是来源于对现实世界具体事物数量多少的抽象。因此，高度抽象、逐级抽象是数学的基本特征和基本方法。本章围绕数学抽象及相关的思想方法进行论述。

第一节 抽象思想

一、对抽象思想的认识

无论是《标准 2022 版》，还是《高中标准 2017 版》，都把抽象思想作为"四基"中三个基本思想之一，也作为数学核心素养的第一个，说明其重要地位和作用得到了进一步巩固。为了从更高的角度认识数学抽象，我们给出《高中标准 2017 版》对其的界定："数学抽象是指通过对数量关系与空间形式的抽象，得到数学研究对象的素养。主要包括：从数量与数量关系、图形与图形关系中抽象出数学概念及概念之间的关系，从事物的具体情境中抽象出一般规律和结构，并用数学语言予以表征。数学抽象是数学的基本思想，是形成理性思维的重要基础，反映了数学的本质特征，贯穿在数学产生、发展、应用的过程中，数学抽象使得数学成为高度概括、表达准确、结论一般、有序多级的系统。数学抽象主要表现为：获得数学概念和规则，提出数学命题和模型，形成数学方法与思想，认识数学结构与体系。通过高中数学课程的学习，学生能在情境中抽象出数学概念、命题、方法和体系，积累从具体到抽象的活动经验，养成在日常生活和实践中一般性思考问题的习惯，把握事物的本质，以简驭繁，运用数学抽象的思维方式思考并解决问题。"①

虽然小学生的数学抽象水平还无法达到中学生的水平，但是《高中标准2017版》给我们的课堂教学指明了努力的方向。数学的研究对象是数和形，数是对生活中具体事物的数量和数量关系的抽象，形是对生活中的图形与图形关系的抽象，无论是对数量的抽象还是对空间形式的抽象，都要抛开这些事物的物理属性，包括大小、颜色、材料等，找到事物的本质属性，即抽象的共性存在，用数学符号和语言进行表达，上升到一般性。

数学抽象思想很重要！它重要在哪里呢？对此，林崇德指出：思维品质的成分及其表现形式很多。我们认为，它主要包括深刻性、灵活性、独创性（创造性）、批判性和敏捷性五个方面。深刻性是指思维活动的抽象程度和逻辑水平，以及思维活动的广度、深度和难度。它表现为个体在智力活动中深入思考问题，善于概括归类，逻辑性强，抽象程度高，善于抓住事物的本质和规律，开展系统的理解活动，善于进行各种逻辑推理，善于预见事物的发展进程。超常智力的人抽象概括能力高，低常智力的人往往只是停留在直观水平上。②

由此可知，数学抽象不是一般的重要，它几乎决定一个人的智力水平。但是笔者近年来通过课堂观察发现，课堂教学对这个目标的落实还不理想。多数教师在教学设计中没有体现数学基本思想或者数学抽象思想的目标，故而在课堂教学过程中的体现就更不理想。由此造成没有达到深度教学、深度学习，因为数学抽象的水平决定了思维的深刻程度，思维的深刻性是思维品质的

---

① 中华人民共和国教育部.普通高中数学课程标准(2017 年版)［S］.北京：人民教育出版社，2018：4.

② 林崇德.智力发展与数学学习［M］.北京：中国轻工业出版社，2011：11.

重要表现,也是衡量人的智力水平的重要指标,思维品质是数学核心素养的重要组成部分。

学生数学认知结构的构建过程、衡量数学认知结构的水平以及抽象概括的能力都是至关重要的,林崇德指出:

概括是数学能力的基础,是数学思维深刻性的直观体现。概括是形成或掌握数学概念的直接前提……与数学思维深刻性相联系的数学概括能力,就是从大量繁杂的数学材料中抽出最重要的东西,以及从外表不同的数学材料中看出共同点的能力。数学概括的过程,应包括以下四个方面:第一,数学概念和数学规律的概括;第二,把概括的东西具体化;第三,在现有概括的基础上进行更广泛、更高层次的概括;第四,在概括的基础上把数学知识系统化,这是概括的高级阶段。[①]

这里运用了抽象、概括、抽象概括三个不同名称,三者的关系是什么呢?从心理学家和数学家的表达来看,是这样的:从数学学科知识、思想的角度谈深刻性,一般用抽象水平衡量;从数学思维或者认知的角度谈深刻性,一般用概括水平衡量。所以我们认为二者是一致的,只是看问题的角度不同,人们在叙述时,有时候用抽象、有时候用概括、有时候用抽象概括,本书不再区分这三个概念。综上所述,数学抽象作为义务教育阶段核心素养的要求是必要的、合适的。

《标准2022版》认为小学阶段的数学抽象主要包括数感、量感、符号意识等(图形也是抽象的结果,数学的概念、关系和结构也都是抽象的结果),这些都很重要,我们将数学抽象作为数学核心素养的第一个,包括:数与形的抽象、概念的抽象、命题的抽象、关系的抽象、结构的抽象、思想方法的抽象等。例如,欧几里得几何的原始定义中"点""线""面"等的概念,都是由数学家创造出来的。点是没有大小的,没有大小怎么会存在呢? 一条线段上有无数个点,无数个没有大小的点组成的线段是有长度的,这就更加不好理解了。这不但抽象,而且还包含了有与无、有限与无限等辩证思维。这些概念是主观的抽象的数学里的存在,而不是生活中的真实存在。想让学生理解"点"这个概念是相当有难度的,甚至个别教师也存在困惑,曾经有教师问我:"王老师,书上说'经

---

① 林崇德.智力发展与数学学习[M].北京:中国轻工业出版社,2011:15.

过两点只能画一条直线'，如果把点画大一点，不就可以多画几条直线了吗？"我有点哭笑不得。

数学抽象是有层次的，例如就自然数 1 而言，其内涵在不断丰富扩充。自然数 1 的原始概念是对现实世界中数量是 1 的物体的抽象，十进位值制计数法产生以后，把 1 放在不同的数位上，可以表达不同的计数单位，即 1 个十、1 个百、1 个千等；在分数中有单位"1"，这个 1 的内涵也非常丰富，可以表达不同数量的现实事物和数学对象构成的一个整体。在数轴上有长度单位 1，数 1 与数轴上的点 1 ——对应，数轴上原点到点 1 的距离是 1。在高中数学中有单位圆，是指半径为 1 的圆。

数学随着不断发展呈现出了逐步抽象的过程。例如，数的发展，从结绳记数得到 1，2，3，… 等有限的正整数，再通过加法的运算，得到后继数，形成了无限的正整数序列：1，2，3，…，n，…，在此基础上形成了正整数集合 $\mathbf{N}^*$。从整数扩展到分数，再从有理数扩展到实数，是逐步抽象的过程。再如从算术中的数（1、2、3 等）到代数中的常量（a、b 等），再到函数中的变量（x、y 等），包括利用变量构建模型，也是一个逐步抽象的过程。

二、抽象思想的应用

数学抽象在数学中及教学过程中无处不在。

任何一个数学概念、法则、公式、规律、性质、定理等的概括和推导，都要用到抽象概括；用任何数学知识解决纯数学问题或联系实际的问题，都需要计算、推理、构建模型，都离不开抽象。

如前文所述，数学是研究数量关系和空间形式的科学，这种数量关系和空间形式是脱离了具体的事物的，是抽象的，因此，抽象思想在数学中无所不在。也就是说，只要有数学知识传授，就应该有抽象思想的存在，只不过是呈现方式（目标达成的层次）不同而已。

学生认识数的过程伴随着整个义务教育甚至高中阶段。如前文所述，学生在学习 0～10 的认识时就开始与抽象思想打交道了，虽然他们并不完全理解 0～10 是经过对客观事物的数量多少进行抽象而得到的，但是能够体会到一个人、一个苹果、一支铅笔等都可以用 1 表示。当学生学习 11～20 的认识时,抽象的层次提高了,实际上从 10 的认识开始已经发生了微妙的却是根本的变化,10 虽然只是 9 加上 1,但是它已经没有用新的符号表示了,而是用了前边已经用过的符号 1 和 0。这种变化在认识 11～20 的过程中揭开了神秘的面纱,用十进位值制计数法表示比 9 大的数,如 10, 11, 12, …,以后会不断认识更多、更大、更抽象的数,如亿以上的数、分数、小数、负数等。

就计算而言,最简单的计算也是抽象的,如 1+2=3,多数小学生需要借助各种实物或直观图来理解 1 加 2 等于 3。尽管很多一年级学生甚至部分学前儿童对 20 以内的加减法能够脱口而出,但是多数是先借助操作或直观的手段计算,理解后再熟能生巧地记忆;也有个别是死记硬背的,他并不一定真正理解抽象的原理。

三、抽象思想的教学

根据小学生的心理特点和规律,小学数学的教学往往注重操作和直观,这样学生容易理解抽象的数学知识。但是教师需要注意的是,操作和直观是教学的手段而非目的,要在适当的时机进行适度的数学抽象,这对发展学生的抽象思维能力和认识数学的本质有益处。如小学数学有关图形与几何知识的教学,人们普遍认为小学几何是实验几何,几何直观是重要的教学策略和方法,但是不能把操作和直观作为教学的目的和归宿,对图形的概念、性质、公式、关系、定理等的理解和运用才是教学的目的。

史宁中认为:"就抽象的深度而言,大体上分为三个层次:(1)把握事物的本质,把复杂的问题简单化、条理化,能够清晰地表达,我们称其为简约阶段。(2)去掉具体的内容,利用概念、图形、符号、关系表述包括已经简约化了的事物在内的一类事物,我们称其为符号阶段。(3)通过假设和推理建立法则、模式或者模型,并能够在一般意义上解释具体事物,我们称其为普适阶段。"[①]

他认为第一个层次重要,但是在教学过程中往往被忽略。

也就是说,我们对数学对象的认识只有从具体的实物到个别的具体的数学对象,再从特殊(个别)、直观上升到一般、普适时,才是真正完成了抽象的过程;这个过程要重视从具体实物到个别数学对象的抽象。比如周长的概念,我

---

① 史宁中.数学思想概论(第 1 辑)[M].长春:东北师范大学出版社,2008:3.

们从实物的周长，如在长方形门的四周镶门框、长方形地面四周围一圈踢脚线等，引出这些长方形的周长，再扩展到一般长方形的周长，再进一步扩展到一般封闭图形的周长。从表面上看，这个过程似乎完成了一般性的抽象，但是三年级的小学生对于周长的概念还停留在长方形和正方形这些特殊图形的阶段，我们还要陆续给出三角形、四边形、其他多边形、圆、椭圆、其他不规则封闭图形等，让学生认识所有封闭图形都有周长，包括这些图形周长的符号公式、简单的计算，使学生真正形成周长概念的抽象结构。

关于数学抽象，从不同的视角进行界定，有不同的观点。荷兰数学教育家弗赖登塔尔（H. Freudenthal，1905—1990）提出了数学化的教学原则，包括水平数学化与垂直数学化。水平数学化是对现实世界的抽象概括，数学化的结果是数学概念、命题、模型等；垂直数学化是对数学本身进行进一步的数学化，可以是知识的深化，也可以是对知识的结构化、系统化、体系化。他认为与其让学生学习数学，不如让学生学习数学化，让学生经历知识的再创造过程。这些对数学抽象的不同观点，只是论述的角度不同，却有着异曲同工之妙。很多时候教师直接给学生讲授概念、公式、法则、性质等，学生没有经历数学概念、命题、原理、思想的抽象过程，这样做的结果是多数学生只能死记硬背、简单模仿，而没有真正完成数学化、形式化、数学抽象概括。

从教师教学的可操作性和学生学习的可接受性出发，我们把数学抽象的过程和水平进行划分。下面以倍的概念的抽象过程为例，介绍一下这个长期的、逐步抽象概括的过程。学生从二年级开始学习倍的概念，一直到六年级，逐步建立一般性的概念。

（1）实物表征：用实物表达数与形的具体的概念、命题、关系等。

教学伊始，通过操作和观察实物图片，体会：不管两组安排什么实物相比，都有一个共同属性，就是两组实物数量之间除了有可用减法表达的比多少的关系，还存在份数包含的关系，即倍数关系，引出具体的倍的概念。例如：

苹果摆 3 个：

橘子摆 6 个：

把 3 个苹果看作 1 份，3 就是 1 份数，橘子的个数有 2 个 1 份数，就说橘子的数量是苹果的 2 倍。同时能够通过操作其他实物或者材料直观感受两种事物数量的倍数关系。

（2）图形表征：用图形表达数与形的直观的概念、命题、关系和结构等。

在实物表征的基础上，脱离具体实物，用图形代表两组数量。例如：

□□

○○○○○○

□有 2 个，看作 1 份数，○有 6 个，即 3 个 2 相加，○的数量是□的 3 倍。同时感受还可以用线段图等其他图形表达两个数量之间的倍数关系。

（3）符号具体表征：用符号表达数与形的具体的概念、命题、关系和结构等。

根据实物或者图形的数量倍数关系，上升到抽象的符号表达，无论是什么实物或者图形，只要两个量之间有份数的包含关系，就可以用相对应的数表达。例如，橘子个数是苹果个数的 2 倍，表达为：$6 \div 3 = 2$；圆形个数是正方形个数的 3 倍，表达为：$6 \div 2 = 3$。这类式子虽已经抽象成符号了，但仍是具体的符号，表达的是特殊的倍数关系。

（4）符号一般表征：用语言和符号表达数与形的一般的概念、命题、关系和结构等。

橘子个数是苹果个数的 2 倍，表达为：$6 \div 3 = 2$。多数学生对于这个式子的理解是针对苹果和橘子的数量关系，还没有上升到一般性和普遍性。随着学生年级的升高，知识范围的扩大，倍的概念逐步抽象和一般化。也就是说，两个数无论是多大的正整数，都可以用语言描述为：一个正整数除以另一个正整数的商是几，前者即为后者的几倍。后面学习初等数论知识时，这种正整数的倍数关系继续扩展，引出因数和倍数的概念。再后面学习小数乘除法时，倍的概念从正整数扩展到小数，引出小数倍的概念。等到学习分数乘除法时，又可以扩展到分数倍的概念。再等到学习比的知识时，两个数量的比又表示两个数量的倍数关系。至此，小学阶段就建立了比较系统的结构化的倍的概念，无论是自然数，还是小数、分数，只要存在除法关系 $a \div b = c$，就说 a 是 b 的 c 倍。用语言描述为：一个数除以另一个数的商是几，前者即为后者的几倍。当然，如果这个倍数小于 1，一般情况下习惯用小于 1 的分数表达，但本质上是倍数关系的扩展，这样倍的概念及关系就上升到了普适性。

本节对数感和量感的教学作简要阐述。

1. 数感。

《标准 2022 版》更加强调理解数的意义、感悟运算的结果等重要的方面。教学时要创设合适的情境和活动，让学生经历从数量到数的抽象过程，理解和掌握数的相关概念；知道数是对数量的抽象，感悟数概念在本质上的一致性，比如整数、小数和分数都是对数量的抽象，都可以表示数量的多少，都是对数量多少的度量，都有计数单位，度量结果用数表达，就是包含计数单位的个数；整数和小数都有数位，都用十进制计数法表达，整数的计数单位从个位开始，向左每相邻两个单位是 10 倍关系，小数的计数单位从个位开始，向右每相邻两个单位是 $\frac{1}{10}$ 的关系。良好的数感有利于理解和掌握数量关系。

2. 量感。

我们生活在地球上，每天都会观察到各种有趣的物理现象，如：城市夜晚的霓虹灯闪耀着五彩缤纷的光芒而令人流连忘返，这是物体的放电、发光现象；清晨的鸟儿迎接阳光雨露的欢快歌声把人们从美梦中叫醒，这是物体的发声现象；冬天午后的阳光照在黑色的衣服上，一会儿后背就会热乎乎的，这是物体的发热现象；人在地球的各个角落自由行走而不会掉到太空中，这是地球的引力现象；等等。为了科学地认识这些物理现象，掌握事物的特点和规律，需要对很多物理量进行测量，这就是度量的重要性和意义，要求学生能够理解。物理量有很多：线段的长短是距离、面的大小是面积、空间的大小是体积、物体的轻重是质量、冷热是温度、运动的快慢是速度、价值的大小是价格（单价）、声音的大小（强弱）是响度等。量感就是对上述比较常用且小学生能够理解的物理量的可测量属性以及大小关系的直观感知。教学时要让学生理解人类经历从开始用不同单位的测量到逐步统一度量单位的漫长过程和必要性。

以上这些物理属性的计量大体上可以分为两类：一类是用一个单位量去计量，如长度、面积、体积、质量、温度、时间等；另一类是必须用两个量进行计量，比如物体运动的快慢，单独用时间度量不行，单独用距离度量也不行，必须得用距离和时间之比，用比值来度量运动的快慢，确定谁快谁慢。再比如商品的价格，只看总价的大小不行，只看商品的数量也不行，必须把总价与商品的数量，或者是质量进行比较，才能衡量商品价格的大小。不管哪类度量，都会有相应的统一的度量单位，例如，长度的基本单位是米，时间的基本单位是秒；

如果抛开具体的单位,就可以抽象成数学上的单位 1,这与正整数的表达是一致的。测量本质上是求两个量的比值,也就是用数表达图形的大小,就是把待测的量与一个公认的单位量(标准量)进行比较,看待测的量包含多少个单位量,求出的比值就是测量结果。"虽然度量单位都是人规定,但就度量单位的形成过程而言,大体可以分为两类:一类是通过抽象得到的,是人思维的结果;另一类是借助工具得到的,是人实践的结果。"[①]通过抽象得到的度量单位是 1,是正整数产生的基础。把量感作为核心素养的价值在于,建立量感有助于养成用定量的方法认识和解决问题的习惯,是形成抽象能力和数学的应用意识的经验基础。

教学时要让学生体会到借助工具得到的单位就是对物理量进行测量的单位,能够初步感受因度量工具和方法引起的误差,能合理得到或估计度量的结果。传统的度量包括长度、面积和体积,其基础是距离的概念,特别是线段的长短概念;具体的教学实施在后文阐述。另外,质量、时间和人民币等度量内容,按照《标准 2022 版》的要求,这部分内容将以综合与实践的主题活动的形式呈现,进行过程性、体验式、综合性、跨学科、合作式、校内外结合、课内外结合的方式学习,培养学生的"四能"和"三会"。

　　案例　18 世纪,东普鲁士的首府哥尼斯堡城有一条河穿城而过,河中心有两个岛,共有七座桥,如图 2-1-1 所示。问题是:一个人如何能够不重复、不遗漏地一次走完这七座桥后返回原地?

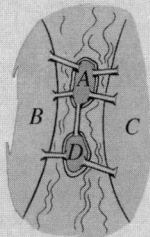

图 2-1-1

很多散步的人进行了尝试,但都没有成功,这就是著名的哥尼斯堡七桥问题。著名的瑞士数学家欧拉(Euler,1707—1783)通过数学抽象的方法解决了这个著名的问题。

这个问题感觉上是几何的问题,但又与传统几何研究图形的形状和大小

---

① 娜仁格日勒,史宁中.度量单位的本质及小学数学教学[J].数学教育学报,2018(6):13-16.

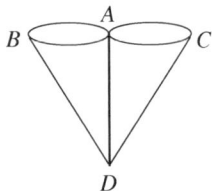

图 2-1-2

没有什么关系,也就是说,这个问题并不关心陆地、岛屿、桥梁的大小。因此,可以把陆地和岛屿抽象成没有大小的数学上的点,把七座桥抽象成没有宽窄的数学上的线,如图 2-1-2 所示。这样就把地理上的地图抽象成了数学上的几何图,把原来能否不重复、不遗漏过桥的问题抽象成能否一笔(不重复地)画出图 2-1-2 中的图形的问题。

能够一笔画的图形的特征分析:这样的图形一般有一个起点和一个终点,特殊情况下当终点也是起点时这两点也就重合了;除了这两点外,图形中的其他点所连接的线都应该是若干对一进一出的偶数条,这样的点称为偶点,否则就称为奇点。举一个通俗的例子,假设你某天上班离开家,下班回到家,即终点与起点相同;在这一天的出行路线中,不管你去了任何地点,如办公室、车站、食堂、银行、邮局等,对每个点来说都是一对或者若干对一进一出;这样的路线图中与每个点的连线都是偶数条。如果你是上班离开自己家,下班去父母家,那么起点与终点是奇点,其他点必定是偶点。可见,能够不重复地一笔画的图形,只有起点和终点可以是奇点,即能够不重复地一笔画的图形中,奇点个数只能是 0 或 2;由此得出,只有当图形中的奇点个数是 0 或 2 时,这样的图形才能够不重复地一笔画出。

上述图形中有 4 个奇点,因此不是一笔画图形,所以人们怎么走也不可能不重复、不遗漏地一次走完这七座桥。

第二节　符号化思想

一、对符号化思想的认识

数学符号是数学的语言,数学世界是一个符号化的世界,数学作为人们进行表示、计算、推理和解决问题的工具,符号起到了非常重要的作用;因为数学有了符号,才使得数学具有简明、抽象、清晰、准确等特点,同时也促进了数学的普及和发展;国际通用的数学符号的使用,使数学成为国际化的语言。符号表示也是一种数学抽象,数学符号是抽象的结果,学生在学习数学的过程中,用符号去表示、推理及运算等是数学思考的重要形式,也使结论更具有一般性。

《标准 2011 版》的解读指出:"符号是数学的语言,也是数学的工具,更是数学的方法。"也就是说,用符号表示既是一种数学思想,也是一种数学方法。

数学符号是人们在研究现实世界的数量关系和空间形式的过程中产生的,它来源于生活,但并不是生活中真实的物质存在,而是一种抽象概括。如数字 1,它可以表示现实生活中任何数量是一个的物体的个数,是一种高度的抽象概括,具有一定的抽象性。一个数学符号一旦产生并被广泛应用,它就具有了明确的含义,就能够进行精确的数学运算和推理证明,因而它具有精确性。数学能够帮助人们完成大量的运算和推理证明,但如果没有简洁的思想和符号的参与,这个工作量及难度也是很大的,会让人望而生畏。一旦简洁的符号参与了运算和推理证明,数学的简洁性就体现出来了。如欧洲人在 12 世纪以前基本上用罗马数字进行计数和运算,由于这种计数法不是位值制的,大数的四则运算就非常复杂,严重阻碍了数学的发展和普及;直到 12 世纪印度数字及十进制计数法传入欧洲,才使得算术有了较快的发展和普及。数学符号的发展经历了从各自独立到逐步规范、统一和国际化的过程,最明显的就是数字符号从早期的各自独立的埃及数字、巴比伦数字、中国数字、印度数字和罗马数字到统一的阿拉伯数字。数学符号经历了从发明到应用再到统一的逐步完善的过程,并促进了数学的发展;反之,数学的发展也促进了符号的发展。因而,数学和符号是相互促进发展的,而且这种发展可能是一个漫长的过程。

《标准 2022 版》把符号意识作为十一个核心素养之一,描述为:"主要是指能够感悟符号的数学功能。知道符号表达的现实意义;能够初步运用符号表示数量、关系和一般规律;知道用符号表达的运算规律和推理结论具有一般性;初步体会符号的使用是数学表达和数学思考的重要形式。符号意识是形成数学抽象能力和推理能力的经验基础。"[①]可以从以下几个方面理解符号意识。

1. 理解符号的意义

小学数学常用的符号主要可以分为以下几类:

数量符号:0~9,未知常量(a、b、c 等),变量(x、y、z 等),圆周率 π。

---

① 中华人民共和国教育部. 义务教育数学课程标准(2022 年版)[S]. 北京:北京师范大学出版社,2022:10.

运算符号:加号(＋),减号(－),乘号(×或·),除号(÷),乘方(2^2、2^3等),比号(∶)。

关系符号:等号(＝),近似符号(≈),不等号(≠),大于号(＞),小于号(＜),平行符号(∥),垂直符号(⊥)。

结合符号:如小括号"()",中括号"[ ]",大括号"{ }",分数线"—"。

性质符号:如正号(＋),负号(－)。

省略符号:三角形(△),角(∠)。

2. 能用符号表示数、数量关系和变化规律

这是一个从具体到抽象、从特殊到一般的探索和归纳的过程。如通过几组具体的两个数相加,交换加数的位置发现和不变,归纳出加法交换律,并用符号表示为 $a+b=b+a$。再如在长方形上拼摆单位面积的小正方形,探索并归纳出长方形的面积公式,用符号表示为 $S=ab$。这是一个符号化的过程,同时也是一个模型化的过程。

3. 知道使用符号可以进行运算和推理,是进行数学思考的重要形式,得到的结论具有一般性

这一要求是学生具有符号意识的很重要的体现,虽然学生在学习数学的过程中时刻与符号打交道,但是学生(包括部分教师)往往并不关心符号的作用和价值,只关心具体的知识点,缺乏抽象上升到一般性结论的意识。而这种意识和方法恰恰是把握数学本质、把数学课本由厚变薄的重要方法。如学生知道正方形的边长乘4等于它的周长,边长乘边长等于它的面积;更进一步,如果假设任何一个正方形的边长是 a,那么 $4a$ 就等于该正方形的周长,a^2 就等于该正方形的面积。这是一个符号化和模型化的过程,同时能够体会这一结论的一般性。

二、符号化思想的应用

数学的发展经历了几千年,数学符号的规范和统一也经历了比较漫长的过程。如我们现在通用的算术中的十进制计数符号数字0~9于公元8世纪在印度产生,经过了几百年才在全世界通用,从通用至今也不过几百年。代数在早期的演算主要是以文字为主,直到16、17世纪韦达(F. Viète, 1540—1603)、笛卡儿(R. Descartes, 1596—1650)和莱布尼茨(G. W. Leibniz,

1646—1716)等数学家逐步引进和完善了代数的符号体系。

用字母表示数及数量关系,进而用字母符号进行运算,是数学从算术真正发展到代数的标志。字母符号参与运算对于数学的意义是重大的,一方面字母符号可以像数一样进行运算,另一方面用字母表达的数量关系和规律具有一般性。比如用字母 a、b、c 表示数,进而表达运算律,使得这些运算律具有一般性,这些字母不但可以表示任意的自然数、整数、小数、分数,还可以扩充到中学的有理数、无理数、实数、复数;用 x、y、z 表达方程中的未知数,根据数量的相等关系列出方程,来解决问题;用 x 和 y 表达正比例关系 $\frac{y}{x}=k$(一定)、$y=kx$,反比例关系 $xy=k$(一定)以及函数中的变量,所表达的数量关系更具有一般性,使得我们从传统的算术运算上升到代数运算,便于进行运算和推理。我国的古代数学善于运用方程(组)解决实际问题,这在我国的数学名著《九章算术》当中有专门讨论。这一贡献走在了当时世界的前列,但是由于没有字母符号,只能用文字叙述记录列方程和解方程的过程,使得这些方程的表达比较繁琐。后来西方的数学家韦达发明了用符号表达方程和方程的求根公式,例如一元二次方程 $ax^2+bx+c=0(a\neq 0)$,它表达了所有的一元二次方程,显得简洁明了,且具有普适性。

我们很多人都听过老师给学生做的一个猜数的数学小游戏:让学生心里想一个任意的自然数,把这个数先乘4,加上18,再把所得的结果乘2,减去20,再减去16,最后把结果告诉老师。让学生好奇的是老师每次都能知道你原来想的自然数是多少。教师屡试不爽,学生非常好奇地想知道秘密所在。于是可以启发学生用字母表示原来设想的这个数,列出算式并化简,秘密就被找到了,学生自然体会了字母的价值。根据 $(4x+18)\times 2-20-16=8x$,把学生计算的结果除以8就得出了原来想的这个数。

符号在小学数学中的应用如表 2-2-1 所示。

表 2-2-1

知识领域	知识点	应用举例	应用拓展
数与代数	数的表示	阿拉伯数字:0~9	
		中文数字:一~十	

知识领域	知识点	应用举例	应用拓展
		百分号:%	
		用字母表示数	偶数:$2n$ 奇数:$2n+1$
		用数轴表示数	
	数的大小关系	$=$、$\approx$、$>$、$<$	$\leqslant$、$\geqslant$、$\neq$
		$a=b$,$b=c$,所以 $a=c$ $a<b$,$b<c$,所以 $a<c$ $a>b$,$b>c$,所以 $a>c$	
	数的运算	$+$、$-$、$\times$、$\div$、$(\ )$、$[\ ]$、$\{\ \}$、 a^2(平方)、a^3(立方)	
	运算律	加法交换律:$a+b=b+a$	
		加法结合律:$(a+b)+c=a+(b+c)$	
		乘法交换律:$ab=ba$	
		乘法结合律:$(ab)c=a(bc)$	
		乘法分配律:$a(b+c)=ab+ac$	
	方程	$ax+b=c(a\neq 0)$	
	数量关系	$a+b=c$,$b+a=c$ $c-a=b$,$c-b=a$	
		$ab=c$,$ba=c$ $c\div a=b$,$c\div b=a$	$c\div a=c\times\dfrac{1}{a}$
		路程、时间和速度:$s=vt$	
		总价、数量和单价:$a=np$	
		正比例关系:$\dfrac{y}{x}=k$,$y=kx$ (k 为常数,且 $k\neq 0$)	
		反比例关系:$xy=k$(k 为常数,且 $k\neq 0$)	
图形与几何	用字母表示 计量单位	长度单位:km、m、dm、cm、mm	微米:μm 纳米:nm
		面积单位:km²、hm²、m²、dm²、cm²、mm²	
		体积和容积单位: km³、m³、dm³、cm³、mm³、L、mL	
		质量单位:t、kg、g	毫克:mg

知识领域	知识点	应用举例	应用拓展
	用字母表示图形	用字母表示点：A、B、C、D	$\triangle ABC$
		用字母表示线段：线段 AB	
		用字母表示直线：直线 l、a、b	直线 CD
		用符号表示角：$\angle 1$、$\angle 2$、$30°$	
		两条直线平行：$AB /\!/ CD$	$\square ABCD$
		两条直线垂直：$AB \perp CD$	
	用字母表示公式	长方形面积：$S = ab$	
		正方形面积：$S = a^2$	
		三角形面积：$S = \dfrac{1}{2}ah$	
		平行四边形面积：$S = ah$	
		梯形面积：$S = \dfrac{1}{2}(a+b)h$	
		圆周长：$C = 2\pi r$	
		圆面积：$S = \pi r^2$	
		长方体体积：$V = abh = Sh$	
		正方体体积：$V = a^3$	
		圆柱体积：$V = Sh = \pi r^2 h$	
		圆锥体积：$V = \dfrac{1}{3}Sh = \dfrac{1}{3}\pi r^2 h$	

三、符号化思想的教学

《标准 2022 版》把培养学生的符号意识列为核心素养，并提出了具体要求。教师在日常教学中要给予符号意识足够的重视，并落实到课堂的教学目标中。要创设合适的情境，引导学生在探索中归纳和理解数学符号所表达的数学信息，并进行解释和应用。学生只有理解和掌握了数学符号的内涵和思想，才有可能利用它们进行正确的运算、推理和解决问题。

1. 在概念、公式、法则、性质、关系等的教学中，培养符号意识

数学的概念、公式、法则、性质等都是数学知识的重要组成部分，往往又都

需要用符号进行表达，才能上升到一般性和普适性。因此要结合各种知识的学习进行符号意识的培养。如小学生学习加法的概念，主要是用语言描述的，一年级时学生直观感受加法是把两个数量（集合）合并成一个总数量（集合），用数表达就是两个加数相加等于和数；同时，感悟减法是加法的逆运算。四年级时学生能够理解求两个数的和的运算就是加法，一个加数＋另一个加数＝和，理解减法是加法的逆运算，被减数－减数＝差。学习了用字母表示数和数量关系后，学生能够用字母表示四则运算及其关系，被减数就是和，减数就是一个加数，差就是另一个加数，于是得到 $a+b=c$，$b+a=c$，$c-a=b$，$c-b=a$，我们把这样的关系简称为"三数（量）四式"。

2. 在解决问题的全过程中，培养符号意识

符号意识的培养应贯穿于数学学习的整个过程，包括学生经历的发现问题、提出问题、分析问题和解决问题的过程，而不是让学生简单地记忆和模仿。例如，加法交换律的教学，不应简单地通过几个特殊的例子告诉学生交换两个加数的位置和不变；而应该让学生经历探索规律的全过程。可以先让学生计算几道交换加数的加法题，引导学生能够发现和提出一些问题，再进行归纳和概括，并用一种简洁的方式表示出来，启发学生得出可以用 $a+b=b+a$ 来表示加法交换律，并理解这一表示具有一般性。

再如，解决行程问题时，小红和小丽两个人从甲、乙两地同时出发相向而行，小红的速度是 v_1，小丽的速度是 v_2，经过时间 t 相遇，甲、乙两地的路程是 S，则普适性的数量关系是：$S=(v_1+v_2)t$。只要学生能够建立这个模型，在解决一系列相关问题时，通过分析就可以用字母表达普适性的 4 个量之间的数量关系，已知 3 个量的信息，可以求出第 4 个量。假设已知路程和两个人的速度，可以求出时间；假设已知路程、时间和其中一个人的速度，可以求出另一个人的速度。借助模型的普适性，达到了解决相关问题举一反三的境界，面对变式问题可以做到以不变应万变。

3. 在高年级及六年级（下）总复习中，加强符号化思想的教学

小学生经过了近六年的学习，已经初步有了符号意识及用符号表示常用的数、数量关系、公式的能力。小学数学可以用符号表示的数、数量关系、法则、性质、规律等有很多，由于其中有些知识是在低年级和中年级学习的，限于当时学生的知识水平、思维水平，当时没有能够用符号表示这些知识。等到了

高年级及六年级总复习阶段,学生已经学完了小学数学的所有知识,思维已经以抽象逻辑思维为主,具备了用符号表示更多的数、数量关系、法则、性质、规律等的条件。此阶段,可以在复习中进一步把所学知识结构化、系统化、抽象化、符号化,为中学数学的学习打下良好基础。如学生学习了正比例的意义后,判断正方形的周长与边长是否成正比例时,绝大多数学生会采取举例验证的方法,而很少想到用 $C=4a$,事实上只要与正比例关系式 $y=kx$ 是同类的关系式,即两个变量,其中一个变量与一个常数的积等于另一个变量,那么这两个量就成正比例。

案例 1　偶数乘偶数所得的积是什么数？偶数乘奇数呢？奇数乘奇数呢？

　　分析　小学生一般习惯于用具体的特殊的数进行研究,然后归纳规律,这是运用了归纳法。如果用字母表示偶数和奇数,就上升到一般性,得出的结论更加严谨,更有说服力。

　　首先从概念出发进行分析,2 的倍数的数是偶数,不是 2 的倍数的数是奇数,那么任意一个整数的 2 倍一定是偶数,偶数加 1 一定是奇数。

　　设 m 和 n 是任意两个自然数,那么 $2m$ 和 $2n$ 一定是偶数,$2m+1$ 和 $2n+1$ 一定是奇数。

　　因为 $2m\times(2n)=2[m\times(2n)]$,无论中括号里是什么整数,它的 2 倍一定是偶数,所以偶数乘偶数所得的积一定是偶数。

　　因为 $2m\times(2n+1)=2[m\times(2n+1)]$,无论中括号里是什么整数,它的 2 倍一定是偶数,所以偶数乘奇数所得的积一定是偶数。

　　$(2m+1)(2n+1)=2m(2n+1)+2n+1=2[m(2n+1)+n]+1$,无论中括号里是什么整数,它的 2 倍一定是偶数,偶数加 1 一定是奇数,所以奇数乘奇数所得的积一定是奇数。

　　案例 2　如果用 $\dfrac{a}{b}$ 和 $\dfrac{c}{d}$ 分别表示两个异分母分数,请表示这两个分数的加法、减法、乘法和除法的计算法则。

分析 我们不管 b 和 d 是否互质，作为通性通法，可以直接把 b 和 d 相乘的积 bd 作公分母，则有

$$\frac{a}{b}+\frac{c}{d}=\frac{ad}{bd}+\frac{bc}{bd}=\frac{ad+bc}{bd},$$

$$\frac{a}{b}-\frac{c}{d}=\frac{ad}{bd}-\frac{bc}{bd}=\frac{ad-bc}{bd},$$

$$\frac{a}{b}\times\frac{c}{d}=\frac{ac}{bd},$$

$$\frac{a}{b}\div\frac{c}{d}=\frac{a}{b}\times\frac{d}{c}=\frac{ad}{bc}。$$

具体计算时，最后的答案约分即可。

案例 3 计算：$1-\frac{1}{2}=($ $)$，$\frac{1}{2}-\frac{1}{3}=($ $)$，$\frac{1}{3}-\frac{1}{4}=($ $)$，你能发现什么规律？设 a_n 表示这里的第 n 个算式，请你把发现的规律表示出来。

分析 本题要发现并归纳规律并不难，难的是学会如何用字母表示规律。观察每个式子，可以发现：第 2 个式子的被减数的分母就是 2，减数的分母是 3，比被减数的分母大 1；第 3 个式子的被减数的分母就是 3，减数的分母是 4，比被减数的分母大 1……以此类推，第几个式子，被减数的分母就是几，减数的分母比被减数的分母大 1，那么第 n 个式子的被减数的分母就是 n，减数的分母就是 $n+1$，所以

$$a_n=\frac{1}{n}-\frac{1}{n+1}=\frac{n+1}{n(n+1)}-\frac{n}{n(n+1)}=\frac{1}{n(n+1)}。$$

案例 4 有两个两位数，十位数相同，个位数相加等于 10，你能发现这两个两位数相乘所得的积的规律吗？

分析 设 a、b、c 分别是 $1\sim9$ 之间的一个数字，且 $b+c=10$，则两个两位数分别为 $\overline{ab}$ 和 $\overline{ac}$。

$$(\overline{ab})(\overline{ac}) = (10a + b)(10a + c)$$
$$= 100a^2 + 10a \times c + 10a \times b + b \times c$$
$$= 100a^2 + 10a(c + b) + b \times c$$
$$= 100a^2 + 100a + b \times c$$
$$= 100a(a + 1) + b \times c。$$

这两个两位数相乘所得的积的规律就是：积的十位数和个位数是这两个两位数个位的积(若此积是一位数,则十位上补 0 占位),其他数位的数是十位数乘十位数加 1 的和,所得的积。

例如, $93 \times 97 = 100 \times 9 \times (9 + 1) + 3 \times 7 = 9\,000 + 21 = 9\,021$。

第三节　分类思想

一、对分类思想的认识

人们面对比较复杂的问题,有时无法通过统一研究或者整体研究解决,需要把研究的对象按照一定的标准进行分类并逐类进行讨论,再把每一类的结论综合,使问题得到解决,这种解决问题的思想方法就是分类讨论的思想方法。类就是有相同性质的事物组成的一个全体。分类的实质是把问题"分而治之、各个击破、综合归纳"。分类的规则和解题步骤是：(1)根据研究的需要确定同一个分类标准;(2)恰当地对研究对象进行分类,分类后的所有子项之间既不能"交叉"也不能"从属",且所有子项的外延之和必须与被分类的对象的外延相等,通俗地说就是要做到"不重不漏";(3)逐类逐级进行讨论;(4)综合概括、归纳得出最后的结论。

分类既是解决问题的一般的思想方法,适用于各种科学领域的研究,也是数学领域学习新知识、解决问题较常用的思想方法。

《标准 2022 版》要求培养学生用理性思维和数学思维思考现实世界,这种思考的部分特征包括有顺序地、有层次地、有条理地、全面地、有逻辑地思考,分类就是具有这些特性的思考方法。因此,分类思想是培养学生有条理地思考和良好数学思维品质的一种重要而有效的方法。

从学习知识的角度而言，把知识从宏观到微观不断地分类学习，既可以把握全局、又能够由表及里、细致入微，把抽象后的概念与命题分类，建立概念之间的关系，有利于形成比较系统的数学知识结构和构建良好的认知结构。在解决问题过程中，无论是解决纯数学问题，还是解决联系实际的问题，都要注意数学原理、公式和方法在一般条件下的适用性和特殊情况下的不适用性，注意分类讨论，从而做到全面地思考并完整地解决问题。分类思想与集合思想也有比较密切的联系，与集合的定义有相似之处，实际上一个类就可以看成是一个集合，集合思想也离不开分类，一个元素是否属于一个集合，标准是明确的。另外，分类思想还是概率与统计知识的重要基础。

二、分类思想的应用

分类思想在小学数学的学习中有很多应用，例如从宏观的方面而言，小学数学可以分为数与代数、图形与几何、统计与概率、综合与实践四大领域。从比较具体的知识来说，几大领域的知识又有很多分支，例如小学数学中负数成为必学的内容以后，小学数学数的认识范围实际上是在有理数范围内，有理数可以分为整数和分数，整数又可以分为正整数、零和负整数，整数根据它的整除性又可以分为偶数和奇数。正整数又可以分为1、素数和合数。分类思想不但有利于理解各种知识及相互间的关系，还是解决问题时非常有效的方法，如小学生解决简单的排列组合问题时，虽然不能利用加法和乘法原理，但是可以用分类讨论的方法、穷举法、数形结合法等方法有效地解决。

小学数学中分类思想的应用主要有以下几个方面，见表2-3-1所示。

表2-3-1

知识点	应用举例
分类	一年级下册物体的分类整理，渗透分类思想
数的认识	数可以分为：正数、0、负数 有理数可以分为：整数和分数 分数可以分为：真分数和假分数
整数的性质	整数可以分为：奇数和偶数 正整数可以分为：1、素数和合数

知识点	应用举例
图形的认识	平面图形中的多边形可以分为：三角形、四边形、五边形、六边形……
	三角形按角可以分为：锐角三角形、直角三角形、钝角三角形 三角形按边可以分为：三边都不相等的三角形、等腰三角形（其中等腰三角形又可以分为：等边三角形、腰与底边不相等的等腰三角形）
	四边形按对边是否平行可以分为：平行四边形、梯形、两组对边都不平行的四边形
统计	数据的分类整理和描述
排列组合	分类讨论是小学生了解排列组合思想的基础
概率	排列组合是概率计算的基础
植树问题	先确定是几排树，再确定每排树的情况：两端都不栽、一端栽一端不栽、两端都栽
抽屉原理	构建抽屉实际上是应用分类标准，将所有元素进行分类

分类思想在小学数学中还有可以挖掘的素材，如有些老师在教学正比例和反比例的意义时，先给出一些语句，让学生判断哪些量是相关联的量，哪些量不是；然后引导学生对相关联的各组量进行分类，发现每组都有两个变量，可以分成 4 类：两个量的比值一定，两个量的积一定，两个量的和一定，两个量的差一定。在此基础上引出正比例关系和反比例关系。

三、分类思想的教学

如前所述，分类思想在小学数学中占有比较重要的地位，而且应用广泛，在教学中应注意以下几点。

第一，在分类与整理单元的教学中，注意渗透分类思想，知道统计数据时经常要对统计的事物进行分类，如把气球按颜色分类，把人按照性别分类等。

第二，在三大领域知识的教学中，注意经常性地渗透分类思想和集合思想，如平面图形和立体图形的分类、数的分类等。

第三，注意从数学思维和解决问题的方法上渗透分类思想，如排列组合、抽屉原理等问题经常运用分类讨论思想解决。

第四，在统计知识的教学中，体现分类的思想。现实生活中的数据丰富多彩,很多时候需要把收集到的数据进行分类整理和描述,以有利于分析数据和综合地作出推断。如把全班 50 米短跑的成绩按照优、良、中、合格、不合格分类,把体重按照一定的范围分类等。

第五,注意让学生体会分类的目的和作用,不要为了分类而分类。如对商品和物品的分类是为了便于管理和选购,对数学知识和方法进行分类,是为了更深入地研究问题、理解知识、优化解决问题的方法。

第六,注意有关数学规律在一般条件下的适用性和特殊条件下的不适用性。也就是说,有些数学规律在一般情况下成立,在特殊情况下不一定成立;而这种特殊性在小学数学里往往被忽略,长此以往,容易造成学生思维的片面性。如在小学里经常有争议的一个判断题:如果 $5a=2b$,那么 $a:b=2:5$;有人认为是对的,有人认为是错的。严格来说,这个命题是错的,因为这里并没有规定 a 和 b 不能等于 0。之所以产生分歧,是因为在小学数学里有一个不成文的约定:在讨论整数的性质时,一般情况下不包括 0。这种约定是为了避免麻烦,有一定的道理,但是这样就造成了在解决有关问题时产生分歧,而且不利于培养学生思维的严密性,尤其是学生进入初中后的学习中,经常会因为解决问题不全面、忽略特殊情况而出现低级错误。由此可见,分类思想在避免忽略特殊条件下的不适用性方面的重要作用。

案例 1 把 1 张 100 元的人民币换成零钱,现有足够的 10、20、50 元币。共有多少种换法?

分析 换法可有多种,其中一种换法是按照用一种、两种、三种面值的钱币兑换的标准进行分类组合。

用一种钱币:10 张 10 元,5 张 20 元,2 张 50 元,有 3 种换法;

用两种钱币:8 张 10 元和 1 张 20 元,6 张 10 元和 2 张 20 元,

4 张 10 元和 3 张 20 元,2 张 10 元和 4 张 20 元,

5 张 10 元和 1 张 50 元,有 5 种换法;

用三种钱币:1 张 10 元、2 张 20 元和 1 张 50 元,

3 张 10 元、1 张 20 元和 1 张 50 元,有 2 种换法。

共计 10 种换法。

案例 2 图 2-3-1 中共有多少个长方形?

图 2-3-1

分析 我们以不能再划分的长方形为基本单元,长方形个数统计时按基本单元的不同数量来分类,分成以下几类:

单一的长方形:$3 \times 3 = 9$(个);

由两个单一长方形组成的长方形:横数 $2 \times 3 = 6$(个),竖数 $2 \times 3 = 6$(个),得 $6 + 6 = 12$(个);

由三个单一长方形组成的长方形:横数 $1 \times 3 = 3$(个),竖数 $1 \times 3 = 3$(个),得 $3 + 3 = 6$(个);

由四个单一长方形组成的长方形:4 个;

由六个单一长方形组成的长方形:4 个;

由九个单一长方形组成的长方形:1 个;

共计有 $9 + 12 + 6 + 4 + 4 + 1 = 36$(个)长方形。

这种方法虽然繁琐,但是学生容易理解。

案例 3 图 2-3-2 中共有多少个三角形?

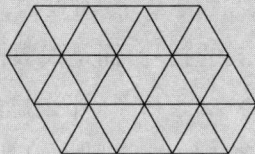

图 2-3-2

分析 此题如果直接数,很容易数错。按不同的三角形面积进行分类。

设最小的三角形面积为 1,不同的三角形面积为 1、4、9 三种情形:

面积为 1 的三角形有 22 个;

面积为 4 的三角形有 10 个;

面积为 9 的三角形有 2 个。

因此,共有 34 个三角形。

案例 4 任意给出 4 个两两不等的整数,请说明:其中必有两个数的差是 3 的倍数。

分析 任意一个整数除以 3,余数只有三种可能:0、1 和 2。运用分类思想,构造这样的三个抽屉:除以 3 余数分别是 0、1 和 2 的整数。根据抽屉原理,必有一个抽屉里至少放了两个数,这两个数除以 3 的余数相等,设这两个数分别为 $3m+r$ 和 $3n+r$,其中 m、n 都是整数,它们的差是 $3(m-n)$,必是 3 的倍数。

案例 5 (1) 妈妈有 3 件不同的上衣,2 条不同的裤子,每周上班 5 天,如果希望每周每天穿不同的服装搭配,能满足愿望吗?

(2) 用数字 1、2、3 能组成多少个小于 31,且没有重复数字的两位数?

(3) 用数字 1、2、3、4 能组成多少个小于 31,且没有重复数字的两位数?

分析 对于小学数学中简单的排列组合问题,多数学生可以用分类、枚举和数形结合等方法直观有序地思考并加以解决。如果在此基础上能够感悟加法原理和乘法原理,归纳排列组合的公式,通过公式计算排列数,那么这种计算就不是一般的靠死记硬背公式的技巧,而是代数推理。

(1) 我们假设只有 1 件上衣,2 条裤子,那么显然有 2 种穿法;如果有 2 件上衣,2 条裤子,多 1 件上衣就多 2 种搭配,那么显然有 $2\times2=4$(种)穿法;以此类推,如果有 3 件上衣,2 条裤子,那么显然有 $3\times2=6$(种) 穿法。假设有 a 件上衣,2 条裤子,那么就有 $2a$ 种穿法;如果有 a 件上衣,b 条裤子,就有 ab 种穿法。

根据乘法公式,$3×2=6$(种),有 6 种穿法,能满足愿望。

我们得到了穿衣服的搭配公式,这个公式能否推广到其他情况呢?下面来分析第(2)题。

(2) 两位数有两个数位:十位和个位。分两步安排,先定十位数,再定个位数。根据题目要求,任意一个两位数不能有重复数字,参考图 2-3-3 所示,如果十位数选 1,那么个位数只能选 2 和 3,组成 2 个两位数;如果十位数选 2,个位数只能选 1 和 3,又组成 2 个两位数;如果十位数选 3,个位数只能选 1 和 2,仍组成 2 个两位数。所以,一共组成 $3×2 = 6$(个) 没有重复数字的两位数。

第一步	第二步
十位 1	个位 2
1	3

第一步	第二步
十位 2	个位 1
2	3

第一步	第二步
十位 3	个位 1
3	2

图 2-3-3

也就是说,第一步是十位数,可以选 1、2 或 3,有 3 种选法;第二步是个位数,只能选剩下的 2 个数字,有 2 种选法。所以一共能组成没有重复数字的不同的两位数的个数也可以用 $3×2$ 计算,得出有 6 个两位数。由此可知,穿衣搭配的排列公式在此题中同样适用。

再根据小于 31 的条件,可得满足要求的两位数有 4 个。

(3) 以此类推,用数字 1、2、3、4 能组成 $4×3=12$(个) 两位数。十位数是 1 和 2 的两位数都小于 31,占二分之一,有 6 个;十位数是 3 和 4 的两位数均不符合条件。所以答案是 6 个。

案例6 一个等腰三角形的两条边长分别为 5 cm 和 6 cm,求周长。

分析 此题没有明确说明腰和底分别是多少,因此需要分类讨论。

如果腰为 6 cm,底为 5 cm,因为 $5+6>6$,可以围成三角形,那么周长 $C=$

$6 \times 2 + 5 = 17 (\text{cm})$；

如果腰为 5 cm，底为 6 cm，因为 $5 + 5 > 6$，可以围成三角形，那么周长 $C = 5 \times 2 + 6 = 16(\text{cm})$。

第四节 集合思想

一、对集合思想的认识

把指定的具有某种性质的事物看作一个整体，就是一个集合（简称集），其中每个事物叫做该集合的元素（简称元）。指定的具有某种性质，是指我们有一定的规则或标准来判断一个事物是否属于该集合，即给定的集合，它的元素必须是确定的，也就是说，任何一个事物是否属于这个集合，是能够确定的。如"学习成绩好的同学"不能构成一个集合，因为判断成绩好与不好的标准是模糊的，这样的同学是不确定的；而"语文和数学的平均成绩在 90 分及以上的同学"就是一个集合，如小明的语文和数学的平均成绩是 90 分，那么小明就属于这个集合，小红的语文和数学的平均成绩是 89 分，那么小红就不属于这个集合。一个给定集合中的元素是互不相同的，即集合中的元素不重复出现，如不能把集合 $A = \{2, 4, 6, 8\}$ 写成 $A = \{2, 4, 6, 8, 8\}$，说 A 有 5 个元素也是不对的，正确的是 A 有 4 个元素。只要两个集合的元素完全相同，就说这两个集合相等，如集合 $B = \{x \mid x = 2k, 0 < k < 5, \text{且 } k \in \mathbf{N}\}$，则有 $A = B$。

集合的表示法一般用列举法和描述法。列举法就是把集合的元素一一列举出来，并用大括号"{}"括起来表示集合的方法。如上述集合 A 就是用列举法表示的。描述法就是在大括号内写出规定这个集合元素的特定性质来表示集合的方法。如上述的集合 B 就是用描述法表示的。列举法的局限性在于当集合的元素过多或者有无限多个时，很难把所有的元素一一列举出来，这时描述法便体现出了优越性。此外，有时也可以用封闭的曲线（文氏图）来直观地表示集合与集合之间的关系，曲线的内部表示集合的所有元素。如图 2-4-1 所示的文氏图表示四边形的分类及相互关系。

一一对应是指两个集合之间元素（不一定是数）的一对一的对应，也就是

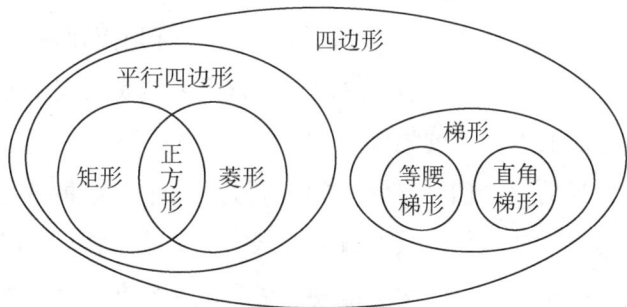

图 2 - 4 - 1

说给定两个集合 A、B，如果集合 A 中的任一元素 a，在集合 B 中都有唯一的元素 b 与之对应；并且在集合 B 中的任一元素 b，在集合 A 中也有唯一的元素 a 与之对应。数集之间可以建立一一对应，如正奇数集合和正偶数集合之间的元素可以建立一一对应。其他集合之间也可以建立一一对应，如五(1)班有 50 个学生，50 张课桌，如果把学生和课桌各自看成一个集合，那么这两个集合之间可以建立一一对应；再如，中国、美国、俄罗斯、英国、法国、德国作为一个集合，北京、纽约、莫斯科、伦敦、巴黎、柏林作为一个集合，这两个集合之间也可以建立一一对应。

如果一个集合的元素个数是有限的，那么这个集合称为有限集合；如果一个集合的元素个数是无限的，那么这个集合称为无限集合。当一个集合的元素能与全体正整数成一一对应关系时，这个集合就是可数集合；也就是说可以把可数集合的元素按照 1，2，3，…编号，可以一个一个地数出来。如全体正奇数的集合是可数集合，第 1 个元素是 1，第 2 个元素是 3，第 3 个元素是 5……当然，给集合的元素编号，是为了方便考察集合元素的特点，并不是说集合的元素与顺序有关，事实上集合的元素与顺序是无关的，如集合 $C = \{1, 2, 3\} = \{3, 2, 1\} = \{2, 1, 3\} = \{3, 1, 2\} = \{1, 3, 2\} = \{2, 3, 1\}$。

设有 A、B 两个集合，若 A 的所有元素都是 B 的元素，则称 A 是 B 的子集，记为 $A \subseteq B$ 或 $B \supseteq A$，也称为 A 包含于 B 或 B 包含 A。集合理论是数学的理论基础，从集合论的角度研究数学，便于从整体和部分及二者的关系上研究数学各个领域的知识。如数系的扩展，从小学的自然数到整数、分数，再到中学的有理数、无理数和实数，都可以从集合的角度来描述。有时用集合语言来表述有关概念更为简洁,如全体偶数的集合可表示为$\{x \mid x = 2k, k \in \mathbf{Z}\}$。集合沟通了代数(数)和几何之间的关系,如$y = kx$,既是正比例函数,又可以表示一条直线;也就是说在平面直角坐标系上,这条直线是由满足$y = kx$的所有有序实数对所组成的点构成的集合。

不含任何元素的集合叫做空集,常用符号$\varnothing$表示。空集$\varnothing$是任何集合A的子集,即$\varnothing \subseteq A$。如六年级某次数学考试的成绩分布在70分到99分之间,那么该次考试成绩是100分的学生组成的集合就是空集。空集是指一个元素也没有的集合,与集合$D = \{0\}$不是一个概念,集合D有一个元素,这个元素是0。

二、集合思想的应用

集合思想在小学数学的很多内容中进行了渗透。在数的概念方面,如自然数可以从对等集合基数(元素的个数)的角度来理解,再如在一年级通过两组数量相等的实物建立一一对应,让学生理解"同样多"的概念,实际上就是在两个对等集合的元素之间建立一一对应;数的运算也可以从集合的角度来理解,如加法可以理解为两个交集为空集的集合的并集,再如求两数相差多少,通过把代表两数的实物图或直观图一对一地比较,来帮助学生理解用减法计算的道理。实际上就是把分别代表被减数和减数的实物分别看作集合A、B,通过把B的所有元素与A的部分元素建立一一对应,然后转化为求A与其子集(与B等基)的差集的基数。此外,在小学数学中还经常用文氏图表示集合之间的关系,如把所有三角形作为一个整体,看作一个集合,记为A;把锐角三角形、直角三角形和钝角三角形各自看作一个集合,分别记为B、C、D,这三个集合就是集合A的三个互不相交的子集,B、C、D的并集就是A。再如在学习公因数和公倍数时,都是通过把两个数各自的因数和倍数分别用文氏图表示,再求两个集合的交集,如此直观地表示了公因数和公倍数的概念。

三、集合思想的教学

集合思想在小学数学中广泛渗透,在教学中应注意以下几个问题。

第一,应正确理解有关概念。我们知道,两个数之间可以比较大小,但是两个集合之间无法直接比较大小，也就是说一般不提及两个集合谁大谁小。对于两个集合 A、B，当且仅当它们有完全相同的元素时，称 A、B 相等，记为 $A=B$。如 $A=\{2,3,5,7\}$，$B=\{x \mid x$ 是小于 10 的素数$\}$，则 $A=B$。集合之间可以有包含关系，如 $C=\{2,3,5,7,11\}$，则 A 是 C 的真子集。有限集合之间可以比较基数的大小，也就是比较元素个数的多少。只要两个集合的元素之间能够建立一一对应的关系，就说两个集合的元素个数相等，也就是基数相等，称为等势或等基。如 A 是 C 的真子集，就说 A 的基数小于 C 的基数。

对于有限集比较容易数出它的元素的个数，而对于无限集，又怎样比较它们元素个数的多少呢？如正整数集合与正偶数集合，它们的基数相等吗？我们知道，两个集合的元素，只要能够建立一一对应就基数相等。正整数集合与正偶数集合的元素之间可以建立如图 2-4-2 所示的一一对应关系，因此这两个集合的元素个数相等，也就是它们的基数相等。

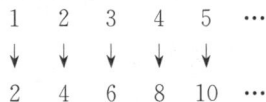

$$
\begin{array}{ccccc}
1 & 2 & 3 & 4 & 5 \quad \cdots \\
\downarrow & \downarrow & \downarrow & \downarrow & \downarrow \\
2 & 4 & 6 & 8 & 10 \quad \cdots
\end{array}
$$

图 2-4-2

第二，正确把握集合思想的教学要求。集合思想虽然在小学数学中广泛渗透，但是集合的知识并不是小学数学的必学内容，因此要注意把握好知识的难度和要求，尽量使用通俗易懂的语言渗透集合思想。文氏图除了可以表示集合之间的关系外，可以进行集合的直观运算，还可以解决一些分类计数的问题。

第三，集合思想的教学要贯彻小学数学的始终。如上所述，集合思想在一年级学习之初，学生在学习认数和分类等知识中就已经有所接触，一直到高年级学习公因数和公倍数、三角形和四边形的分类、数的分类（正数、0、负数）、六年级（下）总复习中对各领域知识的系统整理和复习等，不同年级和不同知识领域都有所渗透，具体涉及了用集合语言表示概念及概念间的关系、集合的元素之间的对应关系、集合的运算等。因此，集合思想的渗透不是一朝一夕的事情，而是坚持不懈的长期的过程。

　　案例　六(1)班有 36 名学生，在举办的文艺活动中，表演歌舞节目的有 9 人，表演小品等节目的有 12 人，两类节目都表演的有 5 人。该班有多少人没参加这两项节目表演？

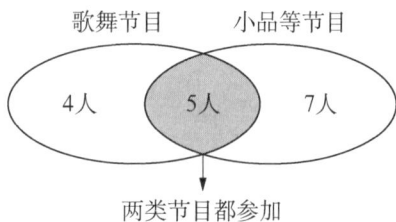

歌舞节目　　　小品等节目

4人　　　5人　　　7人

两类节目都参加

图 2-4-3

分析　为了便于理解集合的运算原理,我们借助如图 2-4-3 所示的文氏图来分析。左边的圈里表示表演歌舞节目的人数,右边的圈里表示表演小品等节目的人数。两个圈相交的公共部分有 5 人,表示这 5 人既参加了歌舞节目,又参加了小品等节目的表演。左边圈中没跟另一个圈相交的单独部分有 4(9-5)人,表示这 4 人只参加了歌舞节目的表演。因此,参加歌舞节目表演的 9 人由两部分组成:一部分是只参加歌舞节目表演的 4 人,另一部分是既参加歌舞节目又参加小品等节目表演的 5 人。同样道理,参加小品等节目表演的 12 人也由两部分组成:一部分是只参加小品等节目表演的 7 人,另一部分是既参加小品等节目又参加歌舞节目表演的 5 人。综合以上分析,可以得出:该班参加节目表演的人数是 4+5+7=16,或 9+12-5=16,进而得:该班没参加节目表演的人数是 36-16=20。

第五节　变中有不变思想

一、对变中有不变思想的认识

在学习数学或用数学解决问题的过程中,会面对千变万化的对象,在这些变化中找到不变的性质和规律,发现数学的本质,这就是变中有不变的思想。所谓"万变不离其宗",就是恰当通俗地概括了这个思想。如除法、分数和比,表面上有很大不同,除法是一种运算,分数是一种数,比表示一种关系,而本质上它们有一致的方面,都可以表示两个数之间的关系。

小学数学虽然只是数学中最基础、最简单的部分,从容量和难度来看都不算大,但是对于小学生来说却是有难度的,这是由小学生的认知特点决定的,所以小学数学教材的编排是分散式的、螺旋式的、直观的、逐步抽象的。如整数的认识分散在 1~4 年级,分成了 5 段编排,这可能导致学生对数学的概念、性质、法则等数学知识的理解含有肤浅的、割裂的、片面的成分。在教材编排和课堂教学中,如果能够多体现变中有不变的思想,将有利于更好地认识数学的本质和解决问题。

二、变中有不变思想的应用

如前文所述,《标准2022版》指出数学核心素养具有高度的整体性、一致性和阶段性。也就是说,数学核心素养是从小学到高中整体设计和贯通的,虽然小学、初中和高中的知识有难易、也有内容的不同,但是抽象、推理和模型等数学核心素养是不变的、一致的;当然,不同阶段的数学核心素养要求和水平也会有所不同,体现了阶段性。

数学的概念、法则、性质、运算律、数量关系式(包括各种公式)等,都可以广泛应用变中有不变的思想。

数的认识具有一致性,无论一个整数有多大,本质上都是利用十进位值制计数原理计数的,利用0～9这10个数字表达,把这些数字放在不同的数位上表示不同的计数单位。更进一步,小数的表达也是整数的十进位值制计数法的扩展。分数的表达虽然不是十进位值制,但是分数也有计数单位,即我们通常所说的分数单位。可见,整数、小数和分数的表达都是不同计数单位的累加。

在此基础上,数的运算也具有一致性,无论是加减乘除四则运算,还是混合运算,都是把参与运算的各个数的计数单位,依据运算的意义、法则、顺序、性质、运算律等进行重新分解与组合;这一点与数的表达也是相通的。总而言之,数的认识和运算都是以计数单位为核心概念进行贯通的。

运算律是从整数开始归纳的,在此基础上可以扩展到小数、分数、有理数、实数,即在实数范围内,运算律的适用性是不变的。

解决问题的情境和信息是丰富多彩、变化多端的,如果能够抓住数学模型不变的本质,就可以避免被表面复杂的情境所迷惑,如单价×数量＝总价作为描述商品价格的数量关系,无论是什么情境、什么商品和数据,都可以应用这一基本模型一步一步地分析解决问题。

三、变中有不变思想的教学

数学教学,无论是让学生获得知识技能,还是掌握思想方法,都需要学生透过情境、信息等现象去抓住数学中不变的本质。在当今大力提倡课程改革的时代，这仍然是数学教学的核心，即便是学生自主学习的主体性教学模式，也不能脱离这个核心。透过现象看本质，是很多数学思想方法所主张的，包括抽象思想、模型思想、变中有不变的思想等。因此，要重视变中有不变思想在教学中的渗透。

案例 1 设图 2-5-1 中每个小正方形方格的面积是 $1\,\mathrm{cm}^2$。以给定的线段 AB 为边，你能分别画出几个符合下列要求的多边形？

(1) 面积是 $3\,\mathrm{cm}^2$ 的三角形；

(2) 面积是 $6\,\mathrm{cm}^2$ 的平行四边形；

(3) 面积是 $7\,\mathrm{cm}^2$ 的梯形。

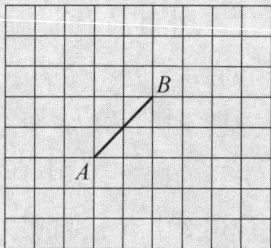

图 2-5-1

分析 这是一道开放题，第(1)题要使三角形的面积始终是 $3\,\mathrm{cm}^2$，即 $3 = \frac{1}{2}ah$，可得 $ah = 6$，只要底与高的积等于 6 即可，图 2-5-2(1)展示了几种符合条件的三角形：$\triangle ABC_1$、$\triangle ABC_2$、$\triangle ABC_3$、$\triangle ABC_4$，理论上这样的三角形可以画出无数个。同理，第(2)题要画的平行四边形只要满足底与高的积等于 6 即可，第(3)题要画的梯形只要满足 $(a+b)h = 14$ 即可，图 2-5-2(2)与(3)各展示了几种符合条件的平行四边形和梯形，理论上也可以各画出无数个符合条件的多边形。

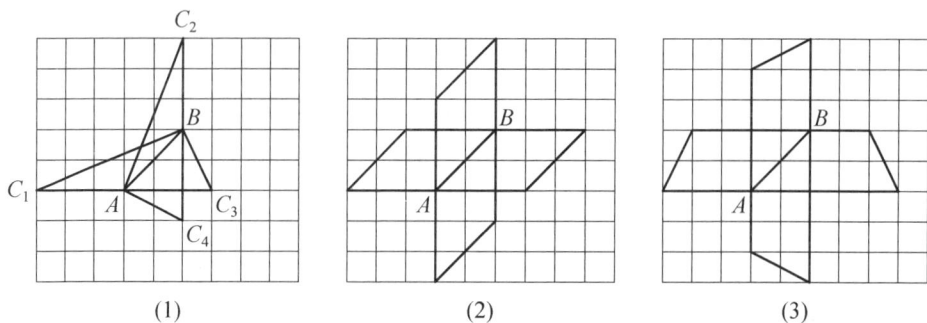

(1)　　　　　　(2)　　　　　　(3)

图 2-5-2

案例2 如图2-5-3,三角形的外角和是多少度? 四边形的外角和是多少度? 五边形的外角和是多少度? 任意一个多边形的外角和是多少度?

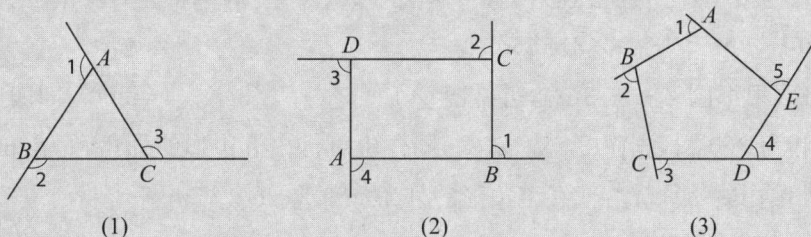

图2-5-3

角可以从两个角度来理解:一个是从静态的角度来定义,具有公共端点的两条射线组成的图形叫做角,这个公共端点叫做角的顶点,这两条射线叫做角的两条边。另一个是从动态的角度来定义,一条射线绕着它的端点从一个位置旋转到另一个位置所形成的图形叫做角,射线的端点叫做角的顶点,开始位置的射线叫做角的始边,终止位置的射线叫做角的终边。

第二种定义,可以把角理解为方向改变的大小,因为射线是有方向的,一条射线从始边出发旋转一个角度形成终边,意味着终边与始边相比较,方向改变了相应的度数。如以某点为参照点,东偏北30°的方向,就可以理解为朝偏东北方向的终边与朝正东方向的始边的夹角为30°。再如我们在日常生活中,在马路上向东走,走到一个十字路口向北拐弯,实际上就是方向改变了(旋转了)90°。

分析 我们先从一个特殊的四边形——长方形开始,用第二种角的定义来分析,假设图2-5-3(2)中的四边形ABCD是长方形,从点A到B是向东走,到了B向上拐到C是向北走,方向改变了90°,依此类推,再经过点C、点D,回到点A出发的方向。这一过程中,总计改变了4个90°,即360°,实际上是一个圆周的度数,称为周角。也就是说,长方形的外角和是360°。同理,沿着任意一个多边形走一周,旋转的角度都是360°,即多边形的外角和是360°。

我们再从推理的角度来分析,已经知道任意一个三角形的内角和是180°,

即在图 2-5-3(1)中有 $\angle CAB + \angle ABC + \angle BCA = 180°$。因为任何一个多边形的一个内角与它的外角和也是 $180°$，可得 $\angle CAB + \angle 1 = 180°$，$\angle ABC + \angle 2 = 180°$，$\angle BCA + \angle 3 = 180°$，进而得 $\angle CAB + \angle 1 + \angle ABC + \angle 2 + \angle BCA + \angle 3 = 540°$，经整理为 $\angle CAB + \angle ABC + \angle BCA + \angle 1 + \angle 2 + \angle 3 = 540°$，所以 $\angle 1 + \angle 2 + \angle 3 = 360°$。

同理，根据图 2-5-3(2)，可推出 $\angle 1 + \angle 2 + \angle 3 + \angle 4 = 360°$，即四边形的外角和为 $360°$；根据图 2-5-3(3)，同样也可推出五边形的外角和为 $360°$。由此可归纳出一般规律：任意多边形的外角和都是 $360°$。

第六节　有限与无限思想

一、对有限与无限思想的认识

在学习数学和解决问题的过程中，会遇到两种特殊情况：一是所研究的对象是无限的，如分数的个数是无限的，分数加法算式的个数也是无限的，在研究分数加法的算法时不可能研究所有算式，而是选取几个有代表性的例子，通过计算归纳算法，采取了对有限的研究来解决无限的问题。二是所研究的对象是有限的，如圆的面积，只要给定了一个半径为定长的圆，无论这个圆的半径有多大，它的面积总是有限的，在推导面积公式的过程中，通过把圆划分成无限个全等的扇形，用这些扇形拼成一个近似的长方形，转化成计算长方形的面积得出圆的面积计算公式，将有限问题转化为无限问题来解决。

如上所述，将无限的问题转化为有限来求解或将有限的问题转化为无限来解决，就是有限与无限的思想。另外，有限中有无限、无限中有有限，也是有限与无限的思想。如锐角的大小是有限的，但它们的个数是无限的；任意给定一个非零自然数，它的因数的个数是有限的，而它的倍数的个数是无限的。

有限与无限的思想体现了对立统一的辩证关系，它既是解决各种问题的有效方法，也是培养辩证思维能力的重要手段。因此，让小学生了解一些有限与无限的思想，不但有利于培养思维能力和解决问题的能力，而且有助于中小学数学的衔接。

二、有限与无限思想的应用

有限与无限的思想在小学数学中也有较多的渗透。

在数的认识中能体会到有限与无限的思想。小学生从一年级开始就认识自然数 $0,1,2,3,\cdots$，同时知道每个自然数加 1 就等于它的后继数。到了认识亿以内的数时，进一步知道了最小的自然数是 0，没有最大的自然数，自然数的个数是无限的。也就是说，任意给定一个足够大的自然数 N，只需要把它加 1 就会得到一个更大的自然数 $N+1$，即 $N+1>N$，所以总是找不到一个最大的自然数，从而体会到自然数数列的无限多和趋向无穷大。由此可以推广到奇数、偶数、一个数的倍数、两个数的公倍数等都没有最大的，都有无限多个。而一个数的因数、两个数的公因数都是有限的。在学习分数的基本性质时，学生知道分母不同、分数值相等的分数有无限多个。在学习小数时，首先认识的是有限小数，然后认识无限循环小数，还知道圆周率是无限不循环小数。任意给定一个无限小数，它的大小是有限的，但是它的小数位数是无限的。

在认识图形时蕴含着有限与无限的思想。与自然数数列趋向于无穷大的性质类似，有些图形也具有无限长的特性，如直线、射线、角的边、平行线等，都具有无限延伸的特性，可以渗透无限的思想。直角、平角、周角等只有一个度数，而锐角、钝角等的大小是有限的，但它们的个数也是无限的，且有无数个符合范围的度数。

三、有限与无限思想的教学

就数学思想方法的分类而言，并不像数学各个领域或者分支学科那样，有比较系统而严格的分类，甚至各种数学思想方法之间还有很多交叉，同一个数学知识有时可以用多种思想方法来解释。如化圆为方的问题，既可以用有限与无限思想来解释，也可以用极限思想来解释，这两个思想之间有密切的联系。再如很多数学模型，是用符号表示的，同时也是通过数学抽象得到的，因此，数学抽象、数学模型、符号化思想等之间也是有密切联系的。教师不必过多追求这些形式化的东西，而应把重点放在指导学生应用数学思想方法学习数学、解决问题、提高思维能力。

有限与无限思想的教学，不要求学生利用这一思想去解决问题，而重点在于让学生感受它的魅力,包括有限与无限的相互转化、对立统一的辩证关系等,为以后的数学学习打下相应的基础。

> **案例** 填空题:$\dfrac{1}{9} < ($ ___ $) < \dfrac{1}{8}$。在该题的括号中能填写多少个不相等的分数?

分析 观察不等式,发现分子是 1 的真分数都不符合要求。根据分数的基本性质,可以把括号的左边和右边的分数分别转化为与原分数大小相等但分子和分母与原分数不同的分数,比如:

$$\frac{1}{9} = \frac{8}{72} = \frac{16}{144} = \frac{32}{288} = \cdots,$$

$$\frac{1}{8} = \frac{9}{72} = \frac{18}{144} = \frac{36}{288} = \cdots。$$

正整数的个数是无限的,根据分数的基本性质可知,与一个分数相等但与其分子和分母不同的分数的个数也是无限的,随着上面两个分数的分母无限变大,没有尽头,括号中可以填的分数也不断增加,所以括号中可以填写无数个不相等的分数。这就是有理数的稠密性,即在任意两个不同的有理数之间,一定存在一个有理数。例如,求证:已知有理数 a 和 b,且 $a < b$,那么一定存在一个有理数 c,使得 $a < c < b$ 成立。证明:显然 $\dfrac{a+b}{2}$ 是有理数,根据 $a < b$,可得 $a + a < a + b < b + b$,则 $\dfrac{a+a}{2} < \dfrac{a+b}{2} < \dfrac{b+b}{2}$,即 $a < \dfrac{a+b}{2} < b$,取 $c = \dfrac{a+b}{2}$,所以一定存在有理数 c,使得 $a < c < b$。

练习二

1. 数学抽象的重要意义体现在哪些方面？请举例说明。

2. 如何处理抽象思想的教学与学生认知水平的关系？请举例说明。

3. 符号化思想的价值体现在哪些方面？请结合实例谈谈符号化思想的教学。

4. 请给小学生编写一个需要分类讨论的问题。

5. 请举例谈谈变中有不变思想的内涵。

6. 笼子里有一些鸡和兔，共有 38 个头，96 只脚，鸡和兔各有多少只？

小明列式：$96 \div 2 - 38 = 10$（只），所以 兔有 10 只。

请解释算式的思路和含义。

7. 学校开运动会，设集合 $A = \{x \mid x$ 是参加跳绳的同学$\}$，$B = \{x \mid x$ 是参加踢毽的同学$\}$，$C = \{x \mid x$ 是参加立定跳远的同学$\}$，$D = \{x \mid x$ 是参加 50 米跑的同学$\}$。运动会规定：每位同学最多参加以上三项比赛。请用集合的运算描述这个规定。

第三章　与推理有关的数学思想

　　思维的基本形式有：概念、判断、推理。概念是反映事物(思维对象)的本质属性的最基本的思维方式。事物(对象)一旦被抽象概括成概念，就已经不是事物的现象和局部了，而是抓住了事物的本质和全体。概念、判断和推理这三者之间层层递进，概念是判断的基础，判断(命题)是推理的基础，推理是数学中最重要的思维方式或者思想方法。我们把三者之间的关系通俗地概括为：概念不清、判断不明、推理不灵。

　　关于推理，有人用判断进行定义，有人用命题进行定义。那么判断和命题这两个概念是什么关系呢？

　　判断是对象有所断定的思维形态。表达判断的语句，现代逻辑称之为命题。事实上，语句直接表达的是命题，而不是判断，只有被断定了的命题才是判断。它们之间的区别在于：命题未必经过断定，它只是对事物情况的一种客观陈述，与思维主体无关；而判断则与思维主体有关，是被具体断定为真或假的命题。例如，著名数学家哥德巴赫(C. Goldbach, 1690—1764)早在1742年就提出"所有大于5的奇数都可以分解为三个素数之和"的猜想。从其语句形式来看，这是一个陈述句，直接表达的是命题，可能真也可能假。但由于这个猜想迄今未得到证明，未被具体断定究竟是真还是假，因此这只是一个命题，而并非判断。将判断和命题严格区分开来，并以命题取代判断，这是现代逻辑的做法。现代逻辑认为，判断与具体的断定者有关，因思维主体而异，带有非逻辑的主观心理色彩，因而它并非逻辑学的研究对象。然而在实际思维中，判断和命题的区别十分细微。每当我们说出或者写出一个有真假的语句时，通常也就表示我们认可其思想内容，已经在作出判断。因此，判断和命题也往往被看成一回事。①

　　由此可知，命题的外延要比判断更大一些，本书中我们使用命题这个概念，把在数学概念的基础上所规定或者推导出的法则、运算律、性质、公理、定理等，统一称为命题。当然，命题有真命题与假命题之分，前述的这些命题都是真命题。"我们学过的一些图形的性质，都是真命题，其中有些命题是基本事实，如两点确定一条直线。还有一些命题，它们的正确性是经过推理证实的，这样得到的真命题叫做定理。定理也可以作为继续推理的依据。"②我们把数学里的真命题形象地比喻为数学里的"真理"，它们是进行数学运算和逻辑推理的依据。

　　说到命题，我们有时候需要判定命题的真假，特别是几何内容，涉及图形的性质与判定，有些老师容易把二者混淆。图形的性质，是指已经知道是什么图形，已知图形作为前提条件，研究这个图形有什么特征（结论），记作 $p\Rightarrow q$；而图形的判定，是指一个图形应该满足什么条件，才是这个图形，记作 $q\Rightarrow p$。当图形的性质是它的特征性质（这种图形独有的性质）时，性质定理与判定定理是互逆的；也就是说，p 和 q 互为充要条件，若将 p 和 q 互换，两个命题都是真命题。但是图形的性质中有些不是特征性质，是一般性质，它的逆命题不一定为真，就不能成为判定定理。比如，长方形有这样的性质：长方形的对边平行且相等；反过来，具备这些条件的四边形还不一定是长方形，但肯定是平行四边形。对边平行且相等是平行四边形独有的性质，具备这样条件的四边形是平行四边形。再如，只有（有且仅有）一组对边平行的四边形是梯形，这是梯形的定义，也是判定定理；反过来，梯形只有（有且仅有）一组对边平行，这是它的特征性质。梯形有一组对边平行，是一般性质，不是独有性质，虽也是真命题，但是这个性质不能成为判定一个四边形是否为梯形的标准，也就是说，有一组对边平行的四边形不一定是梯形。

　　据此，我们用命题来描述推理：推理是依据已知命题推出新命题的思维形式。推理所依据的命题叫前提，根据前提所得到的命题叫结论。推理分为两种形式：演绎推理和合情推理。演绎推理是根据一般性的真命题（或逻辑规则）推出特殊性命题的推理。演绎推理的特征是：当前提为真时，结论必然为

① 刘社军.通识逻辑学[M].武汉：武汉大学出版社,2010：32.
② 林群.义务教育教科书·数学（七年级下册）[M].北京：人民教育出版社,2012：21.

真。演绎推理的常用形式有：三段论，选言推理，假言推理，关系推理等。合情推理是从已有的事实出发，凭借经验和直觉，通过归纳、类比等推测某些结果。合情推理的常用形式有：归纳推理和类比推理。当前提为真时，合情推理所得的结论可能为真也可能为假。

数学学科在发展和形成人的核心素养的过程中的重要贡献在于培养理性思维和科学精神。数学思维和数学思想方法是理性思维的重要组成部分，数学的抽象、判断和推理是数学思维的基本形式，特别是推理，它是数学思维的核心。学生在学习数学和解决问题时，通过操作、观察、实验、类比、归纳、抽象和概括，形成概念、判断、关系和结构；再通过演绎推理与证明，判断命题、模型等结论的真假，得到正确结论，使得逻辑性、严谨性成为数学的重要特征；这样就形成了有逻辑的、比较严谨的、有关系的数学理论体系和数学知识结构。

数学在当今市场经济和信息化社会中有比较广泛的应用，人们在利用数学解决各种实际问题的过程中，虽然大量的计算可以通过计算机来完成，但是推理仍然具有重要的地位：一方面就人的思维能力的构成而言，推理是重要的思维形式，推理能力仍然是至关重要的能力之一；另一方面推理在生活中应用广泛，与每个人的生活息息相关，如警察侦破案件、法官审理案件、气象专家预测天气、根据数据进行推断、根据一些生活语言类的命题进行思考等都需要推理，甚至有些小说当中也用到了推理。由此可见，培养推理能力仍然是数学教育的主要任务之一。

第一节　归纳推理

一、对归纳推理的认识

归纳推理，是从特殊到一般的推理方法，即依据一类事物中部分对象的相同性质推出该类事物都具有这种性质的一般性结论的推理方法，也叫归纳法。归纳推理往往是在人们实践经验的基础上得出结论的，如通过观察、实验、比较、分析、综合、抽象、概括，形成对思维对象的共性认识，最后归纳结论。

归纳法分为完全归纳法和不完全归纳法。完全归纳法是根据某类事物中的每个事物或每个子类事物都具有某种性质,而推出该类事物具有这种性质的一般性结论的推理方法。如小学阶段学习的自然数、小数、分数的乘法满足交换律,中学阶段学习的有理数、实数、复数的乘法也满足交换律,归纳出关于数的乘法都满足交换律,就是运用了完全归纳法。完全归纳法考察了所有特殊对象,所得出的结论是可靠的。但是完全归纳法也有其局限性,此方法要求思维对象能够按一定标准被分类,并无一遗漏地被考察;有些事物的思维对象能否被合理分类、能否被完全考察,这些未知的情况给此方法的运用带来难度。

不完全归纳法是通过观察某类事物中部分对象发现某些相同的性质,推出该类事物具有这种性质的一般性结论的推理方法。依据该方法得到的结论可能为真也可能为假,需要进一步证明结论的可靠性。数学归纳法是一种特殊的数学推理方法,从表面上看并没有考察所有对象,但是根据自然数的性质,相当于考察了所有对象,因而数学归纳法实际上属于完全归纳推理。

本节内容如不作特殊说明,所讨论的归纳法是不完全归纳法。

归纳法有助于发现并提出问题,进行大胆猜想,数学史上有很多著名的问题都是这样被提出来的,如哥德巴赫猜想、费马猜想、地图的四色猜想等。哥德巴赫通过观察几组加法算式,发现这些大于或等于 6 的偶数等于两个奇素数之和:

$$6=3+3,\ 8=3+5,\ 10=3+7,\ 12=5+7,\ 14=7+7,\ \cdots$$

于是他大胆猜想:任何一个不小于 6 的偶数都等于两个奇素数之和。

那么这个猜想是否正确呢? 二百多年来很多数学家进行了不懈的努力,而且取得了很大进展。其中,最著名的就是我国数学家陈景润(1933—1996)已经证明了"任何一个大偶数都可表示成一个素数与一个不超过 2 个素数的乘积之和",创造了距离摘取这颗数论皇冠上的明珠只有一步之遥的辉煌。

二、归纳推理的应用

归纳法作为一般的合情推理方法,在日常生活中有很多应用,如人们根据长期的生活实践,总结出了很多有用的生活经验,这种经验的获得,往往运用了归纳法。举例来说,某人在连续几个晚上喝绿茶后,会出现兴奋不易入睡的状况,由此可以归纳出:这个人对绿茶比较敏感,易导致兴奋,不适合在睡眠之前饮绿茶。

归纳法除了在生活中的应用外,无论在小学还是在中学也都有着广泛的应用。归纳法作为数学发现的一种重要方法,在小学数学的探究学习和再创造学习中应用更为广泛,尤其是小学数学中,一些公式、法则、性质、规律等的获得往往是通过几个特殊例子归纳的。

小学数学中归纳法的应用主要有以下几个方面,见表3-1-1。

表3-1-1

思想方法	知识点	应用举例
归纳法	找规律	找图形和数列的规律
	整数计算	四则运算法则的总结
	运算定律	加法交换律:$a+b=b+a$
		加法结合律:$(a+b)+c=a+(b+c)$
		乘法交换律:$ab=ba$
		乘法结合律:$(ab)c=a(bc)$
		乘法分配律:$a(b+c)=ab+ac$
	整数	整数的性质(因数和倍数)
	小数	小数的性质
	分数	分数的基本性质
	比和比例	比和比例的性质
	面积	长方形面积公式的推导
	体积	长方体体积公式的推导

三、归纳推理的教学

归纳法在小学数学的教学中应用比较广泛。小学数学中很多运算法则、公式、定律等的推导,都是在列举几个特殊例子的基础上得出的。《标准2022版》特别强调培养学生探索图形和数的排列规律,探索规律的过程就是一个应用归纳法的过程。

心理学领域有很多专家学者对小学儿童的归纳推理能力进行了不同方面的研究。林崇德教授根据推理的范围、步骤、正确性和抽象概括性这四项指标，把小学儿童运算中归纳推理能力的发展分成如下四级水平：

（1）算术运算中直接归纳推理（如儿童对 $6+0=6$，$8+0=8$，$19+0=19$，⋯归纳为"任何数加零等于原来的数"）。

（2）简单文字运算中直接归纳推理（如儿童对一组等式 $x=y$，$x+a=y+a$，$x+b=y+b$，$x+c=y+c$，⋯归纳为"等式两边加上一个相同的数，仍然相等"）。

（3）算术运算中间接归纳推理（如儿童通过多次步骤的分数运算，找出"分数性质"）。

（4）初步代数式的间接归纳推理（如儿童通过多次地对两个变量的运算，归纳了 $y=f(x)$ 的一定函数关系）。 ①

根据以上水平分级进行了对比实验，结果表明：小学生归纳推理能力的发展既存在着年龄特征，又表现出个体差异；随着年龄的增长，到五年级（11～12岁）时归纳推理能力达到三级水平的为 83.3%，达到四级水平的为 36.7%。由此可见，在小学数学中适时、适当地进行归纳推理的教学，有利于小学生思维水平产生及时的飞跃，甚至可以提前发生质变。

关于小学数学中的归纳推理，王瑾进行了比较系统的专题研究，研究结论认为："小学数学教材中关于归纳推理的内容需要进一步完善；小学教师需要加强对归纳推理的认识，努力提高自身数学素养；小学生的数学推理能力有待加强。小学阶段数学归纳推理学习是必要的，也是可行的。"②从这个研究中我们能够联想到，不仅仅是归纳推理思想，就小学数学思想而言，教材应整体研究如何进一步落实和完善。

根据小学生一年级到六年级的认知特点和发展规律，相应地提出归纳推理能力发展水平建议，具体如下：

（1）在操作、实验、观察等活动中学会进行简单的分析、比较，找到简单的事物的共性和差异，提出一些简单的猜想。

---

① 林崇德.小学儿童数概念与运算能力发展的研究[J].心理学报，1981(3)：289-298.
② 王瑾.小学数学课程中归纳推理的理论与实践研究[D].长春：东北师范大学，2011.

（2）知道什么是规律，探索简单情境下的变化规律。

（3）能对事物进行简单的分类。

（4）逐步学会有条理、有根据地思考问题。

（5）在观察、实验、猜想等活动中能够进行分析、比较，找到事物的共性和差异，发展归纳推理能力。

（6）探索给定情境中隐含的规律或变化趋势。

（7）能进行有条理、有根据地思考，能比较清楚地表达自己的思考过程与结果；知道通过归纳推理得出的结论的或然性，具有验证或说理的意识，能简单解释归纳推理的过程和依据。

这里要特别注意归纳法的科学合理运用，无论是教科书的编写，还是课堂教学，我们不能仅通过一个具体例子的计算法则或性质，就归纳出一般结论。如计算法则，至少要在两个例子的基础上归纳，才是合适的。再如认识分数的意义，不能仅通过表征 $\frac{1}{4}$ 就抽象概括出分数的意义，至少应启发学生举一反三，再表征 $\frac{2}{4}$、$\frac{3}{4}$、$\frac{4}{4}$、$\frac{1}{8}$、$\frac{3}{8}$、$\frac{4}{8}$ 等分数，最后抽象概括分数的意义。

小学数学归纳推理的教学，主要体现在以下几个方面。

1. 运算律的归纳

运算律作为运算所遵循的基本规律，有两种界定方式。一种是把运算律作为自然数公理的一部分，可以被看作原始的性质，而不必作为需要推导证明的性质；随着数系的不断扩张，数的运算和运算律也随之推广。另一种是皮亚诺公理，没有把运算律作为自然数公理的一部分，而是把运算律作为导出的性质，需要通过推导得出运算律。二者在逻辑上都是合理的。

考虑到小学生的认知特点和水平，在教科书的编排和课堂教学中，小学数学的很多教学内容都没有完全按照数与运算的逻辑顺序呈现，而是运用归纳法进行教学，其中包括运算的意义、运算律和法则，都运用了归纳法。现行教科书一般在四年级才教学自然数的运算律，根据算术公理，运算律应与自然数的运算同步教学，而不是学完了运算才发现和归纳规律。实际上定义自然数时已经定义了加法和运算律。例如，因为 $1=0+1$，所以 $0+1=1$；因为 $2=1+1$，所以 $1+1=2$；因为 $3=2+1$，所以 $2+1=3$……我们希望学生在一年级学习加法时通过具体的例子就可以发现和归纳交换律和结合律,在二年级学习乘法时通过具体的例子发现和归纳交换律、结合律和分配律。例如,$1+2=3$,$2+1=3$;$2+8=10$,$8+2=10$······启发学生写这样的式子,并思考写出的式子都满足同样的规律吗？写得完吗？经历归纳的过程。

2. 法则的归纳

运算法则是指具体的运算程序和方法,它是依据数的意义、运算的定义、运算律等概括出来的,能够使得计算简便实施。很多运算法则都经历了漫长的逐步优化的过程,因为很多运算的算法并不是唯一的。比如 17×28 的算法是多样的,不嫌麻烦的人可以用加法计算,有了运算律和运算法则,笔算乘法就简便了。

小学数学中整数、小数和分数的加、减、乘、除及混合运算的笔算法则,都是通过几个有限的由易到难的例子,让学生在理解算理和口算方法的基础上探索计算的方法,然后进行交流和算法的总结,进而得出法则,这个过程就是运用了归纳法。如多位数笔算乘法的法则的归纳总结,学生在已经掌握乘法口诀、口算乘法、笔算同数加法的基础上,先利用竖式计算 12×3、16×3、24×9,312×3、421×3,再扩展到两位数乘两位数、三位数乘两位数等,以此来探索、交流、归纳计算法则。理解算理是非常重要的,包括数是计数单位的累加、四则运算的含义、四则运算及混合运算是计数单位的分解与组合、运算律、运算性质的运用等,要使学生把握运算的一致性,即随着数系的不断扩充,相应的运算律和运算性质等随之协调一致地推广。例如,无论是什么数,相同单位的数才能直接相加减,这与乘法对加法的分配律是一致的,如:$13+25=38$,$1.3+2.5=3.8$,$\frac{1}{2}+\frac{1}{3}=\frac{5}{6}$,$3x+5x=8x$,$(1+3\mathrm{i})+(2+5\mathrm{i})=3+8\mathrm{i}$。

3. 性质的归纳

整数的性质、小数的性质、分数的性质、比的性质、比例的性质、等式的性质等,是小学数学中重要的性质,这些性质的获得,都是通过几个例子,让学生进行探索、交流,最后归纳总结而得到的。如分数的性质,可借助图形的直观,把一个长方形或者一条线段看作1,先平均分成2份取其中的1份,用 $\frac{1}{2}$ 表示;再把每一份平均分成2份,整体上平均分成了4小份,之前取的1份变成了2小份,用 $\frac{2}{4}$ 表示;直观感受,得出 $\frac{1}{2}=\frac{2}{4}$。这里要注意的是,分数的性质是从两个角度描述的,一个是分子分母同步扩大,另一个是分子分母同步缩小。如果有图形软件,还可以继续把图形等分成更多的份数,感受等值分数的个数是无限的。

4. 公式的归纳

小学数学的数量关系式包括加减乘除的一些基本模型,有关比、比例、正比例、反比例、比例尺、百分数等的应用和计算,图形的周长、面积和体积公式等。有些公式是在学生探索交流的基础上归纳得到的。如长方形的面积公式的探索,是通过学生用若干个单位正方形去铺长方形,发现长方形包含单位正方形的个数等于长乘宽的积,进而得出长方形的面积等于长乘宽。探究时可以启发学生思考几个问题:

(1) 什么是长方形的面积?

(2) 长方形的面积是由什么决定的?

(3) 长方形的面积是怎么决定的?

(4) 长方形面的大小,为什么叫面积? 而不叫面商或者面差呢?

学生通过思考和探究,能够理解长方形的面积大小就是包含的面积单位(单位正方形)的个数,其包含的面积单位的个数是由长和宽决定的,长乘宽的积就是面积单位的个数,所以叫面积。

5. 规律的归纳

小学数学中的规律主要有图形、数列、算式的规律,乘法和除法的变化规律,排列组合的规律,这些规律的发现主要是通过对一些例子的观察、比较、联想,再提出猜想,这是归纳法的典型应用。在小学数学范围内很难对发现的规律进行证明,一般情况下可通过再举一些例子进行验证。如乘法中,一个因数不变,另一个因数扩大到原来的多少倍,积就相应地扩大到原来的多少倍,这一规律的发现也是运用归纳法得到的。

在探究和归纳规律时,特别要注意规律的普遍性。这里需要注意一个科学性问题:小学数学的算术运算有一个数系不断扩充的过程,每一个阶段学习的一个数系的运算一定满足封闭性,即运算后的结果也必须在这个数系中,这是代数结构公理化的基本要求。例如,在整数除法中有商不变的规律(性质),即被除数和除数同时除以一个非 0 的整数,商不变,这是我们多年来形成的一个传统思维定势。整数乘法是封闭的,而整数除法不是封闭的;也就是说,学生在探究规律时,都是能够整除的情况,而对于不能整除的情况是无法计算的。所以这个规律只能在能够整除的情况下进行归纳,不具有普遍性;当学生学习了分数之后,整数除法的商可以用分数表示,这个规律才成立,这就是分数的基本性质。

案例1 计算并观察下面的算式,你能发现什么规律?

$1 = 1^2$

$1 + 3 = 4 = 2^2$

$1 + 3 + 5 = 9 = 3^2$

$1 + 3 + 5 + 7 =$

$\cdots\cdots$

$1 + 3 + 5 + 7 + \cdots + 99 =$

分析 此题是由从 1 开始的奇数组成的系列加法算式的计算,每一组算式比前一组多一个后继的奇数。通过计算并观察每组算式的得数,1 是一个奇数,等于 1 的平方;(1+3) 是前 2 个奇数相加,等于 2 的平方;(1+3+5) 是前 3 个奇数相加,等于 3 的平方;(1+3+5+7) 是前 4 个奇数相加,通过前面几个算式的规律,猜想应该等于 4 的平方;而 (1+3+5+7) = 16,$4^2 = 16$,猜想正确。照这样的规律,最后的算式是前 50 个奇数相加,猜想应等于 50 的平方。据此,可以归纳出一般的规律:从 1 开始,前 n 个连续奇数相加的和等于 n 的平方,即

$$1 + 3 + 5 + \cdots + (2n - 1) = n^2.$$

案例2 观察下面的这组算式,你能发现什么规律?

$14 + 41 = 55, 34 + 43 = 77, 27 + 72 = 99, 46 + 64 = 110, 38 + 83 = 121.$

分析 通过观察算式,能够发现这样一些规律:所有的算式都是两位数加两位数,每个算式的两个加数,将其中一个加数个位上的数和十位上的数互换,就是另一个加数。再进一步观察,所有算式的得数有两位数也有三位数,它们有什么共同的规律呢?把它们分别分解质因数发现,每个数都是 11 的倍数。这样就可以大胆猜想并归纳结论:两个互换个位数和十位数的两位数相

加,结果是 11 的倍数。再举例验证:$57+75=132=11\times12$,$69+96=165=11\times15$,经过初步验证,发现猜想是正确的。那么如何进行严格的数学证明呢? 可设任意一个两位数是 $\overline{ab}$(a 和 b 是 $1\sim9$ 的自然数),则 $\overline{ab}+\overline{ba}=(10a+b)+(10b+a)=10a+b+10b+a=11a+11b=11(a+b)$,从而证明了结论的正确性。

案例 3 请你任意选定一个自然数,把该数各个数位上的数字相加,把得到的和乘 3 再加 1;再把得到的结果不断地按以上程序重复计算,最后得到一个常数为_____。

分析 根据题目给出的信息,可任意取一个自然数 12,$1+2=3$,$3\times3+1=10$,$1+0=1$,$1\times3+1=4$,$4\times3+1=13$,$1+3=4$,$4\times3+1=13$,由此可以归纳出这个常数为 13。

教师在教学过程中,还应使学生认识到通过归纳法得出的结论有时是不正确的,如下面的案例。

案例 4 用若干个棋子在只有个位、十位的数位表上摆数,每次要把给定的棋子全部用上,各能摆多少个数? 你能发现什么?

表 3-1-2

棋子数	摆出的数									
1	1	10								
2	2	11	20							
3	3	12	21	30						
4	4	13	22	31	40					
5	5	14	23	32	41	50				
6	6	15	24	33	42	51	60			
7	7	16	25	34	43	52	61	70		
8	8	17	26	35	44	53	62	71	80	
9	9	18	27	36	45	54	63	72	81	90
10										

通过观察表 3-1-2,比较每组棋子的个数与摆出的数的个数的多少,1 个棋子可以摆出 2 个数,2 个棋子可以摆出 3 个数,3 个棋子可以摆出 4 个数,于是初步得出猜想:摆出的数的个数比棋子的个数多 1。然后通过 4、5、6、7、8、9 个棋子分别进行验证,发现初步得出的猜想是正确的。由此提问学生:10 个棋子能摆出多少个数呢? 多数学生可能会毫不犹豫地回答能摆出 11 个数,这个回答是符合归纳法的思维特点的,此时提醒学生仍然需要进一步验证。因为摆出的数是十进制的,每个数位上的数字最大是 9,因此,10 个棋子无法摆出一位数,也无法摆出个位是 0 的两位数,只能摆出以下两位数:19、28、37、46、55、64、73、82、91,共有 9 个数。显然这已经不符合上述猜想了,因此利用归纳法得出的这个结论是不正确的。

案例 5 比较 $\dfrac{2}{5}$ 与 $\dfrac{2+2}{5+2}$,$\dfrac{3}{8}$ 与 $\dfrac{3+4}{8+4}$,$\dfrac{7}{10}$ 与 $\dfrac{7+7}{10+7}$ 这三组分数的大小,会发现每组分数中,把一个分数的分子和分母同时加一个大于 0 的数,所得的分数值会变大。由此归纳结论:分数的分子和分母同时加上一个大于 0 的数,分数值一定变大。你认为这个结论对吗?

分析 根据题目给出的例子,发现每个分数都是真分数,再任意举一个真分数的例子验证,如 $\dfrac{19}{30}$ 与 $\dfrac{19+20}{30+20}$,$\dfrac{19}{30}=\dfrac{95}{150}$,$\dfrac{19+20}{30+20}=\dfrac{39}{50}=\dfrac{117}{150}$,可以得出 $\dfrac{19}{30}<\dfrac{19+20}{30+20}$,初步说明这个结论对于真分数是成立的。再举一个假分数的例子,如 $\dfrac{11}{10}$ 与 $\dfrac{11+10}{10+10}$,$\dfrac{11}{10}=\dfrac{22}{20}$,$\dfrac{11+10}{10+10}=\dfrac{21}{20}$,$\dfrac{11}{10}>\dfrac{11+10}{10+10}$,与结论不符,说明这个结论对于假分数是不成立的。若用符号 a、b、c 表示,其中 $a>0$,$b>0$,$c>0$,$a>b$,则有如下关系:$\dfrac{b}{a}<\dfrac{b+c}{a+c}<1<\dfrac{a+c}{b+c}<\dfrac{a}{b}$。当 c 趋向于无穷大时,$\dfrac{b+c}{a+c}$ 与 $\dfrac{a+c}{b+c}$ 的极限都是 1。

第二节　类比推理

一、对类比推理的认识

类比推理,是从特殊到特殊的推理方法,即依据两类事物的相似性,用一类事物的性质去推测另一类事物也具有该性质的推理方法,也叫类比法。依据该方法得到的结论可能为真也可能为假,需要进一步证明结论的可靠性。如根据整数的运算律,小数可以与整数进行类比,得出小数具有同样的运算性质。

类比不同于比较,类比是在比较的基础上进行的推理,而比较则是认识两类事物异同点的一种方法。类比法与归纳法也有不同之处,类比法是从特殊到特殊的推理,归纳法是从特殊到一般的推理。但它们也有相同之处,它们的结论都是或然的,即正确与否都是不确定的;有待证明。

二、类比推理的应用

类比法与归纳法一样,作为一般的合情推理方法,在日常生活中有很多应用。如人们模仿鸟的飞行结构发明了飞机,模仿鱼在水里的游动发明了潜艇,模拟人脑的记忆和逻辑思维过程设计了机器人。

类比法除了在日常生活中应用广泛外,在数学中也有大量应用,通过类比可以推出很多数学结论,经过证明如果是正确的,那么这些结论就可以成为数学知识的一部分。因此,类比法是发现数学新问题和获得新知识的重要方法。类比法在小学数学中的应用主要有以下几方面,见表 3 - 2 - 1。

表 3 - 2 - 1

思想方法	知识点	应用举例
类比法	整数读写法	亿以内及亿以上的数的读写,与万以内的数的读写相类比
	整数的运算	四则运算的法则:多位数加减法与两位数加减法相类比,多位数乘多位数与多位数乘一位数相类比,除数是多位数的除法与除数是一位数的除法相类比

思想方法	知识点	应用举例
	小数的运算	整数的运算法则、顺序和定律推广到小数
	分数的运算	整数的运算顺序和运算定律推广到分数
	除法、分数和比	除法、比与分数的基本性质进行类比，推出商不变的性质、比的基本性质
	周长的概念	长方形、正方形、一般四边形、三角形、平行四边形、梯形、多边形、圆等图形的周长，都可以通过类比来理解
	周长公式	长方形、正方形、一般四边形、三角形、平行四边形、梯形、多边形、圆等图形的周长公式，都可以通过类比来推导
	面积的概念	在各种图形中，后面接触到的图形的面积可与前面的图形面积进行类比，如圆的面积可与长方形的面积进行类比
	面积公式	与平行四边形面积公式的推导方法相类比，在进行三角形、梯形面积公式的推导时，用转化的方法，把它们转化成平行四边形再推导面积公式；圆的面积公式推导也采取类似的方法，转化成长方形的面积计算来推导公式
	长度、面积、体积	线、面、体之间的类比：线段有长短，用长度单位来计量；平面图形有大小，用面积单位来计量；立体图形占的空间有大小，用体积单位来计量
	问题解决	数量关系相近的实际问题的类比，如百分数实际问题与分数实际问题的类比
	鸡兔同笼	不同素材的鸡兔同笼问题的类比
	抽屉原理	不同素材的抽屉原理问题的类比

三、类比推理的教学

无论是学习新知识，还是利用已有知识解决新问题，如果能够把新知识和新问题与已有的相类似的知识进行类比，进而找到解决问题的方法，那么这样就实现了知识和方法的正迁移。因此，要引导学生在学习数学的过程中善于利用类比思想，提高解决问题的能力。有些类比比较直接，如由整数的运算定律迁移到小数、分数的运算定律，问题解决中数量关系相近的问题的类比等。而有些类比比较隐蔽，需要在分析的基础上才能实现。如抽屉原理，其变式练习有很多，难度较大，解决此类问题的关键就是要通过类比找到抽屉和物品的数量,然后运用模型思想和演绎推理思想解决问题。应用类比的思想方法,关键在于发现两类事物相似的性质,因此,观察、比较与联想是类比的基础。梁秋莲老师认为:"教师要熟悉整个小学阶段数学知识的来龙去脉,才能处于运用教材培养学生思维能力的主动地位。"[①]

心理学领域的很多学者对小学儿童类比推理能力的发展进行了实验研究,如王骧业等进行了8~12岁儿童类比推理的实验研究,对8~12岁五个年龄组的200名儿童进行了图形、数概念、语词的三项类比推理测试,每项满分均为10分。[②]测试成绩表明:8~9岁儿童图形类比推理能力发展得较早、较好,这与图形的直观性有较大关系;而比较抽象的数概念和语词的类比推理到10岁以后,有比较稳定的、明显的发展;到了11岁,三种推理的成绩趋于一致,并达到较高水平,说明11岁儿童抽象逻辑类比推理的思维形式无论是在数量还是在质量方面都开始占据主导地位。由此可见,在小学中高年级加强类比推理的教学是可行,也是必要的;与归纳推理类似,有效的教学方法能够促进类比推理能力的发展。

中学数学与小学数学可以类比的知识有很多,如果打好小学数学的知识基础和掌握类比思想,对于中学数学的学习会有较大益处。代数与算术的类比、空间与平面的类比、高维与低维的类比、无限与有限的类比、曲与直的类比等,都是常用的类比形式。如在代数中,与整数的运算顺序和运算定律相类比,可以导出有理数和整式的运算顺序和运算定律;与分数的基本性质相类比,可以导出分式也具有类似的性质,并且得出它和分数一样能够进行化简和运算。

根据小学生的认知特点和发展规律,相应地提出类比推理能力发展水平建议,具体如下:

1. 在数的认识与计算过程中,能够体会以计数单位为核心的一致性,实现知识与方法的迁移类推。

2. 在图形的认识与度量过程中,能够体会图形抽象的一致性和以度量单位为核心的一致性,实现知识与方法的迁移类推。

3. 知道通过类比推理得出的结论的或然性,培养验证或说理的意识,简单

① 梁秋莲. 小学数学教学探索[M]. 北京:人民教育出版社,2007:517.
② 王骧业,孙永龄. 8~12岁儿童类比推理研究[J]. 青海师范大学学报(哲学社会科学版),1981
   (4):77-82.

解释类比推理的过程和依据。

小学数学类比推理的教学,可分成以下几个方面。

1. 概念的类比

小学数学中的很多概念因为学生理解起来有困难,没有进行严格定义,而是采取了描述或者直接给出的方式,这种情况下可运用类比法,来初步认识概念。如圆的周长、面积等概念,教材没有给出定义,教学时可以与以前学过的长方形、正方形等的周长和面积进行类比,使学生知道围成圆的一圈的曲线的长就是周长,曲线内部区域的大小就是面积。这样可以达到不用定义而认识相关概念的目的。再如学生理解了反比例的概念后,如何用关系式表达反比例关系,此时可以引导与正比例关系式 $\dfrac{y}{x}=k$ 进行类比思考,从而得出关系式 $yx=k$ 。

2. 性质的类比

小学数学中有很多性质有相似之处或者在本质上是一致的,像商不变的性质、小数的性质、分数的性质、比的性质等都有着密切的联系。如小数的性质,若把一个小数化成分数的形式,实际上就转化成了分数性质的一部分,分数的性质、比的性质本质上与除法商不变的性质是一致的。再如,百分数的意义与分数的比的意义(无量纲性)是一致的。因此,运用类比法进行教学,能够起到事半功倍的效果,也就是老师们经常说的迁移类推。

3. 法则的类比

小学数学中有些计算法则是在已有知识基础上扩展的,如小数与整数有密切的联系,它们都是采用十进制计数的,因此它们的四则运算的法则有诸多相似之处,可以进行类比。如小数的乘法,除了注意两个因数小数的位数、点准小数点外,其他法则与整数的乘法是一样的。

4. 定律的类比

学生在学习了整数的运算律后,在学习小数、分数的运算律时,既可以像整数那样,通过让学生计算几组试题,然后进行归纳,得出结论;也可以直接通过类比法得到,然后用几个例子进行验证。

5. 代数与算术的类比

小学生学习用字母表示数,这必然涉及初步的代数式运算的法则和运算律,教材并没有在例题及正文中呈现这些知识,实际上就是运用了类比法,使得学生在解决问题的过程中能够运用这些法则和定律。

6. 空间与平面的类比

学生在学习立体图形的有关知识时,可以把空间与平面进行类比,如体积与面积进行类比。面积是求一个平面图形所占的平面的大小,即含有多少个单位面积;体积是求一个立体图形所占的空间的大小,即含有多少个单位体积。因为面积与体积本质上都是用单位 1 去度量,所以面积公式与体积公式的探索、推导的过程和方法是类似的。

7. 曲与直的类比

就平面图形而言,有线段围成的直线型图形,如长方形、三角形等,也有曲线型的图形,如圆、扇形、椭圆等。根据我国古代数学家刘徽(3 世纪)的思想,方与圆,即直与曲是可以相互转化的。也就是说曲线型的图形,与直线型的图形在某些方面有相似的地方,可以进行类比。如现行小学数学教材在推导圆的面积公式时,利用的是割补转化的方法,把圆转化成长方形来计算面积,化圆为方。于是利用类比法,把圆心角是 90° 的扇形与三角形进行类比,把弧长看作底,半径看作高,利用三角形的面积公式计算扇形的面积。圆心角是 90°的扇形的弧长是圆周长的四分之一,可得 $S_{扇形} = \frac{1}{2} \times \frac{1}{4} \times 2\pi r \times r = \frac{1}{4}\pi r^2$,进而得圆的面积 $S = \frac{1}{4}\pi r^2 \times 4 = \pi r^2$。如果把圆直接看成三角形,圆周长为底,半径为高,那么 $S = \frac{1}{2} \times 2\pi r \times r = \pi r^2$。

案例 1 足球中超联赛胜一场得 3 分、平一场得 1 分、负一场得 0 分。某球队全年比赛 30 场,其中负了 7 场,共计得了 51 分。该球队胜和平各为多少场?

分析 该球队共比赛 30 场,其中负了 7 场,则胜和平的总场次为 30 − 7 = 23。与鸡兔同笼问题类比,有着相似的条件和问题,这样就可以把问题转化为鸡兔同笼类的问题。假设 23 场比赛全为胜,那就应该得 23×3=69 分,实际上才得了 51 分,69−51=18,18÷(3−1)=9,得数 9 就是平的场次,23−9=14。

所以该球队的战绩为 14 胜、9 平、7 负。

案例 2 观察下面的式子，你能发现什么规律？

(1) $8>4$，$8+3>4+3$；$100>98$，$100+20>98+20$；$157<268$，
$157+123<268+123$；

$8>4$，$8-3>4-3$；$100>98$，$100-20>98-20$；$157<268$，
$157-123<268-123$。

(2) $9>5$，$9\times3>5\times3$；$25>16$，$25\times10>16\times10$；$128<132$，$128\times4<132\times4$；

$9>5$，$9\div3>5\div3$；$25>16$，$25\div10>16\div10$；$128<132$，$128\div4<132\div4$。

分析 上面这些式子有一个共同特点，就是都用"＞"或"＜"连接数，与 $25+11=5\times5+11$ 这样的等式相类比，用"＞"或"＜"连接数的式子，可以称为"不等式"。我们在小学学习了等式的两条性质，将不等式与等式类比，再根据上述这些不等式例子的特点，可以归纳出不等式的两条类似的性质：

(1) 不等式的两边同时加上或减去相同的数，不等号的方向不变；

(2) 不等式的两边同时乘上或除以相同的正数，不等号的方向不变。

第三节　演绎推理思想

一、对演绎推理的认识

有两个前提（直言命题）和一个结论（直言命题）的演绎推理，叫做直言三段论，简称三段论。三段论是演绎推理的一般模式，包括：大前提——已知的一般原理，小前提——所研究的特殊情况，结论——根据一般原理，对特殊情况作出的判断。例如：4 的倍数都是偶数，8 的倍数都是 4 的倍数，所以 8 的倍数都是偶数。

三段论一般要借助于一个共同的词（项）把两个命题联系起来，然后推出

一个新的命题(结论)。两个前提包含的共同项称为"中项",上述例子中的"4的倍数"就是中项;大前提与结论包含的共同项就是大项,上述例子中的"偶数"就是大项;小前提与结论包含的共同项就是小项,上述例子中的"8的倍数"就是小项。我们用字母 S 表示小项,M 表示中项,P 表示大项,一般的推理形式可概括如下:

所有 M 都是 P;

S 是 M;

所以,S 是 P。

三段论的核心思想是:一类对象的全部具有或不具有某属性,那么该类对象的部分也具有或不具有某属性。第一种情况见上例,第二种情况见下例。

一切奇数都不是 2 的倍数,4 的倍数加 1 的和是奇数,所以 4 的倍数加 1 的和不是 2 的倍数。

两种情况的推理可以用图 3 - 3 - 1 表示。

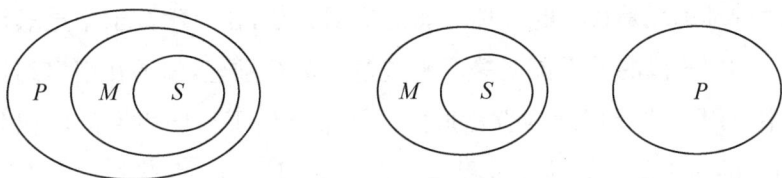

图 3 - 3 - 1

在数学教材和教学中,当两个前提中的某个不言自明时,可以省略一个前提。如:这个图形是三角形,它的内角和是 $180°$。这个推理省略了大前提"三角形的内角和是 $180°$"。再如:所有多边形都是由线段围成的,长方形也是由线段围成的。这个推理省略了小前提"长方形是多边形"。

选言推理,分为相容选言推理和不相容选言推理。这里只介绍不相容选言推理:大前提是一个不相容的选言判断,小前提肯定其中的一个选言支,结论则否定其他选言支;小前提否定除其中一个以外的选言支,结论则肯定剩下的那个选言支。例如:一个三角形,要么是锐角三角形,要么是直角三角形,要么是钝角三角形;这个三角形不是锐角三角形和直角三角形,所以,它是个钝角三角形。

假言推理,其分类较为复杂,这里只简单介绍其中一种充分条件假言推理:前提有一个充分条件假言判断,肯定前件就要肯定后件,否定后件就要否定前件。例如:如果一个数的末位是 0,那么这个数能被 5 整除;20^3 的末位是 0,所以 20^3 能被 5 整除。这里的大前提是一个假言判断,不是直言判断,所以这种推理尽管与直言三段论有相似的地方,但它不是直言三段论。传统上也把假言推理称为假言三段论,现在称为假言推理。

关系推理,是前提中至少有一个是关系命题的推理。下面简单举例说明几种常用的关系推理:

(1)对称性关系推理,如 1 米 = 100 厘米,所以 100 厘米 = 1 米;

(2)反对称性关系推理,如 a 大于 b,所以 b 小于 a;

(3)传递性关系推理,如 $a > b$,$b > c$,所以 $a > c$。

关系推理在数学学习中应用比较普遍,如在一年级学习数的大小比较时,把一些数按从小到大或从大到小的顺序排列,实际上都用到了关系推理。

二、演绎推理思想的应用

演绎推理思想是数学的一种重要的证明方法,在小学数学中虽然没有出现类似于初中阶段的数学证明等严密规范的演绎推理,但是在很多结论的推导过程中应用了演绎推理的省略形式。如推导出平行四边形的面积公式之后,三角形的面积公式的推导过程是先把两个同样的三角形拼成一个平行四边形,再根据平行四边形的面积公式推出三角形的面积公式。这个过程实际上应用了演绎推理,推理过程为:平行四边形的面积等于底乘高,两个完全相同的三角形的面积等于平行四边形的面积,所以两个同样的三角形的面积等于底乘高;因而一个三角形的面积就等于底乘高的积除以 2。

小学数学中演绎推理的应用主要有以下几个方面,见表 3-3-1。

表 3-3-1

思想方法	知识点	应用举例
完全归纳法	三角形	三角形内角和的推导
三段论	多边形	多边形内角和的推导
	面积	正方形面积公式的推导
		平行四边形面积公式的推导

思想方法	知识点	应用举例
		三角形面积公式的推导
		梯形面积公式的推导
		圆面积公式的推导
	体积	正方体体积公式的推导
	角的相等	两条直线相交,对顶角相等
	三角形外角与内角的关系	三角形的一个外角等于与它不相邻的两个内角的和
选言推理		类似于人教版(2012 年版)二年级下册数学广角中的"推理"
假言推理		根据概念、性质等进行判断的一些问题
关系推理		大小比较、恒等变形、等量代换等

在小学数学中,还有很多可以挖掘的进行演绎推理教学的素材,如根据正比例关系和反比例关系的图象进行数据的估计、利用数轴比较分数的大小、猜测圆锥的体积公式等都用到了演绎推理。在北京市东城区第八届"东兴杯"教学大赛活动中,一位老师执教的"真分数和假分数"一课,给学生出了一道拓展题见图 3-3-2 所示。

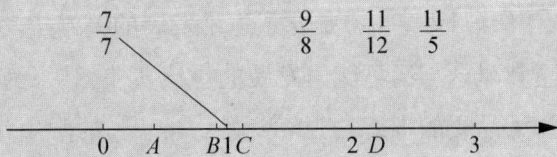

照样子连线。

图 3-3-2

学生能够利用分数的意义、分数单位、真分数和假分数的大小关系等知识通过推理比较这些分数的大小,而不必利用后面的通分知识比大小。如 $\frac{11}{12}$ 是真分数,比 1 小,而且接近 1,所以连线点 B 而不是点 A;$\frac{9}{8}$ 是假分数,比 1 大,而且接近 1,所以连线点 C;$\frac{11}{5}$ 是假分数,$2=\frac{10}{5}$,$\frac{11}{5}$ 有 11 个 $\frac{1}{5}$,2 有 10 个 $\frac{1}{5}$,所以 $\frac{11}{5}$ 比 2 大,而且接近 2,所以连线点 D。

三、演绎推理的教学

就演绎推理与合情推理的关系及教学建议,《标准 2011 版》指出:"推理贯穿于数学教学的始终,推理能力的形成和提高需要一个长期的、循序渐进的过程。义务教育阶段要注重学生思考的条理性,不要过分强调推理的形式……教师在教学过程中,应该设计适当的学习活动,引导学生通过观察、尝试、估算、归纳、类比、画图等活动发现一些规律,猜测某些结论,发展合情推理能力;通过实例使学生逐步意识到,结论的正确性需要演绎推理的确认,可以根据学生的年龄特征提出不同程度的要求。"

心理学领域的很多专家学者对小学儿童演绎推理能力的发展进行了实验研究。李丹等对小学儿童三段论式推理的特点进行了实验研究[1],结果表明:儿童推理能力是在三至五年级之间(10~11 岁)发生较大转变,能进行命题演绎的儿童从 58% 上升到 80%;11 岁以上就基本具有命题推理(演绎推理)的能力;而 9~10 岁以下则常犯重复前提等错误,他们还不能同时考虑大前提和小前提之间的关系,以找出新的联系,引出新的结论来。

由此可见,五年级(11 岁左右)是儿童思维发展的关键年龄。朱智贤、林崇德曾经进行过儿童数概念与运算能力发展的对比实验,结果为:追踪班由于着重开展了思维的智力品质的训练,三年级就有 86.7% 的学生达到了小学数学运算思维的最高级水平;而在一个参考班,到了五年级才有 75% 的被试达到这个水平。

实验结果表明:思维发展的关键年龄有一定的伸缩性,五年级(11 岁左右)是应该达到相应水平的关键年龄,只要教学得法,可以提前到四年级甚至三

---

[1] 李丹,等. 儿童演绎推理的特点[J]. 华东师范大学学报(教育科学版),1964(1).

年级。

演绎推理能力发展的四级水平如下：

（1）简单原理、法则直接具体化的运算（如儿童按类型演算应用题）。

（2）简单原理、法则直接以字母具体化的运算（如二年级儿童能用 $a+b+c=c+b+a=a+c+b$……来表示交换律，并运用于习题中）。

（3）算术原理、法则和公式作为大前提，要求合乎逻辑地进行多步演绎和具体化，正确得出结论，完成算术习题。

（4）以初等代数或几何原理为大前提，进行多步演绎推理，得出正确的结论，完成代数或几何习题。

到五年级（11 岁左右）时演绎推理能力达到三级水平的百分比为 76.7%，达到四级水平的百分比为 56.7%。

小学儿童在运算能力的发展中，掌握归纳与演绎两种推理形式的趋势和水平是相近的。只有儿童的思维中归纳推理和演绎推理处于有机统一时，他们才真正掌握了抽象逻辑思维能力。[1]

根据以上课程标准关于推理思想的理念和要求，以及小学儿童推理能力发展的研究成果，在小学数学教学中要注意把握以下几点。

第一，推理是重要的思想方法之一，是数学的基本思维方式，要贯穿于数学教学的始终。在小学数学中，除了运算是数学的基本操作方式外，推理也是常用的操作方式。无论是低年级的找规律、总结计算法则，还是高年级的面积、体积公式的推导，无不用到推理的思想方法。因而，广大教师要牢记推理思想从一年级起就要开始渗透和应用，是一个长期的培养过程；培养一年级的孩子有根据、有条理地思考问题，也是一种演绎推理思想的熏陶。

第二，合情推理和演绎推理二者不可偏废。合情推理多用于根据特殊的事实去发现和总结一般性的结论，演绎推理往往用于根据已有的一般性的结论去证明和推导新的结论。二者在数学中的作用都是很重要的。如小学数学常用的法则、性质、公式、定律等常常是经过归纳法得出结论，然后利用这些结论进行计算，像这样运用规定的规则计算，实际上就是演绎推理。

第三，推理能力的培养与四大内容领域的教学要有机地结合。推理能力

① 林崇德.小学儿童数概念与运算能力发展的研究[J].心理学报,1981(3):289-298.

的发展与各领域知识的学习是一个有机的结合过程,因而在教学中要给学生提供各个领域丰富的、有挑战性的观察、实验、猜想、验证等活动,去发现结论,培养推理能力。

第四,把握好推理思想教学的层次性和差异性。推理能力的培养要结合具体知识的学习,同时要考虑学生的认知水平和接受能力。

根据小学生的认知特点和发展规律,相应地提出演绎推理能力发展水平建议。

(1)根据法则进行计算,根据四则运算的意义解决简单的问题。

(2)结合数的相等关系、不等关系的传递性,体会关系推理思想。

(3)结合简单的"数独",体会选言推理思想。

(4)逐步学会有根据、有条理地思考问题。

(5)在几何图形的面积、体积公式推导的过程中,把归纳法和演绎推理结合起来,得出结论。

(6)根据法则、公式、定律、性质等进行计算、解决问题。

(7)能有条理、有根据地进行思考,能比较清楚地表达自己的思考过程与结果。

(8)培养说理的意识,学会简单的三段论推理。

在人们的传统观念中,小学几何是实验几何,很难进行演绎推理证明的教学。在初中阶段,培养学生的演绎推理能力是重要的教学目标之一;然而对于部分初中学生而言,这部分知识又是学生学习中的难点。心理学研究表明:在小学高年级进行演绎推理思想的渗透和教学,可以使刚升入初中的学生有演绎推理的初步经验。

案例1 请证明:9的乘法口诀的积的个位上的数和十位上的数相加等于9。

设 m 是自然数,且 $0 < m < 10$,9的任意一句乘法口诀可以表示如下:

$$m \times 9$$
$$= m \times (10 - 1)$$

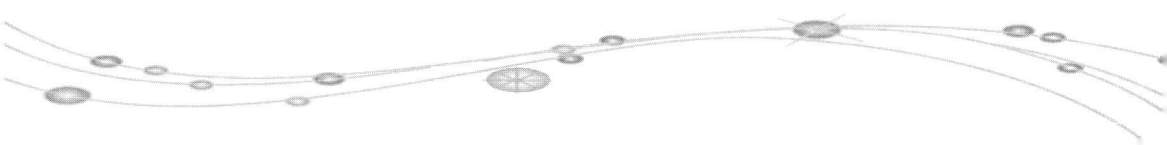

$$=10m-m$$
$$=10m-10+10-m$$
$$=10\times(m-1)+1\times(10-m)。$$

显然，$(m-1)$ 是十位上的数，$(10-m)$ 是个位上的数，$(m-1)+(10-m)=9$。

案例 2　（1）用 2、3、4、5 组成一个两位数乘两位数的算式，求积最大的算式；

（2）用 1、2、3、4、5 组成一个三位数乘两位数的算式，求积最大的算式。

分析　（1）要想使两位数乘两位数的积最大，两个两位数也都要尽可能地大，首先把最大的两个数字 4 和 5 放在十位上，然后把 2 和 3 放在个位上，于是两个两位数的和一定是 95，根据两个数的和一定，两个数的差越小积反而越大的性质，由 $52-43<53-42$，则 $52\times43>53\times42$，所以积最大的算式是 52×43。

（2）根据（1）的分析思路，52×43 的积最大，增加数字 1 得到三位数乘两位数的算式有两种：521×43 和 52×431，最省事的方法是把两个算式的积算出来后比较大小。还可以通过推理比较大小：$521\times43=(520+1)\times43=520\times43+43$，$52\times431=52\times(430+1)=52\times430+52$，显然 $521\times43<52\times431$，所以积最大的算式是 52×431。

案例 3　已知 $\overline{a5}$ 是一个两位数，其中 a 是 $1\sim9$ 之间的自然数，你能发现 $\overline{a5}$ 的平方的规律并说明理由吗？

分析　先从简单的数据开始计算，用归纳法发现规律。

$15\times15=225$，

$25\times25=625$，

$35\times35=1\,225$，

……

观察比较以上算式,初步发现积的后两位数都是 25,可以看作是两个 5 相乘的积。再看积的其他位,分别是 2、6、12,而对应的乘数十位上的数 a 分别是 1、2、3,初步发现的对应关系是 $1 \times 2 = 2, 2 \times 3 = 6, 3 \times 4 = 12$,即乘数十位上的数 a 乘 $(a+1)$ 是几,积就是几个百,从而得到平方数的其他数位上的数。

下面用横式计算加以证明:

$$(\overline{a5}) \times (\overline{a5}) = (10a + 5)(10a + 5) = 100a^2 + 100a + 25 = 100a(a+1) + 25。$$

$100a(a+1)$ 就是乘数十位上的数 a 乘 $(a+1)$,所得的积就是 100 的个数,即平方数的其他数位上的数。

上述推导过程可以进一步证明,当 a 为大于 9 的自然数时,这个规律同样成立。

案例 4　(1) 你能说明三位数 456 是 3 的倍数,而 457 不是 3 的倍数吗?

(2) 进一步,对于任意一个三位数 $\overline{abc}(a \neq 0)$,请证明:如果 $a + b + c$ 是 3 的倍数,那么 $\overline{abc}$ 一定是 3 的倍数。

(3) 再进一步,对于任意一个三位数 $\overline{abc}(a \neq 0)$,请证明:如果 $a + b + c$ 是 9 的倍数,那么 $\overline{abc}$ 一定是 9 的倍数。

分析　(1) $456 = 4 \times 100 + 5 \times 10 + 6 = 4 \times (99 + 1) + 5 \times (9 + 1) + 6 = (4 \times 99 + 5 \times 9) + (4 + 5 + 6)$,把 456 分解为两部分的和,显然 $(4 \times 99 + 5 \times 9)$ 是 3 的倍数,$(4 + 5 + 6) = 15$ 也是 3 的倍数,于是 3 是两部分的公因数,所以 456 一定是 3 的倍数。

$457 = 4 \times 100 + 5 \times 10 + 7 = 4 \times (99 + 1) + 5 \times (9 + 1) + 7 = (4 \times 99 + 5 \times 9) + (4 + 5 + 7)$,其中 $(4 \times 99 + 5 \times 9)$ 是 3 的倍数,$4 + 5 + 7 = 16$ 不是 3 的倍数,所以两部分的和一定不是 3 的倍数,即 457 不是 3 的倍数。

(2) $\overline{abc} = 100a + 10b + c = (99a + 9b) + (a + b + c)$,把 $\overline{abc}$ 分解为两部分的和,显然 $(99a + 9b)$ 是 3 的倍数;再看 $(a + b + c)$,如果 $(a + b + c)$ 是 3 的倍数,那么 3 是两部分的公因数;所以,$\overline{abc}$ 一定是 3 的倍数。

(3) 推理过程同(2)。

案例 5 规定两种新运算"◎"和"○",◎表示两数之中取较大数的运算,○表示两数之中取较小数的运算,如 3◎5＝5,7.8○10＝7.8,则(9○12)＋(28.6◎4)＝_____。

分析 根据题目定义的新运算法则,9○12＝9,28.6◎4＝28.6,原式＝9＋28.6＝37.6。

案例 6 规定一种新运算"※",满足 $a※b=a^2-b^2$,则 9※(4※3)＝_____。

分析 根据题目定义的新运算法则,4※3＝4^2-3^2＝7,原式＝9※7＝9^2-7^2＝32。

案例 7 如图 3-3-3,一个平行四边形 $ABCD$ 和一个等腰三角形 DCE(其中 DC 和 DE 为腰)拼成了一个梯形,请说明这个梯形是等腰梯形。

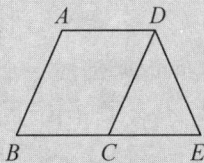

图 3-3-3

分析 根据题目给定的条件,已经知道四边形 $ABED$ 是梯形,根据等腰梯形的定义,只需要证明两条腰 AB 和 DE 相等,就能证明梯形 $ABED$ 是等腰梯形。下面给出证明:

因为四边形 $ABCD$ 是平行四边形,所以 $AB=DC$,又因为三角形 DCE 是等腰三角形且 DC 和 DE 为腰,所以 $DC=DE$。

可得 $AB=DE$。

所以梯形 $ABED$ 是等腰梯形。

上述证明过程实际并没有完全按照演绎推理的完整过程进行,而是有所简化,省略了大前提,因为数学并不等于逻辑,没有必要过分追求形式化的东西。

案例 8　如图 3 - 3 - 4,设正方形 $ABCD$ 的边长为 1,两条对角线的交点为 O,观察图形,你能发现什么结论? 请说明理由。

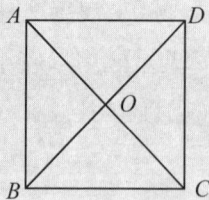

图 3 - 3 - 4

分析　学生已经认识了正方形的特征,积累了正方形是轴对称图形的活动经验。通过观察,我们发现图形中有下列两类三角形。

(1) 正方形的每两条邻边与一条对角线围成一个三角形,这样的三角形有 4 个。因为正方形的 4 条边相等,4 个角都是直角,所以这 4 个三角形都是等腰直角三角形。根据等腰直角三角形的性质,两个底角相等,且和为 $90°$,所以每个底角都等于 $45°$。也就是说,正方形的对角线把 4 个直角都平均分成了两个相等的 $45°$ 的角。每个等腰直角三角形的面积都等于 $\frac{1}{2}$。

(2) 再观察图形,正方形被分解为 4 个不重叠的三角形,或者可以看成 4 个三角形密铺成一个正方形。这 4 个三角形有什么特点呢? 从已知条件出发去思考,这是推理证明的基本方法,已知条件有两种情况:一种是题目中直接给出的,可以“看”得见的显性条件,如正方形、边长为 1 等;还有一种是从题目中去寻找的学过的隐性条件,如正方形的 4 条边相等、4 个角都是直角等。我们在学习和解决问题时,既要用好看得见的已知条件,又要善于根据题目的语言信息去发现和提取隐性条件,这样才能成为会思考、会学习的人。

前面(1)中的推理过程发现的结论,现在可以用上。我们选择△OBC 进行研究,根据(1)中的结论,$\angle OBC = \angle OCB = 45°$,则 △$OBC$ 是等腰三角形。由三角形内角和等于 $180°$,得 $\angle BOC = 180° - (\angle OBC + \angle OCB) = 180° - 90° = 90°$,于是 △$OBC$ 是等腰直角三角形。所以,这 4 个三角形都是等腰直角三角形,且每个三角形的面积是 $\frac{1}{4}$。

案例 9　已知三角形 ABC,$\angle A = \angle C - \angle B$,那么 △$ABC$ 是什么三角形?

分析　看到这道题目,我们首先需要关联三角形的相关知识,除了题目给定的条件,三角形还有一些性质,包括:内角和等于 180°,三角形的分类等。

由已知 $\angle A=\angle C-\angle B$,两边同时加上 $\angle B$,可得 $\angle A+\angle B=\angle C$。

因为 $\angle A+\angle B+\angle C=180°$,把 $\angle A+\angle B=\angle C$ 代入,可得 $\angle C+\angle C=180°$,即 $2\angle C=180°$,所以 $\angle C=90°$,可得 $\triangle ABC$ 是直角三角形。

案例 10　如图 3-3-5,在直角三角形 ABC 中,$\angle C=90°$,点 E、F 分别在边 AB、AC 上,且 $FA=FE$,$\angle CFE=70°$,求 $\angle B$ 的度数。

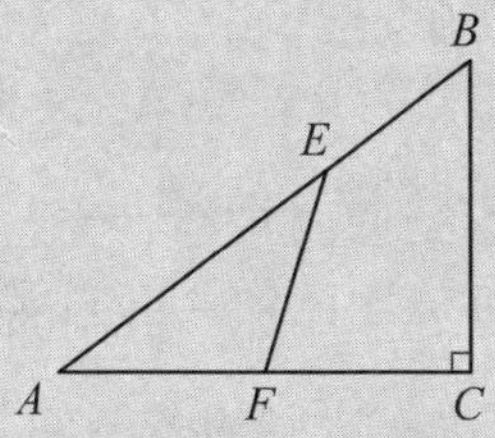

图 3-3-5

分析　本题涉及三角形的很多性质,包括:一个外角等于与它不相邻的两个内角之和,等腰三角形两个底角相等,直角三角形两个锐角之和等于 90°等。

由已知 $FA=FE$,则 $\triangle AEF$ 是等腰三角形,得 $\angle A=\angle AEF$。

因为 $\angle A+\angle AEF=\angle CFE$,而 $\angle CFE=70°$,可得 $2\angle A=70°$,即 $\angle A=35°$,所以 $\angle B=90°-\angle A=90°-35°=55°$。

案例 11　已知 $\triangle ABC$ 和 $\triangle DBC$,如图 3-3-6 所示,点 D 在 $\triangle ABC$ 内部,观察和比较 $\angle A$ 和 $\angle D$ 的大小,你能发现什么结论?请说明理由。

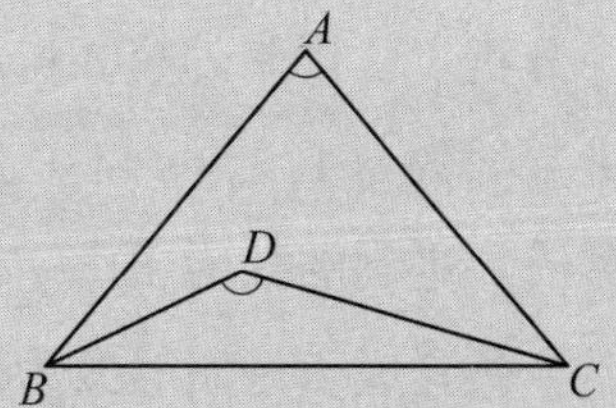

图 3-3-6

分析　通过观察,从直观上发现 $\angle D>\angle A$。

因为点 D 在 $\triangle ABC$ 内部,所以 $\angle ABC>\angle DBC$,$\angle ACB>\angle DCB$,得 $\angle ABC+\angle ACB>\angle DBC+\angle DCB$。

在△ABC 和△DBC 中，∠A＋∠ABC＋∠ACB＝180°，∠D＋∠DBC＋∠DCB＝180°，所以∠A＋(∠ABC＋∠ACB)＝∠D＋(∠DBC＋∠DCB)。

因为∠ABC＋∠ACB＞∠DBC＋∠DCB，所以∠D＞∠A。

案例 12 在计数制中，我们通常使用的是十进制，即逢十进一。而计数制可以有很多，如二进制是计算机处理数据的计数方法。十进制的计数符号是 0 到 9 这十个数字，逢 10 进 1，计数单位有个、十、百、千……如 123，表示有 1 个百、2 个十、3 个一。而二进制的计数符号是 0 和 1 这两个数字，逢 2 进 1，从低位到高位，各数位上的数字是几(实际上就是 0 或 1)，就表示几个 1、2、4、8、16……如二进制的 10，表示 1 个 2、0 个 1，由 2＋0＝2，得二进制的 10 可换算为十进制的 2；二进制的 11，表示 1 个 2、1 个 1，由 2＋1＝3，得二进制的 11 可换算为十进制的 3。部分二进制与十进制数的换算见表 3－3－2 所示。

表 3－3－2

十进制	0	1	2	3	4	5	6	…
二进制	0	1	10	11				…

(1) 你能把十进制的 4、5、6 换算成二进制数，并填入上表吗？

(2) 观察上表，你发现了什么规律？

分析 二进制的第 3 位就表示 4，此时第 1、2 位用 0 占位，所以 4 换算成二进制的数为 100。5＝4＋1，第 3 位写 1，第 2 位用 0 占位，第 1 位写 1，所以 5 换算成二进制的数为 101。 6＝4＋2，第 3 位写 1，第 2 位写 1，第 1 位用 0 占位，所以 6 换算成二进制的数为 110。填表，如表 3－3－3 所示。

表 3－3－3

十进制	0	1	2	3	4	5	6	…
二进制	0	1	10	11	100	101	110	…

通过观察发现，十进制的奇数换算成二进制数时，第 1 位上都是 1；十进制

的偶数换算成二进制数时，第 1 位上都是 0。

第四节　转化思想

一、对转化思想的认识

人们面对数学问题，当直接应用已有知识不能或不易解决该问题时，往往会将需要解决的问题不断转化形式，把它归结为能够解决或比较容易解决的问题，最终使原问题得到解决，这种思想方法称为转化（化归）思想。

从小学到中学，数学知识呈现了一个由易到难、从简到繁的过程；然而，人们在学习数学、理解和掌握数学的过程中，却经常通过把陌生的知识转化为熟悉的知识、把繁难的知识转化为简单的知识，从而逐步学会解决各种复杂的数学问题。因此，转化既是一般化的数学思想方法，具有普遍的意义，也是攻克各种复杂问题的法宝之一，具有重要的意义和作用。

二、转化所要遵循的原则

转化思想的实质就是在已有的简单的、具体的、基本的知识基础上，把未知化为已知、把复杂化为简单、把一般化为特殊、把抽象化为具体、把非常规化为常规，从而解决各种问题。因此，应用转化思想时要遵循以下几个基本原则：

（1）数学化原则，即把生活中的问题转化为数学问题，建立数学模型，从而应用数学知识找到解决问题的方法。数学来源于生活，应用于生活。学习数学的目的之一就是要利用数学知识解决生活中的各种问题，课程标准特别强调的目标之一就是培养实践能力。因此，数学化原则是一般化的普遍的原则之一。

（2）熟悉化原则，即把陌生的问题转化为熟悉的问题。人们学习数学的过程，就是一个不断面对新知识的过程；解决疑难问题的过程，也是一个面对陌生问题的过程。从某种程度上说，这种转化过程对学生而言既是一个探索的过程，又是一个创新的过程，与课程标准提倡培养学生的探索能力和创新精神是一致的。因此,学会把陌生的问题转化为熟悉的问题,是一个比较重要的原则。

（3）简单化原则,即把复杂的问题转化为简单的问题。对解决问题者而言,复杂的问题未必都解决不了,但解决的过程可能较为繁琐。因此,把复杂的问题转化为简单的问题,寻求一些技巧和捷径,也不失为一种上策。

（4）直观化原则,即把抽象的问题转化为具体的问题。数学的特点之一便是它具有抽象性。有些抽象的问题,直接分析解决难度较大,需要把它转化为具体的问题,或者借助直观手段,转化为比较容易分析解决的问题。因而,直观化是中小学生经常应用的方法,也是重要的原则之一。

三、转化思想的应用

学生面对的各种数学问题,可以简单地分为两类:一类是直接运用已有知识便可顺利解答的问题;另一类是陌生的问题,或者不能直接运用已有知识解答的问题,需要综合地运用已有知识或创造性地解答才能加以解决。如知道一个长方形的长和宽,求它的面积,只要知道长方形的面积公式,都可以计算出结果,这是第一类问题;不知道平行四边形的面积公式,通过割补平移变换把平行四边形转化为长方形,推导出它的面积公式,再计算面积,这是第二类问题。对于广大中小学生来说,他们在学习数学的过程中所遇到的很多问题都可以归为第二类问题,并且要不断地把第二类问题转化为第一类问题。可见,解决问题的过程,从某种意义上来说就是不断地转化求解的过程,因此,转化思想应用非常广泛。

转化思想在小学数学中的应用主要有以下几个方面,见表 3-4-1。

表 3-4-1

知识领域	知识点	应用举例
数与代数	数的意义	整数的意义:用实物操作和直观图帮助理解
		小数的意义:用直观图帮助理解
		分数的意义:用直观图帮助理解
		负数的意义:用数轴等直观图帮助理解

知识领域	知识点	应用举例
	四则运算的意义	乘法的意义:若干个相同加数相加的一种简便算法
		除法的意义:乘法的逆运算
	四则运算的法则	整数加减法:用实物操作和直观图帮助理解算法
		小数加减法:小数点对齐,然后按照整数加减法的方法进行计算
		小数乘法:先按照整数乘法的方法进行计算,再点小数点
		小数除法:把除数转化为整数,基本按照整数除法的方法进行计算,需要注意被除数小数点与商的小数点对齐
		分数加减法:异分母分数加减法转化为同分母分数加减法
		分数除法:转化为分数乘法
	四则运算各部分间的关系	$a+b=c,\ c-a=b$ $ab=c,\ a=c\div b$
	简便计算	利用运算定律进行简便计算
	解决问题的策略	化繁为简:植树问题、鸡兔同笼问题等
		化抽象为直观:用线段图、图表、图象等直观表示数量之间的关系,帮助推理
		化实际问题为数学问题
		化一般问题为特殊问题
		化未知问题为已知问题
图形与几何	三角形的内角和	通过操作把三个内角转化为平角
	多边形的内角和	转化为三角形求内角和
	面积公式	平行四边形面积:转化为长方形求面积
		三角形的面积:转化为平行四边形求面积
		梯形的面积:转化为平行四边形求面积
		圆的面积:转化为长方形求面积
		组合图形的面积:转化为求基本图形的面积

（续表）

知识领域	知识点	应用举例
	体积公式	圆柱的体积：转化为长方体求体积
		圆锥的体积：转化为圆柱求体积
统计与概率	统计图和统计表	运用不同的统计图表描述各种数据
	可能性	运用不同的方式表示可能性的大小

四、转化思想的教学

1. 化抽象问题为直观问题

数学的特点之一是它具有很强的抽象性，这是每个想学好数学的人必须面对的问题。从小学到初中，再到高中，数学问题的抽象性不断加强，学生的抽象思维能力也在不断接受挑战。如果能把比较抽象的问题转化为直观或易操作的问题，那么不但使得问题容易解决，而且经过不断抽象→直观→抽象的训练，学生的抽象思维能力也会逐步提高。下面举例说明。

> **案例1** 有2件不同的上衣、3条不同的裤子、2双不同的鞋，一共有多少种不同的搭配穿法？

分析 此题如果用分类法、穷举法，会比较麻烦；假如用直观的树状图来分析，把抽象的问题直观化，会更容易解决。分别用 A、B 表示上衣，C、D、E 表示裤子，H、I 表示鞋，如图 3-4-1 所示。

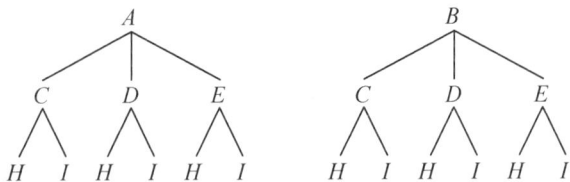

图 3-4-1

从上到下数连线的条数,共有 12 种不同的搭配穿法。

即使再增加难度,此法也比较有效。

2. 化繁为简的策略

有些数学问题比较复杂,若直接解答,过程会比较繁琐,考虑在结构和数量关系相似的情况下,从更加简单的问题入手,找到解决问题的方法或建立模型,并进行适当检验,如果能够证明这种方法或模型是正确的,那么该问题一般来说便得到了解决。下面举例加以说明。

案例 2 把 186 拆分成两个自然数的和,怎样拆分才能使拆分后的两个自然数的乘积最大? 187 的拆分结果呢?

分析 此题中的数比较大,若用枚举法一个一个地猜测验证,必定繁琐。考虑从比较小的数开始枚举,利用不完全归纳法,看看能否找到解决方法。如从 10 开始,10 可以分成:1 和 9,2 和 8,3 和 7,4 和 6,5 和 5,它们的积分别是:9,16,21,24,25,可以初步认为拆分成相等的两个数的乘积最大。如果不确定,还可以再举一个例子,如 12 可以分成:1 和 11,2 和 10,3 和 9,4 和 8,5 和 7,6 和 6,它们的积分别是:11,20,27,32,35,36。由此可以推断:把 186 拆分成 93 和 93,此时的乘积最大,乘积为 8 649。适当地加以检验,如 92 和 94 的乘积为 8 648,90 和 96 的乘积为 8 640,都比 8 649 小。

因为 187 是奇数,无法拆分成相等的两个数,所以只能拆分成相差 1 的两个数,这时它们的乘积最大。不再举例验证。

案例 3 你能快速口算 85×85 的结果,95×95 的结果,105×105 的结果吗?

分析 仔细观察可以看出,此类题有些共同特点,每个算式中的两个因数相等,并且个位数都是 5。如果不知道个位数是 5 的相等的两个数的乘积的规律,直接快速口算是有难度的,那么解此类题有什么技巧呢? 不妨从简单的数开始探索,如 15×15=225,25×25=625,35×35=1225。通过观察这几个算式的因数与相应的积的特点,可以初步发现的规律是:个位数是 5 的相等的两个数的乘积分为左右两部分:左边为因数中 5 以外的数字乘比它大 1 的数所得的积,右边为 25(5 乘 5 的积)。根据这样的规律,可知 85×85＝7 225,95×95＝9 025,105×105＝11 025。实际验证,结果确实如此。

很多学生面对一些数学问题,可能知道怎么解答,但是只要想起解答过程非常繁琐,就会产生退缩情绪,或者在繁琐的解答过程中出现失误,这是比较普遍的情况。因此,学会化繁为简的解题策略,对于提高解决繁难问题的能力大有帮助。

3. 化实际问题为特殊的数学问题

数学来源于生活,应用于生活。与小学数学有关的生活中的实际问题,多数可以用常规的小学数学知识解决;也有些生活中的实际问题表面上看是一些常用的数量,似乎能用常规的数学模型解决,但真正深入分析数量关系时,可能由于条件不全面而无法建立模型,这时就需要超越常规的思维模式,从另外的角度进行分析,找到解决问题的方法。下面举例说明。

> **案例 4** 某旅行团队翻越一座山。上午 9 时上山,每小时行 4.5 千米,到达山顶时休息 1 小时。下山时,每小时行 6 千米,下午 4 时到达山脚。全程共行了 30 千米。问:上山和下山的路程各是多少千米?

分析 此题知道上山和下山的速度,上山和下山的时间总和,上山和下山的路程总和,可用方程解决,还可以用假设法。仔细观察可以发现:题中给出了两个未知数量的总和以及与这两个数量有关的一些特定的数量,考虑用假设法,类似于鸡兔同笼问题。假设都是上山,那么总路程是 27(即 6×4.5) 千米,比实际路程少算了 3 千米,所以下山时间是 2[即 3÷(6－4.5)] 小时,上山时间是 4 小时。由此可知,上山和下山的路程分别是 18 千米和 12 千米。

> **案例 5** 李阿姨买了 2 千克苹果和 3 千克香蕉,用了 77 元,王阿姨买了同样价格的 1 千克苹果和 2 千克香蕉,用了 45.5 元。每千克苹果和香蕉各多少元?

分析 此题初看是关于单价、总价和数量的问题,但是,由于题中没有告知苹果和香蕉各自的总价是多少,无法直接计算各自的单价。认真观察,可以发现:题中分两次给出了不同数量的苹果和香蕉的总价,而苹果和香蕉各自的单价这两个未知数而没有直接的关系。此题如果用方程解决,超出了一元一次方程的范围,那么这样的问题在小学数学的知识范围内如何解决呢? 利用二元一次方程组加减消元的思想,可以解决这类问题;具体来说就是把两组数量关系中的一个数量化成相等的关系,再相减,得到一个一元一次方程,进而求解。不必列式推导,直接分析便可:由 1 千克苹果和 2 千克香蕉 45.5 元,可得 2 千克苹果和 4 千克香蕉 91 元;题中已知 2 千克苹果和 3 千克香蕉 77 元;用 91 减去 77 得 14,可知香蕉的单价是每千克 14 元;再计算得苹果的单价是每千克 17.5 元。

4. 化未知问题为已知问题

对于学生而言,学习的过程是一个不断面对新知识的过程,有些新知识通过某些载体直接呈现,如面积和面积单位,就是通过一些物体或图形直接引入概念的;而有些新知识可以利用已有知识,通过探索把新知识转化为旧知识进行学习,如平行四边形面积公式的学习,就是通过割补平移,把平行四边形转化为长方形来求面积的。这种化未知为已知的策略,在数学学习中非常常见。下面举例说明。

案例6　水果商店昨天销售的苹果比香蕉的 2 倍多 30 千克,这两种水果一共销售了 180 千克。问:销售香蕉多少千克?

分析　学生在学习列方程解决问题时,学习了最基本的有关两个数量的一种模型:已知两个数量的倍数关系以及这两个数量的和或差,求这两个数量分别是多少。题中的苹果和香蕉的关系,不是简单的倍数关系,而是在倍数的基础上增加了一个条件,即苹果比香蕉的 2 倍还多 30 千克。假如把 180 减去 30 得 150,那么题目可以转化为:水果商店昨天销售的苹果是香蕉的 2 倍,这两种水果一共销售了 150 千克。问:销售香蕉多少千克? 这时就可以列方程解决了,设未知数时要注意:一般情况下,题目求的是哪个量,就设谁为 x。

这个案例能给我们什么启示呢? 教师在教学中要让学生学习什么? 学生既要学习知识,又要学习方法。学生不仅要学会用模型解答的解题模式,更重要的是在理解和掌握最基本的数学模型的基础上,形成迁移类推或举一反三的能力。教师在上面最基本的模型基础上,可以引导学生深入思考以下问题串:

（1）水果商店昨天销售的苹果比香蕉的 2 倍少 30 千克,这两种水果一共销售了 180 千克。问:销售苹果多少千克?

（2）水果商店昨天销售的香蕉比苹果的 $\frac{1}{2}$ 多 30 千克,这两种水果一共销售了 180 千克。问:销售苹果多少千克?

（3）水果商店昨天销售的香蕉比苹果的 $\frac{1}{2}$ 少 30 千克,这两种水果一共销售了 120 千克。问:销售苹果多少千克?

（4）水果商店昨天销售的苹果是香蕉的 2 倍,销售的梨是香蕉的 3 倍,这三种水果一共销售了 180 千克。问:销售香蕉多少千克?

（5）水果商店昨天销售的苹果是香蕉的 2 倍,销售的梨是苹果的 2 倍,这三种水果一共销售了 210 千克。问:销售香蕉多少千克?

从以上几个题目的步数来说,可能已经超越了教材设置的难度标准。但笔者近年来一直有一个理念:"高水平教学,标准化考试。"教师们可以在课堂上大胆探索并深入思考:这样的问题经过引导和启发,学生到底能否解决? 学生是否能在数学思想方法和数学思维能力上得到更好的发展? 这样的教学是否贯彻了课程标准提倡的"人人获得良好的数学教育,不同的人在数学上得到不同的发展"的理念?

5. 化一般问题为特殊问题

数学中的规律一般具有普遍性,但是对于小学生而言,普遍的规律往往比较抽象,较难理解和应用,此时举一些特殊的例子运用不完全归纳法加以猜测验证,是可行的解决问题的策略。下面举例说明。

案例 7 任意一个大于 4 的自然数,拆成两个自然数之和,怎样拆分才能使这两个自然数的乘积最大?

分析 此问题运用一般的方法进行推理,设这个大于 4 的自然数为 N。

如果 N 为偶数,可设 $N=2K$（K 为任意大于 2 的自然数）,那么 $N=K+$

$$K=(K-1)+(K+1)=(K-2)+(K+2)=\cdots。$$

因为 $$K^2>K^2-1>K^2-4>\cdots，$$

所以 $$K\times K>(K-1)\times(K+1)>(K-2)\times(K+2)>\cdots。$$

所以把这个偶数拆分成两个相等的数的和,可使这两个数的积最大。

如果 N 为奇数,可设 $N=2K+1$(K 为任意大于 1 的自然数),那么 $N=K+(K+1)=(K-1)+(K+2)=(K-2)+(K+3)=\cdots$。

因为 $$K^2+K>K^2+K-2>K^2+K-6>\cdots，$$

所以 $$K\times(K+1)>(K-1)\times(K+2)>(K-2)\times(K+3)>\cdots。$$

所以把这个奇数拆分成两个相差 1 的数的和,可使这两个数的积最大。

仔细观察问题可以发现,题中的自然数只要大于 4,便存在一种普遍的规律,因此,若取几个具体的特殊的数,也应该存在这样的规律。这时就可以把一般问题转化为特殊问题,举几个有代表性的比较小的数(大于 4)进行枚举归纳,如 10、11 等,就可以解决问题,具体案例见前文。

转化思想作为最重要的数学思想之一,在学习数学和解决数学问题的过程中无处不在,对于学生而言,要善于运用转化思想解决各种复杂的问题,最终达到在数学的世界里举重若轻的境界。

第五节　数形结合思想

一、对数形结合思想的认识

数形结合思想就是通过数和形之间的对应关系和相互转化来解决问题的思想方法。数学是研究现实世界的数量关系与空间形式的科学,数和形之间有着既对立又统一的关系,在一定的条件下可以相互转化。这里的"数"主要是指数、代数式、方程、函数、数量关系式等,这里的"形"主要是指几何图形和函数图象等。在数学的发展史上,直角坐标系的出现给几何的研究带来了新的工具,直角坐标系与几何图形相结合,也就是把几何图形放在坐标平面上,使得几何图形上的每个点都可以用直角坐标系里的坐标(有序实数对)来表示,这样用代数的量化的运算方法来研究图形的性质，堪称数形结合的完美体现。数形结合思想的核心是代数与几何的对立统一和完美结合，在应用的过程中要善于把握什么时候运用代数方法解决几何问题是最佳的、什么时候运用几何方法解决代数问题是最佳的。如有些不等式和函数的问题用图象解决非常简洁，几何证明问题在初中是难点，到高中运用解析几何的代数方法解决有时就比较简便。

数形结合与几何直观既有联系又有区别，数形结合包含两个方面：以形助数和以数解形，而几何直观是指利用图形描述和分析问题，这里的问题不仅包括几何以外的问题，也包括几何问题本身，如利用图形的运动去认识和理解几何图形。

数形结合思想可以使抽象的数学问题直观化、使繁难的数学问题简洁化，使原本需要通过抽象思维解决的问题，有时借助形象思维就能够解决，有利于抽象思维和形象思维的协调发展和优化解决问题的方法。数学家华罗庚（1910—1985）曾说："数缺形时少直观，形少数时难入微。"这句话深刻地揭示了数形之间的辩证关系以及数形结合的重要性。众所周知，小学生的逻辑思维能力还比较弱，但在学习数学时又必须面对数学的抽象性这一现实问题。教材的编排和课堂教学都在千方百计地将抽象的数学问题转化成学生易于理解的方式呈现，借助数形结合思想中的图形直观手段，可以提供非常好的教学方法和解决方案。如从数的认识、计算到比较复杂的实际问题，经常要借助图形来理解和分析，也就是说，在小学数学中，数离不开形。另外，几何知识的学习，很多时候只凭直接观察是看不出什么规律和特点的，这时就需要用数来表示，如一个角是不是直角、两条边是否相等、周长和面积是多少等，换句话说，就是形也离不开数。因此，数形结合思想在小学数学中的意义重大。

二、数形结合思想的应用

数形结合思想在数学中的应用大致可分为两种情形：一是借助数的精确性、程序性和可操作性来阐明形的某些属性，可称之为"以数解形"；二是借助形的几何直观性来阐明某些概念及数之间的关系，可称之为"以形助数"。数形结合思想在中学数学的应用主要体现在以下几个方面：（1）实数与数轴上的点的对应关系；（2）函数与图象的对应关系；（3）曲线与方程的对应关系；（4）与几何有关的知识,如三角函数、向量等;(5)概率统计的图形表示;(6)在数轴上表示不等式的解集;(7)数量关系式具有一定的几何意义,如 $s = 100t$。

数形结合思想在小学数学的各个知识领域的学习中都有非常普遍和广泛的应用,主要体现在以下几个方面:一是利用"形"作为各种直观工具帮助学生理解和掌握知识、解决问题,如从低年级的借助直线认识数的顺序,到高年级的画线段图帮助学生理解实际问题的数量关系。二是数轴及平面直角坐标系在小学的渗透,如数轴、位置、正反比例关系的图象等,使学生体会代数与几何之间的联系。这方面的应用虽然比较浅显,但这正是数形结合思想的重点所在,是中学数学的重要基础。三是统计图本身和几何概念模型都是数形结合思想的体现,统计图表把抽象的枯燥的数据直观地表示出来,便于分析和决策。四是用代数(算术)方法解决几何问题,如角度、周长、面积和体积等的计算,通过计算三角形内角的度数,可以知道它是什么样的三角形等。

三、数形结合思想的教学

数形结合思想的教学,应注意以下几个问题。

第一,如何正确理解数形结合思想。数形结合中的"形"是数学意义上的形,主要是几何图形和图象。刘加霞认为:"借助于直观形象模型理解抽象的数学概念以及抽象的数量关系是小学生学习数学的重要方法,但这一方法与数学意义上的'数形结合'方法的内涵不一致,它至多只能是'数形结合'方法的雏形。"[①]如 $6 + 1 = 7$, 可以通过摆各种实物和几何图片帮助学生理解加法的算理,这里的几何图片并不是数形结合中的形,因为这里并不关心几何图片的形状和大小,并没有赋予图片本身形状和大小的量化特征,甚至不用图片用小棒等材料也能起到相同的作用。如果结合数轴(低年级往往用类似于数轴的尺子或直线)来认识数的顺序和加法,那么就把数和形(数轴)建立了一一对应的关系,便于比较数的大小和进行加减法计算。笔者赞同刘加霞的观点,用数轴、线段图、正方形、圆、图象等帮助学生理解数、数量关系,包括函数关系,这才是真正的以形助数,有利于教师把握数形结合思想的本质。

当然,教师在把握数形结合思想本质的基础上,再从广义角度理解这一思

---

① 刘加霞."数形结合"思想及其在教学中的渗透(上)[J].小学教学(数学版),2008(4):47-48.

想,也未尝不可,其中借助实物和图形理解数、运算、数量关系,可以理解为原始的数形结合。

案例1 $\dfrac{1}{2}+\dfrac{1}{4}+\dfrac{1}{8}+\dfrac{1}{16}+\cdots=$

分析 此题很难用小学算术的知识直接计算,因为它有无穷多个数相加,如果是有限个数相加,用等式的性质进行恒等变换就可以计算。从题中数的特点来看,每一项的分子都是 1,每一项的分母都是它前一项分母的 2 倍,或者说第几项的分母就是 2 的几次方,第 n 项就是 2 的 n 次方。联想到分数的计算可用几何直观图表示,考虑构造一个长度或面积是 1 的线段或正方形以解决问题。不妨构造一个面积是 1 的正方形,如图 3-5-1 所示。先取它的一半作为二分之一,再取余下一半的一半作为四分之一,如此取下去……当取的次数非常大时,余下部分的面积已经非常小了,用极限的思想来看,当取的次数趋向于无穷大时,余下部分的面积趋向于 0,因此最后取到的面积之和就是 1。也就是说,上面算式的得数是 1。

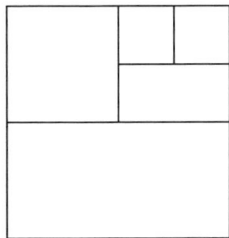

图 3-5-1

第二,适当拓展数形结合思想的应用。数形结合思想中的以数解形在中学应用得较多,小学数学中常见的就是计算图形的周长、面积和体积等内容。除此之外,还可以创新求变,在小学几何的范围内深入挖掘素材,在学生已有知识的基础上适当拓展,以丰富小学数学中的数形结合思想的教学。

案例2 用两个一样的直角三角形和一个等腰直角三角形(腰等于前两个直角三角形的斜边),可以拼一个直角梯形,如图 3-5-2。根据梯形的面积等于 3 个三角形的面积之和,请比较两个一样的直角三角形中每个直角三角形的两条直角边的平方的和与斜边的平方之间的大小关系,你能发现什么?

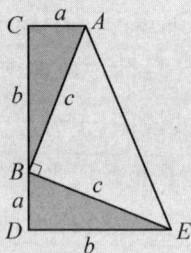

图 3-5-2

分析 设两个一样的直角三角形中每个直角三角形的边长分别是 a、b、c，也就是说该直角三角形的三条边长可以取任意不同的值的时候，仍然有梯形的面积等于 3 个三角形的面积之和。

3 个三角形的面积之和是：$a \times b \div 2 \times 2 + c^2 \div 2 = (2ab + c^2) \div 2$。

梯形的面积是：$(a+b) \times (a+b) \div 2 = [a(a+b) + b(a+b)] \div 2 = (a^2 + b^2 + 2ab) \div 2$。

所以有 $(a^2 + b^2 + 2ab) \div 2 = (2ab + c^2) \div 2$，可得 $a^2 + b^2 = c^2$。

由以上计算结果，得出一个重大发现：直角三角形的两条直角边的平方的和等于斜边的平方。实际上这是美国第 20 任总统加菲尔德(J. A. Garfield, 1831—1881)发现的证明勾股定理的方法。

这里的一个难点是 $(a+b) \times (a+b)$ 的计算，这是中学数学中的多项式乘法。在小学学习乘法分配律时，学生已经会计算 $a(b+c) = ac + bc$，那么计算 $(a+b) \times (a+b)$ 可以先把左边的 $(a+b)$ 看作一个数，分别与右边括号中的 a 和 b 相乘，再展开进行计算，即

$$(a+b) \times (a+b) = (a+b)a + (a+b)b = a^2 + ba + ab + b^2$$
$$= a^2 + b^2 + 2ab。$$

案例 3 如图 3-5-3(1)，在边长为 a 的正方形的一角剪去边长为 $b(b < a)$ 的小正方形，剩余部分的面积是多少？认真观察图(1)，如果把剩余部分的图形再剪去长为 $(a-b)$、宽为 b 的长方形，补拼成如图(2)所示长方形，这个长方形的面积是多少？你发现了什么等量关系式？

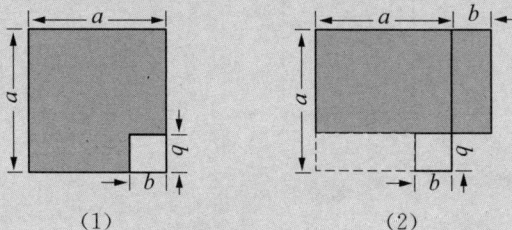

(1)　　　(2)

图 3-5-3

分析 先观察图(1)，剩余部分图形的面积等于边长为 a 的正方形的面积减去边长为 b 的正方形的面积，列式为：a^2-b^2。再观察图(2)，长方形的长为 $(a+b)$、宽为 $(a-b)$，面积为 $(a+b)(a-b)$。根据图形运动的性质，图形运动前后面积保持不变，所以等量关系式为 $a^2-b^2=(a+b)(a-b)$。

案例 4 如图 3-5-4，边长为 $(a+b)$ 的正方形可以看成是一个组合图形，请用不同的方式表示该组合图形的面积，你能发现什么等量关系式吗？

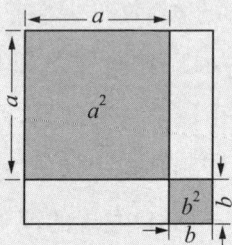

图 3-5-4

分析 先求得边长为 $(a+b)$ 的正方形的面积为 $(a+b)^2$；再看组合图形，它由两个正方形和两个相同的长方形组成，长方形的长为 a、宽为 b，可得该组合图形的面积为 $a^2+2ab+b^2$。所以等量关系式为 $(a+b)^2=a^2+2ab+b^2$。

案例 5 如图 3-5-5(1)，有一个长为 8、宽为 6 的长方形，分别以长方形的长和宽为轴旋转一周，得到图(2)、图(3)所示的两个圆柱，比较这两个圆柱体积的大小，哪个较大？如果将长方形的长变为 10、宽变为 2 呢？你能发现什么关系式？请用字母表达这个关系式。

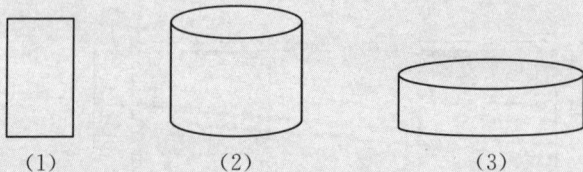

(1)   (2)   (3)

图 3-5-5

分析 观察长方形和两个圆柱，可以发现，以长方形的哪条边为轴旋转，哪条边就是圆柱的高,另一条边就是圆柱底面的半径。图(2)的圆柱的体积为 $\pi \times 6^2 \times 8 = 6(6 \times 8\pi)$,图(3) 的圆柱的体积为 $\pi \times 8^2 \times 6 = 8(6 \times 8\pi)$,显然有 $6(6 \times 8\pi) < 8(6 \times 8\pi)$,所以 $\pi \times 6^2 \times 8 < \pi \times 8^2 \times 6$。对于这两个圆柱,底面半径大的体积也大。

如果将长方形的长变成 10、宽变成 2,旋转所得的两个圆柱的体积分别为 $\pi \times 2^2 \times 10 = 2(2 \times 10\pi)$ 和 $\pi \times 10^2 \times 2 = 10(2 \times 10\pi)$。同理可得 $\pi \times 2^2 \times 10 < \pi \times 10^2 \times 2$。对于这两个圆柱,底面半径大的体积也大。

由此猜想一个结论:分别以长方形的长和宽为轴旋转一周,得到两个圆柱,以比较短的边为轴、以比较长的边为底面半径旋转得到的圆柱的体积较大。

设长方形的长和宽分别为 a 和 b,且 $a > b$,分别以 a 和 b 为轴旋转一周,得到两个圆柱的体积分别为 $\pi a^2 b$ 和 $\pi b^2 a$。比较两个圆柱体积的大小。因为 $\pi a^2 b = a(ab\pi)$,$\pi b^2 a = b(ab\pi)$,又 $a > b$,所以 $a(ab\pi) > b(ab\pi)$,于是 $\pi a^2 b > \pi b^2 a$。可以验证前面的结论。

案例6　一个直角三角形的两条直角边的长分别为 a 和 b,且 $a > b$,分别以 a 和 b 为轴旋转一周,得到两个圆锥,比较这两个圆锥的体积大小,哪个较大? 你能发现什么关系式? 请用字母表达这个关系式。

分析　已经研究了以长方形的两条边为轴旋转而成的两个圆柱的体积大小关系,此题不再给出具体的数据和直观图,直接进入抽象的符号表达和代数推理层面。圆柱与圆锥有密切的联系,包括形状和体积之间的关系,有了这些关联作为基础,可以通过类比进行思考。分别以 a 和 b 为轴旋转一周,得到的两个圆锥的体积分别为 $\frac{1}{3}\pi a^2 b$ 和 $\frac{1}{3}\pi b^2 a$。比较两个圆锥体积的大小的推理过程同上,根据 $\frac{1}{3}\pi a^2 b = a\left(\frac{1}{3}ab\pi\right)$,$\frac{1}{3}\pi b^2 a = b\left(\frac{1}{3}ab\pi\right)$,可得 $\frac{1}{3}\pi a^2 b > \frac{1}{3}\pi b^2 a$。

小学数学与数学思想方法（第二版）

案例7　由若干个棱长为1cm的正方体拼搭成一个几何体，从正面、左侧面和上面观察，看到的图形分别如图3-5-6所示。这个几何体的表面积是多少？

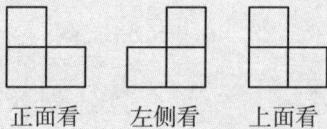

正面看　　左侧看　　上面看

图3-5-6

分析　如果不借助正方体进行操作，而是进行空间想象，把几何体还原，我们可以按照下面的思路展开思考。

第一步，看从上面看到的图形，称之为俯视图，我们把它比喻为基座，可以确定第一层的地基为 ⊐。

第二步，看从左侧面看到的图形，称之为左视图，这个时候我们想象着站在几何体的左面观察，看到的图形是 ⊔，说明几何体的形状可能有三种：

$\boxed{2\,1}$、$\boxed{1\,2}$ 和 $\boxed{2\,2}$（正方形里的数代表相应地基位置正方体的层数）。

第三步，看从正面看到的图形，称之为主视图，这个时候我们想象着站在几何体的前面观察，看到的图形是 ⊔，说明几何体的形状是 $\boxed{2\,1}$。确定了几何体的形状，就可以计算它的表面积了。

想象这个几何体的形状，它由4个正方体组成，每个正方体有6个面，其中3个正方体有5个面露在外面，1个正方体有3个面露在外面，所以这个几何体的表面积是 $18\,\mathrm{cm}^2$。

第六节　几何变换思想

一、对几何变换思想的认识

变换是数学中一个带有普遍性的概念，代数中有数与式的恒等变换、几何中有图形的变换。在初等几何中，图形变换是一种重要的思想方法，它以运动变化的观点来处理孤立静止的几何问题，在解决问题的过程中往往能够收到意想不到的效果。

初等几何变换是关于平面图形在同一个平面内的变换,在中小学教材中出现的相似变换、合同变换等都属于初等几何变换。合同变换实际上就是相似比为 1 的相似变换,是特殊的相似变换。合同变换也叫保距变换,分为平移、旋转和反射(轴对称)变换等。

1. 平移变换

将平面上任一点 P 变换到 P',使得:(1)射线 PP' 的方向一定,(2)线段 PP' 的长度一定,则称这种变换为平移变换。也就是说,一个图形与经过平移变换后的图形上的任意一对对应点的连线相互平行且相等,而且这些有向线段的方向都相同,射线 PP' 的方向就是平移的方向,线段 PP' 的长度就是平移的距离。

平移变换有以下一些性质:

(1)把图形变为与之全等的图形。

(2)在平移变换下,两点之间的方向保持不变。如任意两点 A 和 B,变换后的对应点为 A' 和 B',则有 $AB \parallel A'B'$,$AA' \parallel BB'$,即 AB 与 $A'B'$,AA' 与 BB' 的方向相同。

(3)在平移变换下,两点之间的距离保持不变。如任意两点 A 和 B,变换后的对应点为 A' 和 B',则有 $AB = A'B'$,$AA' = BB'$。

通俗地说,一个图形经过一次平移变换,就是把一个图形变换成了一个新的图形,这两个图形完全相同,而且还满足两个图形上的对应点的所有连线平行且相等,并且这些线段的方向是一致的。也就是说,图形的平移运动并不关注中间运动的路线是水平的、竖直的、还是弯曲的,只关注图形最后的结果。如图 3-6-1 所示的是摩天轮中的座舱的运动,在平面图中的这一运动就是平移,而不是旋转。

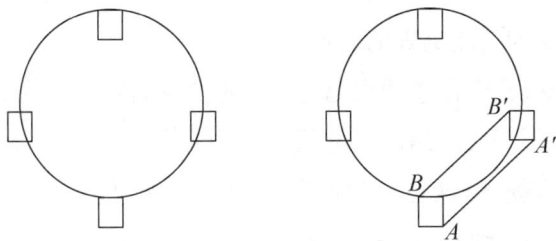

图 3-6-1

上述变换中,设原图形中的任意一点 P,在变换后的图形中的对应点为 P',满足 $PP'=AA'=BB'$, $PP' \parallel AA' \parallel BB'$。

在解初等几何的问题时,常利用平移变换使分散的条件集中在一起,使之具有更紧凑的位置关系或变换成更简单的基本图形。

2. 旋转变换

在同一平面内,将原点 O 变换到它自身,其他任何点 X 变换到 X',使得:(1)$OX'=OX$,(2)$\angle XOX'=\theta$(定角),则称这样的变换为旋转变换,O 称为旋转中心,定角 θ 为旋转角。当 $\theta>0$ 时,为逆时针方向旋转;当 $\theta<0$ 时,为顺时针方向旋转。特别地,当 θ 等于平角时,旋转变换就是中心对称。通俗地说,一个图形围绕一个定点在不变形的情况下转动一个角度的运动,就是旋转。在旋转变换下,图形的方位可能有变化。

旋转变换有以下一些性质:

(1) 把图形变为与之全等的图形。

(2) 在旋转变换下,任意两点 A 和 B,变换后的对应点为 A' 和 B',则有直线 AB 与直线 $A'B'$ 所成的角等于旋转角 θ。

(3) 在旋转变换下,任意两点 A 和 B,变换后的对应点为 A' 和 B',则有 $AB=A'B'$。

在解决几何问题时,旋转的作用是使原有图形的性质得以保持,但通过改变其位置,组合成新的图形,便于计算和证明。

3. 反射变换

在同一平面内,若存在一条定直线 L,使对于平面上的任一点 P 及其对应点 P',其连线 PP' 的中垂线都是 L,则称这种变换为反射变换,也就是常说的轴对称,定直线 L 称为对称轴,也叫反射轴。

轴对称有如下性质:

(1) 把图形变为与之全等的图形。

(2) 在反射变换下,任意两点 A 和 B,变换后的对应点为 A' 和 B',则有直线 AB 与直线 $A'B'$ 所成的角的平分线之一为 L。

(3) 在反射变换下,两点之间的距离保持不变,任意两点 A 和 B,变换后的对应点为 A' 和 B',则有 $AB=A'B'$。

如果一个图形沿一条直线折叠,直线两旁的部分能够互相重合,这个图形就叫做轴对称图形,如图3-6-2所示。

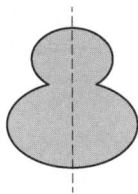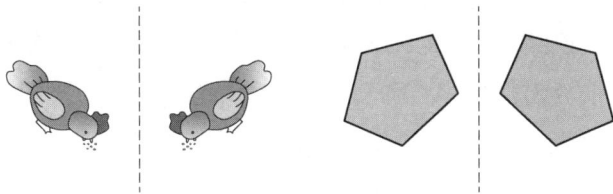

图3-6-2　　　　　　　　　　　　　图3-6-3

把一个图形沿某一条直线折叠,如果它能够与另一个图形重合,那么就说这两个图形关于这条直线对称,如图3-6-3所示。

轴对称变换和轴对称图形是两个不同的概念,前者是指图形之间的关系或折叠运动,后者是指一个图形。中小学数学中的很多图形都是轴对称图形,利用这些图形的轴对称性质,可以帮助我们解决一些需要计算和证明的几何问题。

综上所述,平移、旋转和轴对称都属于保距变换,都能使变换前后的图形的大小、形状不变,保持全等。另外,轴对称在适当的条件下可以转化为平移和旋转。把一个图形连续进行两次轴对称变换,如果两条对称轴平行,那么就转化为平移,平移方向垂直于对称轴,平移距离等于两条对称轴之间距离的2倍,如图3-6-4所示。把一个图形连续进行两次轴对称变换,如果两条对称轴相交,那么就转化为旋转,旋转中心是两轴交点,旋转角为两轴交角的2倍,如图3-6-5所示。

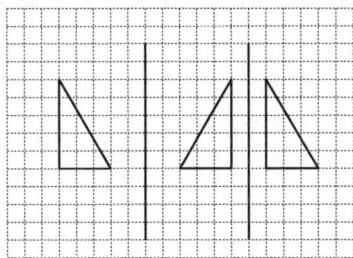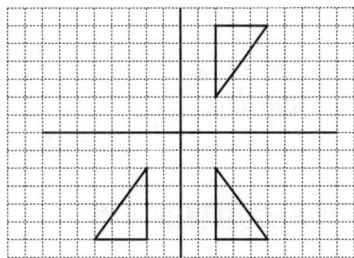

图3-6-4　　　　　　　　　　　　　图3-6-5

4. 相似变换

在同一平面内,图形中的任意两点 A、B,变换后的对应点为 A'、B',也就

是任一线段 AB 变换成 $A'B'$，总有 $A'B'=k \cdot AB(k>0$，且为常数$)$，则称为相似变换，其中的 k 称为相似比或相似系数。通俗地说就是一个图形按照一定比例放大或缩小，图形的形状不变。当 $k=1$ 时，即为合同变换；当 $k>1$ 时，就是把图形放大；当 $k<1$ 时，就是把图形缩小。

相似变换有以下一些性质：

（1）两个图形的周长的比等于相似比。

（2）两个图形的面积的比等于相似比的平方。

（3）两条直线的夹角保持不变。

生活中的许多现象都渗透着相似变换的思想，如物体和图形在光线下的投影、照片和图片的放大或缩小、零件的图纸等，因而利用相似变换可以解决生活中的一些几何问题。

近年来几何的教学已经由传统的注重图形的性质、周长、面积和体积等的计算、演绎推理能力转变为培养空间观念、几何直观，注重推理能力及观察、操作、实验并重的全面、和谐的发展。在推理能力方面，不仅仅重视演绎推理，还特别强调合情推理。也就是说，新课程的理念在几何的育人功能方面注重空间观念、几何直观、创新精神、探索能力、推理能力、几何模型等全面、和谐的发展。而图形变换作为几何领域的重要内容和思想方法之一，在几何的育人功能方面发挥着非常重要的作用。图形变换来源于生活中物体的平移、旋转和轴对称等这些运动现象，因而了解图形的变换，有利于我们认识生活中丰富多彩的生活空间和形成初步的空间观念。利用图形变换设计美丽的图案，有利于感受、发现和创造生活的美，有利于认识图形之间的关系和发展空间观念。利用图形变换让静止的几何图形通过运动变换动起来，有利于找到更加简洁的解决问题的方法。

二、几何变换思想的应用

图形变换作为图形与几何领域的重要内容之一，在图形性质的认识、面积公式的推导、面积的计算、图形的设计和欣赏、几何的推理证明等方面都有重要的应用。

小学数学中几何变换思想的应用主要有以下几个方面，见表 3-6-1。

表 3-6-1

109

第三章 与推理有关的数学思想

思想方法	知识点	应用举例
轴对称	画简单的轴对称图形	认识轴对称图形,画出一个简单图形的轴对称图形
平移变换	认识平移,把简单图形平移	判断生活中物体的运动哪些是平移现象,画出一个简单图形沿水平方向、竖直方向平移后的图形
旋转变换	感知旋转现象	判断生活中物体的运动哪些是旋转现象
	把简单图形旋转 90°	画出一个简单图形顺时针或逆时针旋转 90°后的图形
合同变换	图形的性质、面积的计算	平行四边形、三角形、梯形和圆的面积公式的推导等都渗透了几何变换思想
	图案的欣赏和设计	判断一些图案是由某些基本图形经过什么变换得到的;利用平移、旋转和轴对称等变换,设计美丽的图案
相似变换	把简单图形放大或缩小	画出长方形、正方形、三角形等简单的图形按照一定的比例放大或缩小后的图形

三、几何变换思想的教学

1.《标准 2022 版》对图形的运动的教学要求

在小学的不同阶段,对图形的运动的教学体现了不同的目标水平和教学要求,旨在逐步培养学生的几何直观和空间观念。

（1）结合实例,感受平移、旋转、轴对称现象;能在实际情境中,辨认出生活中的平移、旋转和轴对称现象。

（2）直观感知平移、旋转和轴对称的特征,能利用平移或旋转解释现实生活中的现象,形成空间观念。

（3）了解比例尺,能在方格纸上按给定比例画出简单图形经放大或缩小后的图形,形成空间观念和推理意识。

（4）能在方格纸上画出简单图形平移和旋转 90°后的图形。

（5）认识轴对称图形和对称轴,能在方格纸上补全简单的轴对称图形,形成推理意识。

（6）能从平移、旋转和轴对称的角度欣赏生活中的图案,能用平移、旋转和轴对称的方法,用给定的简单图形在方格纸上设计图案,并能说出设计的图案与简单图形的关系,感受数学的美,形成空间观念。

2. 教学中需要注意的问题

几何变换这些内容虽然难度不大,但是对概念的准确性和教学要求比较难把握,仍给一些教师的备课和教学带来一定困惑。下面谈一谈如何把握相关的概念和教学要求。

第一,对一些概念的准确把握。

平移、旋转、轴对称变换与生活中物体的平移、旋转和轴对称现象不是一个概念。数学来源于生活,但不等于生活,它是生活现象的抽象和概括。生活中的平移和旋转现象往往是物体的运动,如推拉窗、传送带、电梯、钟摆、旋转门等物体的运动,都可以称之为平移现象或旋转现象。而中小学中的几何变换是指平面图形在同一个平面的变换,也就是说原图形和变换后的图形都是平面图形,而且都在同一个平面内。几何中的平移、旋转和轴对称变换来自生活中物体的平移现象、旋转现象和轴对称现象,如果把生活中这些物体画成平面图形,并且在同一个平面上运动,那么就可以说成是几何中的平移、旋转和轴对称变换了。

一个变换是否为合同变换或相似变换,要依据概念进行判断。如平移,不必关注过程,只关注结果,即不必看运动的路线是直线还是曲线,只要满足平移的两个条件即可。高山索道、滑雪、摩天轮座舱等都可以看成平移现象,画成平面图形就是平移变换。再如旋转,如旋转门、螺旋桨、钟表指针等的运动都可以看成是旋转现象,但是要注意它的严密性:一是旋转中心必须固定,二是物体不能变形,三是旋转的角度可大可小,可以是 1 度,也可以是 300 度,这样的旋转运动画成平面图形,在同一平面内的运动才是旋转变换。另外,几何意义上的变换都是从图形的对应点及其连线的几何性质进行描述的,与图形的颜色等无关。

曹培英老师在一篇文章中说道:"一次,在观摩'平移与旋转'一课,当讨论到摩天轮的运动时,大家都认定它在旋转。始料不及的是,一个学生发言道:我坐过摩天轮,我坐在上面,始终是头朝上、脚朝下,所以我认为人坐在上面是平移,不是旋转。教师的应对方法是,小组讨论。结果可想而知:众说纷纭,莫衷一是。""这一小学生提出的问题'摩天轮在旋转,上面的座舱是在平移还是旋转',不仅难倒了小学数学教师,也难倒了中学数学教师。"①由此可见,把握数学本质是应用数学思想并保证课堂教学质量的基础和关键。

第二,注意图形变换与其他几何知识的联系。

小学几何中的很多平面图形都是轴对称图形,如长方形、正方形、等腰三角形、等边三角形、等腰梯形、圆等。一方面要在学习轴对称时加强对这些图形的对称轴和轴对称的有关性质的认识;另一方面要在学习这些图形的概念和性质时进一步体会它们的轴对称特点。

在推导平行四边形、三角形和梯形的面积公式,包括在计算组合图形的面积时,都用到了变换思想。如三角形面积公式的推导,是把任意两个完全相同的三角形拼成一个平行四边形,再利用三角形和平行四边形的关系,求出三角形的面积公式。这实际上是把任意一个三角形旋转 180 度,再沿着一条边平移,就组合成了一个平行四边形。也就是说,把任意一个三角形经过旋转和平移变换,就变换成了平行四边形。梯形面积公式的推导也是利用了这个原理。我国古代数学家刘徽利用出入相补原理求三角形和梯形的面积,实际上也用到了旋转变换。

图形的放大与缩小,需要将原图形作为标准量(单位 1),把原图中的任意一条线段乘上相似比,所得的长度就是变换后的新图形对应线段的长度。例如,把边长为 2 的正方形,按照 1∶2 缩小,相似比就是 $1∶2=\frac{1}{2}$,缩小后的正方形的边长就是 $\frac{1}{2}×2=1$。又如,把边长为 2 的正方形,按照 2∶1 放大,相似比就是 $\frac{2}{1}$,放大后的正方形的边长就是 $\frac{2}{1}×2=4$。 图形的放大与缩小,与比例尺有着密切联系。图上距离与实际距离的比是比例尺,比例尺有放大与缩小两种情况,像地图、公园和校园平面图、房屋平面图等是缩小的;而像小型的精细零部件图纸是放大的。比如北京市的地图,假设将北京市近似看成平面(实际上是曲面),那么北京市平面原图上两点之间的距离就是实际距离,北京市地图上相对应的两点之间的距离就是图上距离,若比例尺是 1∶1000000,则从原图到地图的变换就是相似变换,这时的比例尺就是相似比,相似比为

---

① 曹培英. 学科知识是提升教学水平不可或缺的基础[J]. 小学教学(数学版),2013(10):9-13.

$1 : 1\,000\,000 = \dfrac{1}{1\,000\,000}$。另外，把小型的零部件放大的图纸，与把正方形放大的原理是相同的。

第三，对教学要求和解题方法的准确把握。

对于平移、旋转和轴对称这些概念，学生无法达到理解的水平，只能直观感知这些运动的特征。

首先像直观判断题，例如，一个平面内有若干图形，要判断哪些图形经过平移可以互相重合，对于小学生而言很难用任何一对对应点的连线平行且相等来判断，只能通过直观感受判断，也就是说直观感受原图形在没有任何转动的情况下，通过水平、竖直或者沿斜线滑动能够与另一个图形重合，就是平移。同一平面内的任何两个图形，如果通过平移后能够重合，那么最多只需要通过两次水平或者竖直方向的平移就能够重合，借助方格纸可以帮助我们理解其中的道理。如在方格纸上要使原图形中的点 $A(2,3)$ 经过平移后的对应点为 $A'(8,10)$，可以将原图形先向右平移 6 格，再向上平移 7 格，或者先向上平移 7 格，再向右平移 6 格，得到平移后的图形。

其次像作图题，例如，画出一个图形沿着一个方向平移几格后的图形，应让学生明确：一个图形沿着一个方向平移几格，那么这个图形上的任何一个点和线段都沿着相同的方向平移几格。可重点掌握以下几个步骤：找出图形的几个关键点；明确平移的方向和距离；画出平移后关键点的对应点；按照原图形的顺序连接各个点。再如，画出一个图形旋转 90 度后的图形，应让学生明确：一个图形绕一个点沿一个方向旋转多少度，除了图形上的旋转中心外，这个图形上的其他任何一个点和线段都围绕该点沿着相同的方向旋转相同的度数。可重点掌握以下几个步骤：确定旋转中心、旋转方向；找出图形的几个关键点；画出旋转后关键点的对应点；按照原图形的顺序连接各个点。其中的难点是，图形的关键点与旋转中心的连线是斜线的时候如何旋转 90 度，此时可以先画能够确定旋转 90 度的线段，再根据原图形形状的特点来确定其他的关键点。

另外，在学习利用平行线画平行四边形之前，还可以利用平移在方格纸上画平行四边形，具体操作为：在方格纸上先任意画出顶点在方格交叉点上的平行四边形的相邻两条边，再根据平移的原理画出相对的两条边。

案例 1 如图 3-6-6 所示，在直角三角形纸片中，∠C 是直角，D 是 AC 的中点，E 是 AB 的中点，把三角形沿 DE 剪开，然后把两部分拼成不重叠的图形，那么下列选项中不可能拼成的图形是（　　）。

A．平行四边形　　　　B．直角梯形
C．长方形　　　　　　D．等腰梯形

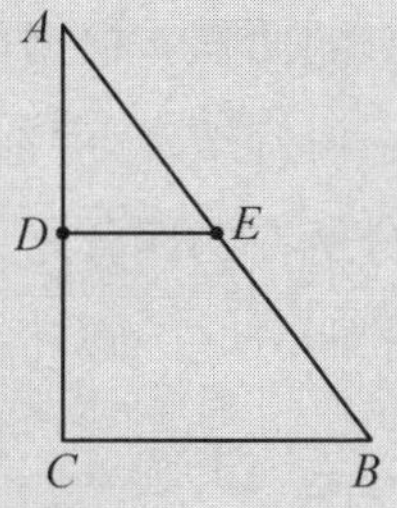

图 3-6-6

分析　根据已知条件，剪开后的两个图形分别是直角三角形 AED 和直角梯形 DEBC，并且 AD＝CD，AE＝BE，拼接的时候必须让相等的边重合拼在一起。有以下几种情况：以 D 点为中心，把三角形 AED 按逆时针方向旋转 180°，得到平行四边形；以 AC 为对称轴，把三角形 AED 进行轴对称变换，再把变换后的图形向下平移，得到等腰梯形；以 E 点为中心，把三角形 AED 按顺时针方向旋转 180°，得到长方形。综合以上分析，不可能拼成直角梯形。

案例 2　如图 3-6-7 所示，小明家的院子里有一块长 30 米、宽 20 米的长方形菜地，地里有两条相互垂直而且宽都是 1 米的小路，其余地方均为种菜区域。这块地实际种菜区域的面积是多少？

图 3-6-7

分析　此题对于小学生来说，并不是难题，可以有多种解法。这里考虑应用平移原理，把小路向底边和右边平移，这时实际种菜区域的面积就转化为求长 29 米、宽 19 米的长方形的面积，用长乘宽就可求出结果。

案例 3　如图 3-6-8 所示，三个同心圆中的最大的圆的两条直径相互垂直，最大的圆的半径是 2 厘米，求阴影部分的面积。

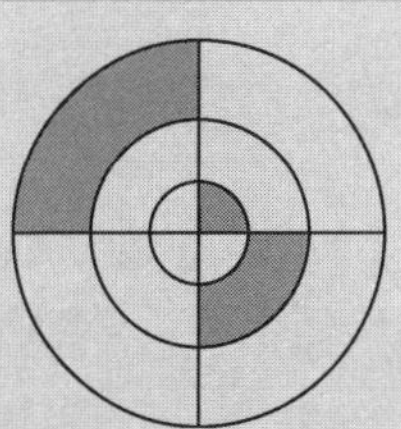

图 3-6-8

分析　此题从表面上看，阴影部分比较分散，没有足够的数据计算每部分阴影的面积。根据两条直径相互垂直可以得出每个圆都被平均分成了 4 份，每一份旋转 90 度都可以与相邻的部分重合。因此，可以把位于最外圈的阴影部分所在的四分之一圆环绕圆心顺时针旋转 90 度，把位于中间的阴影部分所在的四分之一圆环绕圆心逆时针旋转 90 度，使阴影经过旋转集中在右上角的四分之一大圆里。所以，阴影部分的面积为 $\frac{1}{4} \times \pi \times 2^2 = \pi(\text{cm}^2)$。

以上解题思路告诉我们，在计算一个图形尤其是组合图形的面积时，利用变换原理可以由原有的图形转化为易于计算面积的新的图形，从而简化计算的步骤。

案例 4　如图 3-6-9 所示，将正方形纸片 $ABCD$ 折叠，使边 AB、CB 均与对角线 BD 重合，得到折痕 BE、BF，则 $\angle EBF$ 的大小为＿＿＿＿。

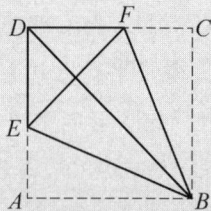

图 3-6-9

分析　根据轴对称变换的性质，轴对称图形的形状、大小完全相同，正方形的对角线把正方形分成两个一样的等腰直角三角形，底角是 $45°$，即 $\angle ABD = \angle CBD = 45°$。将纸片 $ABCD$ 沿着折痕 BE、BF 折叠，就是把每个 $45°$ 角又平均分成两份，所以 $\angle EBF = \angle EBD + \angle FBD = 45°$。

案例 5　如图 3-6-10 所示，把直角三角形 OAB 绕点 O 顺时针旋转 $90°$，变换成直角三角形 $OA'B'$。已知 $\angle AOB = 35°$，那么 $\angle BOA'$ 等于多少度？

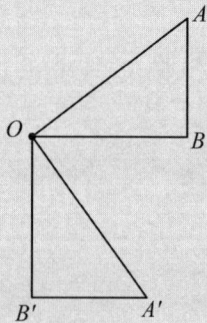

图 3-6-10

分析　根据图形旋转的性质,一个图形旋转多少度,即旋转角就是多少度,那么图形上任意一点及其对应点与旋转中心连线所成的角即为多少度,于是 $\angle AOA' = \angle BOB' = 90°$。

由已知 $\angle AOB = 35°$,所以 $\angle BOA' = \angle AOA' - \angle AOB = 90° - 35° = 55°$。

案例6　如图 $3-6-11$ 所示,在长方形 $ABCD$ 中,点 E 和 F 分别在线段 BC 和 AD 上,其中点 F 固定不动,连接 CF,而点 E 在 BC 上运动,连接 AE。当 E 运动到什么位置时,四边形 $AECF$ 是平行四边形?

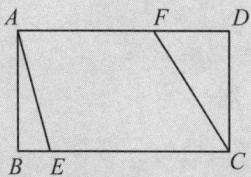

图 $3-6-11$

分析　长方形的对边平行,即 $AF \parallel EC$,当 E 运动到 $EC = AF$ 或者 $BE = DF$ 时,$AECF$ 即是平行四边形。

案例7　如图 $3-6-12$ 所示,在正方形 $ABCD$ 中,点 O 是对角线 BD 的中点,点 P 从点 B 开始在线段 BD 上向点 D 运动,且点 P 不与点 D 重合。是否存在点 P,使 $\triangle PAB$ 是等腰三角形? 如果存在,请确定点 P 的位置。

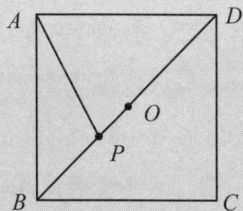

图 $3-6-12$

分析　观察图形,$\angle ABD = 45°$,$\angle OAB = 45°$,显然点 P 在没有到达点 O 之前,$\angle PAB$ 在 $\angle OAB$ 的内部,所以 $\angle PAB < 45°$,此时的 $\triangle PAB$ 不是等腰三角形。

当 P 与 O 重合时,$\angle PAB = 45°$,此时的 $\triangle PAB$ 是等腰直角三角形,点 P 的位置即为正方形对角线的交点。

当点 P 离开点 O 继续向点 D 运动时,$\angle PAB > 45°$,且逐步变大,而 $\angle APB < 90°$,且逐步变小,所以当 $\angle PAB = \angle APB$,即 $BA = BP$ 时,$\triangle PAB$

是等腰三角形，其中 BA 和 BP 为腰，$\angle PAB = \angle APB = \frac{1}{2}(180° - 45°) =$ $67.5°$，点 P 的位置可通过尺规作图获得：在 BD 上截取与 BA 等长的线段 BP，线段端点即为点 P。

案例8　如图 3-6-13 所示，爸爸和小丽站在路灯下面两侧，两个人与路灯在地面的一条直线上，爸爸的身高与影长都是 1.8 米，小丽的身高与影长都是 1.5 米，爸爸与小丽之间的距离为 6.7 米。问：路灯高多少米？

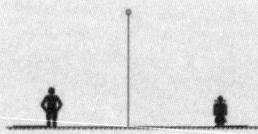
图 3-6-13

分析　灯光沿着直线传播，照射人形成影子，把灯头、人头及人头的影子各看成一个点，由该三点共线，可连成一直线，于是两个人可连成两条直线，再把两个人各看成一条线段，两个人影的两头连线，形成了如图 3-6-14 所示的图形。已知人的身高与影

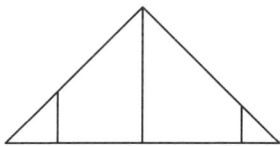
图 3-6-14

长相等，人与地面垂直，可得图形中左右两个小三角形都是等腰直角三角形。因为人与灯杆都垂直于地面，所以它们互相平行，进一步可以推出图形中的每个三角形都是等腰直角三角形，其中最大的等腰直角三角形的底边长为 $1.8 + 6.7 + 1.5 = 10$（米），其长一半的线段与灯杆也组成等腰直角三角形的两条腰，由 $10 ÷ 2 = 5$（米），可得路灯高 5 米。

第七节　极限思想

一、对极限思想的认识

我们知道，传统的小学数学四则运算是有限个数的计算，经过有限的运算次数可以得到一个确定的结果。小学数学中直边几何图形的面积计算，一般都可以转化成长方形，如平行四边形可以通过一次分割平移转化成长方形来推导其面积公式。

但是,当我们遇到不同于上述情况的更复杂的数学问题时,应如何解决呢? 如计算 $\frac{1}{2}+\frac{1}{4}+\frac{1}{8}+\cdots$ 的结果,这是无限个数相加,答案是唯一确定的吗? 如何计算呢? 又如,圆、椭圆等这些不是直线围成的图形,不能直接转化成长方形,如何精确计算它们的周长和面积呢? 这些问题不能用传统的初等数学来解决,因而带来了有限与无限、圆与方、曲与直的矛盾,用传统的初等数学的逻辑推理和运算方法是无法解决以上矛盾的。

我们已经知道,圆也是可以通过分割转化成长方形的,但是这种转化方法与其他直边图形转化成长方形的方法不同:一般的直边图形是通过有限的几次分割变换成长方形,而圆是通过无限次的分割、拼接、逼近才转化成长方形的,这样操作的依据便是极限思想。因此,极限思想在小学数学教材及教学中不但有,无法回避,而且已经真正地应用了。

如圆的面积计算。我国古代数学家刘徽为了计算圆的面积和圆周率,曾经创立了“割圆术”,具体做法是:先作圆的内接正六边形,再作内接正十二边形……随着边数的不断增加,正多边形越来越接近于圆,那么它的面积和周长也越来越接近于圆的面积和周长。刘徽在描述这种做法时说“割之弥细,所失弥少,割之又割,以至不可割,则与圆周合体而无所失矣”。也就是说,随着正多边形的边数无限增加,圆就转化为无限边的圆内接正多边形,即化圆为方,这种思想就是极限思想,也就是用无限逼近的方式来研究数量的变化趋势的思想。

为了便于理解极限思想,我们不讨论函数的极限,只阐述数列的极限。数列是按照正整数 $1,2,3,\cdots,n,\cdots$ 编号依次排列的一列数,可写成如下形式:

$$a_1,a_2,a_3,\cdots,a_n,\cdots,$$

其中 a_n 称为数列的通项。其实,数列的通项 a_n 可以看成是自变量为正整数 n 的特殊的函数,可写作 $a_n=f(n)$,其定义域为全体正整数。如

$$1,\frac{1}{2},\frac{1}{3},\cdots,\frac{1}{n},\cdots,$$

$$2,4,6,\cdots,2n,\cdots,$$

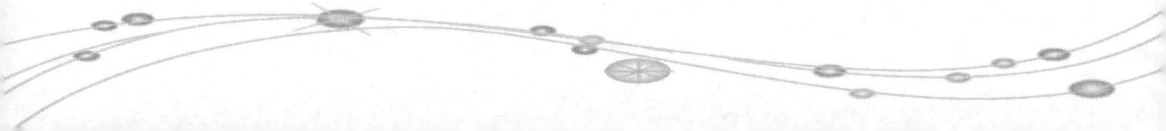

$$1, -1, 1, -1, 1, -1, \cdots$$

都是数列。当 n 无限增大时,这些数列的通项都会随之变化,有的趋向于无穷大,如第二个数列;有的无限趋近于某一常数,如第一个数列无限趋近于 0,这时我们就说该数列以 0 为极限,或者说收敛到 0。

以 0 为极限的数列有很多,再比如

$$\frac{9}{10}, \frac{9}{100}, \frac{9}{1\,000}, \cdots, \frac{9}{10^n}, \cdots,$$

其通项为 $a_n = \dfrac{9}{10^n}$,当 n 无限增大时,a_n 会越来越趋近于 0,即任意接近于 0,要多靠近 0 就有多靠近 0,见表 $3-7-1$ 所示。

表 $3-7-1$

n 的取值	a_n 的值	a_n 的值与 0 的差
1	0.9	0.9
2	0.09	0.09
3	0.009	0.009
4	0.000 9	0.000 9
5	0.000 09	0.000 09
10	0.000 000 000 9	0.000 000 000 9
$\cdots$	$\cdots$	$\cdots$

从表中数据可以看出,当 n 取 10 的时候,a_n 的值已经很小了,可以想象,当 n 取到 $30, 40, 50, \cdots$ 时,如果将 a_n 的值赋予一个具体的量,看成用米做单位的绳长,那么 a_n 已经小到在显微镜下都几乎看不见了,即 a_n 的值与 0 的差要多小就有多小。

虽然 n 越来越大,没有尽头(界限),数不完,但是 a_n 的值越来越趋近于 0,是有界限的,不会越过 0,且 a_n 的值与 0 的差要多小就有多小。具备了这些条件,我们就说当 n 趋向于无穷大时,数列 a_n 以 0 为极限,或者说收敛到 0。

在数列中,由无穷多个项相加的式子 $a_1 + a_2 + a_3 + \cdots + a_n + \cdots$ 叫做无穷

级数,其中前 n 项的和可记作 $S_n = a_1 + a_2 + a_3 + \cdots + a_n$,称为级数的部分和,这些部分和又可以构成一个新的数列,其通项为 S_n。当 n 趋向于无穷大时,如果数列 S_n 的极限存在,可设极限为 S,这时极限 S 就是无穷级数 $a_1 + a_2 + a_3 + \cdots + a_n + \cdots$ 的和,记作 $S = a_1 + a_2 + a_3 + \cdots + a_n + \cdots$。 如

$$S_1 = a_1 = \frac{9}{10},$$

$$S_2 = a_1 + a_2 = \frac{99}{100},$$

$$S_3 = a_1 + a_2 + a_3 = \frac{999}{1\,000},$$

$$\cdots$$

$$S_n = \frac{10^n - 1}{10^n} = 1 - \frac{1}{10^n},$$

$$\cdots$$

当 n 趋向于无穷大时,数列 S_n 越来越趋近于 1,即要多靠近 1 就有多靠近 1,我们就说该数列的极限是 1,这时 1 就是无穷级数 $\frac{9}{10} + \frac{9}{100} + \frac{9}{1\,000} + \cdots + \frac{9}{10^n} + \cdots$ 的和,记作 $\frac{9}{10} + \frac{9}{100} + \frac{9}{1\,000} + \cdots + \frac{9}{10^n} + \cdots = 1$。

怎么描述要多靠近 1 就有多靠近 1 的程度呢？可以用数列的通项 $1 - \frac{1}{10^n}$ 与极限 1 的距离 $\left| 1 - \frac{1}{10^n} - 1 \right| = \frac{1}{10^n}$ 来衡量。这个距离越来越小,可以任意小。

我们先取一个比较小的正数 $\frac{1}{100}$,要使 $\frac{1}{10^n} < \frac{1}{100}$,只需 $n > 2$,即存在一个 N,且 $N = 2$,当 $n > N$ 时,数列 $\frac{1}{10^n}$ 的第 3 项及以后的所有项：$\frac{1}{1\,000}$,$\frac{1}{10\,000}$,$\cdots$ 都小于 $\frac{1}{100}$。

我们接着取一个更小的正数 $\frac{1}{10\,000}$,要使 $\frac{1}{10^n} < \frac{1}{10\,000}$,只需 $n > 4$,即存在一个 N,且 $N = 4$,当 $n > N$ 时,数列 $\frac{1}{10^n}$ 的第 5 项及以后的所有项：$\frac{1}{10^5}$,$\frac{1}{10^6}$,$\cdots$

都小于 $\dfrac{1}{10\,000}$。

继续取比上述更小的任意的正数，总能找到 N，使第 $N+1$ 项及其以后的每一项都小于这个任意小的正数，见表 3-7-2 所示。

表 3-7-2

n 的取值	S_n 的值	S_n 的值与极限 1 的距离
1	0.9	0.1
2	0.99	0.01
3	0.999	0.001
4	0.999 9	0.000 1
5	0.999 99	0.000 01
10	0.999 999 999 9	0.000 000 000 1
...	...	...

从表中数据可以看出，当 n 取 10 的时候，S_n 的值已经很接近 1 了，S_n 的值与极限 1 的距离已经很接近 0 了。同样可以想象，当 n 取到 $30,40,50,\cdots$ 时，S_n 的值与极限 1 的距离接近 0 的程度。

虽然 n 越来越大，没有尽头(界限)，数不完，但是 S_n 的值越来越趋近于 1，是有界限的，不会越过 1，且 S_n 的值与极限 1 的距离要多靠近 0 就有多靠近 0，要多小就有多小。具备了这些条件，我们就说当 n 趋向于无穷大时，数列 S_n 以 1 为极限，或者说收敛到 1。

经过上述分析，可知：

对任意给定的任意小的正数 ε，为了便于计算和描述，取 $\varepsilon = \dfrac{1}{10^m}$（$m$ 可以是任意大的正整数），要使 $\left| 1 - \dfrac{1}{10^n} - 1 \right| = \dfrac{1}{10^n} < \varepsilon = \dfrac{1}{10^m}$，可取 $N=m$，当 $n >$ m 时，第 $N+1$ 项及其后面的每一项都小于 ε，那么就说 $1 - \dfrac{1}{10^n}$ 的极限为 1。

通过上面的例子，我们可以对极限进行一般性描述：

一般地，对于任意给定一个不管多么小的正数 ε，总是存在一个正整数 N，

使得 $n>N$ 时，a_n（即 a_{N+1}，a_{N+2}，a_{N+3}，…）与常数 A 的差的绝对值总小于 ε，即 $|a_n-A|<\varepsilon$ 总成立（在数轴上可以直观地理解为 a_{N+1}，a_{N+2}，a_{N+3}，… 对应的点与 A 的距离总小于 ε，见图 3-7-1），那么就说数列 a_n 的极限为 A，记作 $\lim\limits_{n\to\infty}a_n=A$，或 $a_n\to A(n\to\infty)$。

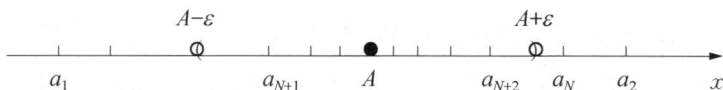

图 3-7-1

从小数的角度来看，上述无穷级数实际上是一个循环小数 0.999…，也就是说，它的小数部分的位数有无限多个。用数形结合的思想，构造线段（如图 3-7-2）表示该数如下：把一条长度是 1 的线段，先平均分成 10 份，取其中的 9 份；然后把剩下的 1 份再平均分成 10 份，取其中的 9 份……

图 3-7-2

所有取走的线段的长度之和是 0.9+0.09+0.009+…=0.999…，由图知如此无限地取下去，剩下的线段长度趋向于 0，即取走的长度趋向于 1，根据极限思想，可得 0.999…=1。

也许有的老师会认为：无限循环小数的位数是无限的，和永远达不到 1，永远小于 1。这是一种片面的观念，是用有限的观点来看待无限造成的，这个问题在数学上应该用极限的方法来解决：这是一个无穷递缩等比数列求和的问题，前 n 项的和（当 n 趋向于无穷大时）的极限为 1，所以上面数列的和是 1。这时有的老师可能又会认为：极限是 1，数列的和是 1，就是一定能取完。这种观点也只说对了一半，也就是说用极限 1 来作为数列的和是对的，但是原因说得不十分准确，如上所述，极限的概念里没有要求变化的量最后是否一定要达到 1，只需要当 n 足够大时，与 1 的距离要多小就有多小就足够了。通俗地说，在数轴上，你可以先任意取一个很小的正数 ε，针对这个 ε，只要找到一个正整数 N，使第 $N+1$ 项及其以后的每一项都会落在区间 $(1-\varepsilon,1+\varepsilon)$ 里，也许这里的每一项与 1 还有一点点距离，但是已经不重要了，已经不影响极限的数学游戏规则了，也就是不影响数列的和的结果了。

通过这个例子进一步说明：极限方法只关注一个无限的变化过程的确定趋势是什么，只要趋势确定并且符合极限的定义，这个无限变化的过程的结果就可以用极限来表示；极限方法就是一个可以计算无限个数的和或者计算一个数列的取值的方法，只要符合极限的规则和逻辑，就可以用极限来计算及表达无限变化的过程的结果；极限方法并不关心这个无限变化的过程何时能到达极限，这在本质上不同于有限个数的和。极限是一种超越有限个数的运算的一种无限的运算。

由此我们知道，无限循环小数 $0.999\cdots$ 是 1 的另一种写法或表达形式，实现了有限与无限的对立统一。在此还可以进一步推出，任何一个有限小数，都可以写成循环节是 9 的循环小数形式，只需要把有限小数的最后一位数字减 1，然后在它后面加上无数个 9 即可，如 $2.876\,3 = 2.876\,299\,9\cdots$。

至此我们应该引以为傲，大约 2000 年前的刘徽之思想多么伟大，他看到了圆与方、有限与无限的对立统一关系，是中华民族文化发展史上具有辩证的、对立统一的极限思想的学者，尽管当时的刘徽还不会极限的计算。

综上所述，极限思想在本质上体现了辩证思维，即圆与方、曲与直、静与动、有限与无限的对立统一等。把圆通过无数次的分割转化成长方形推导面积公式，以及刘徽的割圆术与上述有关计算的理论依据和思想方法是一致的。

另外，极限的概念、无穷级数的和的概念有助于教师全面理解小数的概念。我们知道，在小学数学教材中小数是以分母是 10 的若干次幂的分数的形式来描述的，这种引入方式使得教师认为小数就是十进分数，是特殊的分数及分数的一部分。但从实数理论的角度来看，这种理解是片面的。教材对小数的处理是限于学生的知识水平和认知水平，只能先认识小数的一部分，即有限小数，并不能完整地理解小数的意义。把小数看成十进分数，实际上只是有限小数，即分数中的分母不含有 2 和 5 以外的质因数。而无限小数就无法直接看成十进分数，如 $0.333\cdots = \dfrac{1}{3}$，无法直接用十进分数表示。如果想用十进分数表示无限循环小数，就必须用无限个十进分数的和的形式表示，即无穷级数的和来表示，如 $0.333\cdots = \dfrac{3}{10} + \dfrac{3}{100} + \dfrac{3}{1\,000} + \cdots$。

另外,圆周率 $\pi = 3.1415926535\cdots$ 是一个无限不循环小数,即无理数。

二、极限思想的应用

极限思想在小学数学中的应用和渗透,主要体现在以下几点。

1. 在数的计算中体会极限思想

小学数学学习的数的计算一般都是经过有限的几步计算就可以解决的问题,另外,作为知识的拓展,可适当介绍一些无限多个数相加的问题,如在数形结合思想中曾经介绍了无穷多个分数相加的问题,本文不再赘述。我国古代思想家庄子(约前369—约前286)在其《庄子·天下篇》中曾说过"一尺之棰,日取其半,万世不竭",这句话用数学语言可描述为"长度为单位1的线段,第一天取走全长的一半,以后每天取走剩下的一半,永远有剩余"。这句话表达了一条有限长度的线段的无限可分性;但是对这句话的解释只说对了一半,只看到了无限,没有看到无限中蕴含着的有限,即无限与有限的对立统一关系。在人类生活的现实世界里,这条线段确实是取不完的;但是在数学的世界里,其和必为1。另外,循环小数化分数的问题,也可以利用极限思想和数形结合思想来计算。

2. 在圆的面积、圆柱的体积的计算中感悟极限思想

如上所述,在小学数学中,求圆的面积不能像求长方形的面积那样直接利用公式计算,求圆柱的体积也不能像求长方体的体积那样直接利用公式计算,利用极限思想可以解决这些问题。如圆的面积的计算,先把圆平均分成若干等份,拼成近似的长方形,但它还不是长方形,仍然无法直接按照求长方形面积的方法来求。因为把一个圆不论进行怎样细小的有限次的分割拼补,都无法真正拼成一个长方形,所以只有借助极限思想,把圆分割得越细小,所拼成的图形就越接近于长方形,这样无限地分割下去,拼成的图形面积就越趋向于长方形的面积,最后通过取极限来得到圆的面积。也就是说,极限思想是这样操作的理论基础和计算精确性的保证,也是极限思想在小学数学中最完美的体现。

三、极限思想的教学

极限的概念是抽象的、辩证的,在教学中应注意下面的问题。

对有关极限的一些概念、教学要求和解题方法应准确把握。极限思想是用无限逼近的方式来研究数量的变化趋势的思想，这里要抓住两个关键语句：一个是变化的量是无穷多个，另一个是无限变化的量趋向于一个确定的常数，二者缺一不可。如自然数列是无限的，它趋向于无穷大，不趋向于一个确定的常数，因而自然数列没有极限。在教学中一方面要让学生体会无限，另一方面更重要的是通过具体案例让学生体会无限变化的量是否趋向于一个确定的常数。极限以及在此基础上定义的导数、定积分是解决用函数表达现实问题的有力工具。有限与无限是辩证思维的一种体现，要辩证地看待二者的关系，不要用初等数学的"有限的"眼光看"无限的"问题，而要用极限的思想看无限，极限方法是一种处理无限变化的量的变化趋势的有力工具。换句话说，当我们面对无限的问题时，就不要再用有限的观点来思考，要进入无限的状态，数学上就是这么一个规则和逻辑，我们按照这个规则和逻辑去做就可以了。

下面我们用极限的方法来研究两个问题。

案例 1 计算：$\dfrac{1}{2}+\dfrac{1}{4}+\dfrac{1}{8}+\cdots=$_____。

分析 首先让学生理解省略号表达的是无限个加数往下加，这样的加法计算不同于以往的有限个加数相加。接着用数形结合思想帮助学生直观理解和的变化趋势，越来越接近于 1。具体表征时，除了用长度是 1 的线段不断取其半，还可以用边长为 1 的正方形不断取其半。不过即使用尽各种表征方式，缺乏辩证思维的小学生可能仍然无法理解其和等于 1，但是对于小学生来说，慢慢去感悟一下极限思想是必要的，也应知道将来到高中和大学会正式学习极限。本题中，可用公式表达前 n 项的和，$S_n=\dfrac{2^n-1}{2^n}=1-\dfrac{1}{2^n}$，前 n 项的和是有限个数的和。只有当 $n\to\infty$ 时，该数列的极限为 1，作为本题的结果。

案例 2 一只乌龟与一只兔子赛跑，乌龟的起点在兔子前边 100 米，乌龟的速度为每分跑 1 米，兔子的速度为乌龟的 10 倍，求兔子追上乌龟所用的时间。

分析 此题可用方程解决,因为乌龟和兔子的速度是恒定的,可以用路程=速度×时间的数量关系式,找到等量关系;当兔子追上乌龟时,兔子所行的路程等于乌龟所行的路程加上 100 米,因此可找到一个等量关系式。

设兔子追上乌龟的时间为 x 分,列方程解答如下:

$$10x = 100 + x,$$
$$9x = 100,$$
$$x = \frac{100}{9}。$$

案例 2 是根据古希腊数学家芝诺(Zeno of Elea,约前 490—前 430)提出的一个悖论问题改编的。原题是这样的:阿基里斯是古希腊神话中善跑的英雄,他和乌龟赛跑,他的速度为乌龟的 10 倍,开始时乌龟在他前面 100 米跑,他在后面追,芝诺认为他不可能追上乌龟。

芝诺给出的理由是:在竞赛中,当阿基里斯到达乌龟的出发点,即跑了 100 米时,乌龟已经又向前爬了 10 米;于是,阿基里斯必须继续追,而当他跑了乌龟爬的这 10 米时,乌龟已经又向前爬了 1 米;阿基里斯只能再跑那个 1 米。就这样,乌龟总能领先阿基里斯一个距离,不管这个距离有多小,但只要乌龟不停地奋力向前爬,阿基里斯就只能永远在乌龟的后面跑,永远也追不上乌龟!

类似阿基里斯追乌龟之类的追及问题,可以用无穷数列求和或用方程就能算出所需要的时间,前提是我们在这里必须有一个假定,那就是假定阿基里斯最终追上了乌龟,才可以列方程求出追上的时间。

但是芝诺悖论的实质在于要求我们证明为何阿基里斯能追上乌龟。芝诺悖论表达的思想是无穷个步骤是难以完成的,即否定了问题中时间这个无穷级数的极限是存在的。

我们假定阿基里斯的速度是 10 米/分,乌龟的速度是 1 米/分。按照芝诺悖论的逻辑,这 $\frac{100}{9}$ 分可以无限细分,给我们一种好像永远也过不完的假象,但其实根本不是如此。阿基里斯赛跑的过程所用时间分别为:当阿基里斯跑完 100 米时,用时 10 分;跑完 10 米时,用时 1 分;跑完 1 米时,用时 $\frac{1}{10}$ 分……所以阿基里斯跑完全程(即追上乌龟)需要的时间总和为:$10 + 1 + \frac{1}{10} +$

$\dfrac{1}{100}+\cdots$。这是一个无穷递缩等比数列的和，极限是存在的，利用公式可以求出和为 $\dfrac{100}{9}$，与案例 2 列方程解答的结果一致。上述解答过程告诉我们，实际上芝诺悖论陷入了一个时间的死胡同，相当于认为上述数列的和等于无穷大，即把这有限的 $\dfrac{100}{9}$ 分的时间分成了无限份，而且认为这无限份的时间过不完，认为阿基里斯和乌龟永远生活在这无数份时间里，只看到了无限，没有看到有限。打个比方，假设有 1 秒时间，我们先要过一半即 $\dfrac{1}{2}$ 秒，再过一半的一半即 $\dfrac{1}{4}$ 秒，再过一半的一半的一半即 $\dfrac{1}{8}$ 秒，这样下去永远都过不完这 1 秒，因为无论时间再短也可无限细分。事实上我们真的就永远也过不完这 1 秒吗？显然不是，一眨眼的工夫 1 秒就过去了。尽管我们要过 $\dfrac{1}{2}$ 秒，$\dfrac{1}{4}$ 秒，$\dfrac{1}{8}$ 秒……好像永远无穷无尽，但时间的运动是匀速的，这些时间越来越短，看上去是无限的，其实加起来只是 1 秒而已。所以说，芝诺悖论是不存在的。

第八节　代换思想

一、对代换思想的认识

在数学式子中，有时把一个量用与它相等的另一个量去代替，进行变式，使表面复杂、怪异的式子简单化、模型化，找到解决问题的突破口，从而有利于问题的解决，这就是代换的思想，也叫换元法。

等式的传递性也是一种代换，如：$a=b$，$b=c$，那么 $a=c$。这个思想是今后进一步学习数学的基础，甚至到了大学也会使用。"曹冲称象"的故事实际上就是利用了等量代换的思想，也是转化思想的体现，目的就是变换研究对象使复杂问题简单化，非标准问题标准化。等量代换思想因其可操作性强以及非凡的化简效果受到人们的重视，有利于提高解决问题的能力和培养思维能力。

二、代换思想的应用

代换思想在中小学数学的各个方面有广泛的应用。在小学数学中,利用一元一次方程解决问题、几何计算和推理等方面都有所体现。另外,利用代入消元法解二元一次方程组,实际上就是依据等量代换思想把二元一次方程组转化为一元一次方程。小学生认识了等量代换思想,可以直接用一元一次方程解决简单的关于二元一次方程组的问题,即含有两个相关联的量的问题。

学生学习了用字母表示数,就可以用含有字母的式子表示数、数量关系及等式、方程,这些式子的计算和变换,都涉及等量代换方法的应用。

在几何图形的周长、面积、体积等计算中,也用到了用字母表示公式,代入数据求值,这也是等量代换。

三、代换思想的教学

等量代换是比较抽象的思想,对于还处在以具体形象思维为主,逐步向抽象思维过渡的中低年级学生来说,有一定的困难。要根据这个年龄段学生的思维特点来组织教学才能让学生有所收获,让学生在观察思考、操作交流中知道能用一个与它相等的量去代换另一个量,初步体会等量代换的思想方法。在解决问题的过程中,教师应引导学生自主探究适合自己的解决问题的方法,比如可以利用画图替代实物操作,也可以直接用一些符号表示。对于高年级学生来说,他们已经具备了一定的抽象思维能力,可以用字母等符号表示式子,并进行计算和推理。

案例 1 李老师购买了 5 个足球和 3 个排球,共花了 420 元,并且 2 个足球的价钱等于 3 个排球的价钱。足球和排球的单价各是多少?

分析 此题的问题中有两个量,即足球和排球的单价,这两个量的关系是 2 个足球的价钱＝3 个排球的价钱。根据等量代换思想,可用一元一次方程解决。设排球的单价是 x 元,足球的单价是 y 元,可列方程

$$5y + 3x = 420, \quad 2y = 3x,$$

用 $2y$ 代换 $3x$，得 $\qquad 5y+2y=420$，

解得 $\qquad\qquad\qquad y=60。$

$$x=2y\div3=2\times60\div3=40。$$

所以足球的单价是 60 元，排球的单价是 40 元。

案例 2　如图 3-8-1 已知三角形 ABC，D 是底边 BC 的中点，即 $BD=DC$。

(1) 在三角形 ABC、三角形 ABD 和三角形 ADC 中，BC、BD 和 DC 三条边上的高之间有什么关系？

(2) 你能说明三角形 ABD 的面积等于三角形 ADC 的面积的理由吗？

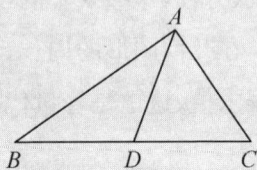

图 3-8-1

分析　(1)根据三角形高的概念，BC、BD 和 DC 三条边上的高，都是从点 A 到 3 条对边 BC、BD、DC 所作的垂线段，实际上是同一条线段，他们的高相等。(2)设第(1)题中的高为 h，则三角形 ABD 的面积$=\dfrac{1}{2}BD\cdot h$，三角形 ADC 的面积$=\dfrac{1}{2}DC\cdot h$。根据已知条件 $BD=DC$，可得三角形 ABD 的面积等于三角形 ADC 的面积。

练习三

1. 推理思想的重要意义体现在哪些方面？请举例说明。

2. 归纳推理的教学，应注意哪些问题？请举例说明。

3. 如何加强类比推理的教学？请举例说明。

4. 如何加强演绎推理的教学？请举例说明。

5. 请给学生编写一个需要通过演绎推理解决的问题。

6. 请举例谈谈转化思想的内涵和应用。

7. 如何运用数形结合思想提高学生的数学核心素养？请设计教学案例片段。

8. 如何加强几何变换思想与图形的认识及测量内容的结合？请设计教学案例片段。

9. 请用二进制的数表示十进制的 32，请用八进制的数表示十进制的 88。

10. 请证明：若一个整数的奇数位数字之和与偶数位数字之和的差（大数减小数）能被 11 整除，则这个数能被 11 整除。以五位数 $\overline{abcde}$ 为例，并说明证明过程中运用了哪些思想方法？（提示：$1001=91\times11$）

11. 一个台球桌的桌面如图所示，一个球在桌面上的点 A 滚向桌边 PQ，碰着 PQ 上的点 B 后便反弹而滚向桌边 RS，碰着 RS 上的点 C 便反弹而滚向点 D。如果 $PQ \parallel RS$，AB、BC、CD 都是直线，且 $\angle ABC$ 的平分线 BN 垂直于 PQ，$\angle BCD$ 的平分线 CM 垂直于 RS，那么，球经过两次反弹后所滚的路径 CD 是否平行于原来的路径 AB？请证明你的结论，并说明证明过程中运用了哪些思想方法？

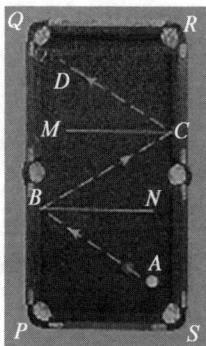

第 11 题图

12. 我们都知道勾股定理：如果 $\triangle ABC$ 为直角三角形，a、b、c 分别为三边，且 $a \leqslant b \leqslant c$，那么 $a^2+b^2=c^2$。当 $\triangle ABC$ 分别为锐角三角形和钝角三角形时，你能表达三边的关系吗？（提示：画图）

13. 请以 $\dfrac{1}{2}+\dfrac{1}{4}+\dfrac{1}{8}+\cdots=1$ 为例，阐述你对极限思想的理解。

第四章　与模型有关的数学思想

如果说抽象形成了数学概念和关系，推理形成了数学命题和结论，那么数学建模就是形成了数学模型，体现了数学的广泛应用性。当然，数学模型的构建，也需要经历抽象和推理的过程。数学概念是重要的，但是单独、孤立、碎片化地研究概念是不可行的，应研究概念之间的关系，形成模型和结构，这样才能够认识现实世界的本质，找到数量关系和规律，解决现实世界的各种问题。本章围绕数学模型的建立及相关的思想方法展开阐述。

第一节　模型思想

一、对模型思想的认识

数学模型是用数学语言概括地或近似地描述现实世界事物的特征、数量关系和空间形式的一种数学结构。即运用数学的语言和工具，对现实世界的一些信息进行适当简化，经过推理和运算，对相应的数据进行分析、预测、决策和控制，并且要经过实践的检验。如果检验的结果是正确的，便可以指导我们的实践。

当今的数字化、大数据、云计算、人工智能等，对数学思想方法产生了重大影响，如模型思想、算法思想、推理思想、统计思想等会由此得到进一步的重视和发展。随着计算机技术的迅速发展，它的应用领域不断扩大，不但能够代替人脑完成大量的数据计算和处理，还能够代替人类完成精细的体力劳动，如各个领域的机器人的应用、3D打印技术等，这些应用都需要设计程序，而这些程序都是数学模型。因此，模型思想的应用会日益广泛。

如果说符号化思想更注重数学抽象和符号表达，那么模型思想则更注重数学的应用，即通过数学结构化解决问题，尤其是现实中的各种问题；当然，把现实情境数学结构化的过程也是一个抽象的过程。

《标准2011版》在课程内容中明确提出了"初步形成模型思想"，并具体解释为"模型思想的建立是帮助学生体会和理解数学与外部世界联系的基本途径。建立和求解模型的过程包括：从现实生活或具体情境中抽象出数学问题，用数学符号建立方程、不等式、函数等表示数学问题中的数量关系和变化规律，求出结果并讨论结果的意义。这些内容的学习有助于学生初步形成模型思想，提高学习数学的兴趣和应用意识。"在教材编写建议中还提出了"教材应当根据课程内容，设计运用数学知识解决问题的活动。这样的活动应体现'问题情境—建立模型—求解验证'的过程，这个过程要有利于理解和掌握相关的知识技能，感悟数学思想、积累活动经验；要有利于提高发现和提出问题的能力、分析和解决问题的能力，增强应用意识和创新意识。"

这就可以理解为：在小学阶段，从课程标准的角度正式提出了模型思想的基本理念和作用，并明确了模型思想的重要意义。这不仅表明了数学的应用价值，同时明确了建立模型是数学应用和解决问题的核心。

《标准2022版》对有关模型思想的核心素养进行了小学与初中的水平分层，小学阶段称之为模型意识，初中阶段称之为模型观念。模型意识和模型观念的内涵分别描述为"模型意识主要是指对数学模型普适性的初步感悟。知道数学模型可以用来解决一类问题，是数学应用的基本途径。能够认识到现实生活中大量的问题都与数学有关，有意识地用数学的概念与方法予以解释。模型意识有助于开展跨学科的综合实践活动，增强对数学的应用意识，是形成模型观念的经验基础。模型观念主要是指对运用数学模型解决实际问题有清晰的认识。知道数学模型是数学与现实联系的基本途径。初步感知数学建模的基本过程，从现实生活或具体情境中抽象出数学问题，用数学符号建立方程、不等式、函数等表示数学问题中的数量关系和变化规律，求出结果并讨论结果的意义。模型观念有助于开展跨学科的综合实践活动，感悟数学应用的普遍性。"①

《标准 2022 版》进一步强调了数学的广泛应用性,包括认识到数学的价值和培养应用意识。同时强化了数学模型的普适性或者一般性,数学模型是数学应用的基本途径,也就是说,应用数学的知识与方法解决现实世界的问题的主要方式是建立数学模型,数学模型具有普适性。

二、模型思想的应用

数学的发现和发展过程,也是一个应用的过程。从这个角度而言,伴随着数学知识的产生和发展,数学模型实际上也随之产生和发展了。如自然数系统 1,2,3,…是描述离散数量的数学模型。2000 多年前的古人用公式计算土地面积,用方程解决实际问题等,实际上都是用各种数学知识建立数学模型来解决问题的。就小学数学的应用来说,大多数是古老的初等数学的简单应用,也许在数学家的眼里,这根本就不是真正的数学模型;不过,小学数学的应用虽然简单,但仍然是现实生活和进一步学习所不可或缺的。

小学数学中的模型主要有以下几个方面,见表 4-1-1。

表 4-1-1

知识领域	知识点	应用举例
数与代数	数的表示	自然数列:0,1,2,…
		用数轴表示数
	数的运算	$a+b=c$ $c-a=b, c-b=a$ $a \times b=c(a \neq 0, b \neq 0)$ $c \div a=b, c \div b=a$
	运算律	加法交换律:$a+b=b+a$
		加法结合律:$a+b+c=a+(b+c)$
		乘法交换律:$ab=ba$

---

① 中华人民共和国教育部. 义务教育数学课程标准(2022 年版)[S]. 北京:北京师范大学出版社,2022:10.

（续表）

知识领域	知识点	应用举例
		乘法结合律：$(ab)c = a(bc)$
		乘法分配律：$a(b+c) = ab + ac$
	方程	$ax + b = c$
	数量关系	时间、速度和路程：$s = vt$
		数量、单价和总价：$a = np$
		正比例关系：$\dfrac{y}{x} = k$，$y = kx$
		反比例关系：$xy = k$，$y = \dfrac{k}{x}$
		用表格表示数量间的关系
		用图象表示数量间的关系
图形与几何	用字母表示公式	长方形周长：$C = 2(a+b)$
		正方形周长：$C = 4a$
		长方形面积：$S = ab$
		正方形面积：$S = a^2$
		三角形面积：$S = \dfrac{1}{2}ab$
		平行四边形面积：$S = ah$
		梯形面积：$S = \dfrac{1}{2}(a+b)h$
		圆周长：$C = 2\pi r$ 圆面积：$S = \pi r^2$
		长方体体积：$V = abc$ 正方体体积：$V = a^3$ 圆柱体积：$V = Sh$ 圆锥体积：$V = \dfrac{1}{3}Sh$
	空间形式	用图形表示空间和平面结构
统计	统计图和统计表	用统计图表描述和分析各种信息

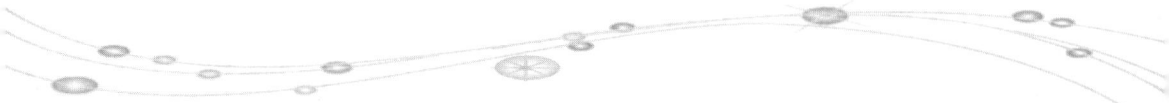

三、模型思想的教学

《标准 2022 版》把小学三个学段的数与代数领域分为"数与运算"和"数量关系"两个主题内容。三个学段的内容相互关联，由浅入深、层层递进、螺旋上升，构成相对系统的知识结构。《标准 2022 版》中指出"数量关系是指用数与符号表达和分析现实世界中数量之间的关系"，主张创设现实情境，引导学生会用字母表达现实情境中数量的关系、性质和规律，使学生感受字母表达的一般性，以及通过字母的运算或推理得到结论的一般性，形成与发展符号意识和推理意识。由此可知，这是一个比较大的变化，与大纲时代在教科书中把应用题作为一个领域有相似之处，但是又有比较大的不同。《标准 2022 版》更加强调让学生经历在具体情境中运用数量关系解决问题的过程，感悟加法模型和乘法模型的意义，提高发现和提出问题、分析和解决问题的能力，形成模型意识和应用意识。

模型思想与符号化思想都是在经过抽象后用符号和图形表达数量关系和空间形式的，这是它们的共同之处；但是模型思想更加重视如何联系真生活、创设真情境、经过分析与抽象建立模型，更加重视如何应用数学解决生活和科学研究中的各种问题，包括跨学科的综合问题。

小学生学习数学模型大概有三种情况：第一种是基本模型的学习，即学习教材中以例题为代表的新知识，这个学习过程主要是一个有意义的接受过程。第二种是利用基本模型去解决各种问题，即利用学习的基本知识解决教材中丰富多彩的习题以及各种生活中的问题，这些问题与例题的难度基本类似或者稍加变化，主要是一个以此类推、举一反三的过程。第三种是变化比较大的问题，是稍复杂的变式练习或者开放题，需要在基本模型的基础上构建变式模型，灵活地解决问题，主要是一个综合应用知识、思想方法的探究过程。当然，如果让小学生通过建立一个全新的复杂模型去解决现实中的一些问题，是会有很大困难的。

数学建模是一个比较复杂和富有挑战性的探究过程，这个过程大致有以下几个步骤：（1）理解问题的实际背景，明确要解决什么问题，属于什么模型系统；（2）把复杂的情境经过分析和简化，确定必要的数据；（3）建立模型，可以是数量关系式，也可以是图形；（4）解答问题；（5）检验模型。

对模型思想的教学,提出以下三条建议。

第一,学习的过程可以经历类似于数学家建模的再创造过程。现实生活中已有的数学模型基本上是数学家和物理学家等科学家们把数学应用于各个科学领域经过艰辛的研究创造出来的,使得我们能够享受现有的成果。如阿基米德(Archimedes,前287—前212)发现了杠杆定律:平衡的杠杆,物体到杠杆支点的距离之比,等于两个物体重力的反比,即 $F_1 : F_2 = L_2 : L_1$。根据课程标准的理念,学生的学习过程有时是一个探索的过程,也是一个再创造的过程。也就是说,有些模型是可以由学生进行再创造的,可以把科学家发明的成果再创造一次。如在学习了反比例关系以后,可以利用简单的学具进行操作实验,探索杠杆定律。再如利用若干个相同的小正方体拼摆成一个长方体,探索长方体中含有小正方体的个数与长方体的长、宽、高的关系,进而归纳出长方体的体积公式,建立模型 $V = abh$,这是一个模型化的过程,也是一个再创造的过程。

第二,对于大多数人来说,在现实生活和工作中利用数学解决各种问题,基本上都是根据对现实情境的分析,利用已有的数学知识构建模型,这样的模型是已经存在并且是科学的,并不是新发明的,由学生进行再创造也几乎是不可行的。换句话说,有些模型由于难度较大或不便于探索,不必让学生再创造。如两个变量成反比例关系,如果给出两个量的数据变化的表格,学生通过观察和计算有可能发现这两个量的关系,但是如果让学生动手实践操作去发现这一规律,还是有一定难度的。再如物体运动的路程、时间和速度的关系为 $s = vt$,利用这个基本模型可以解决各种有关匀速运动的简单的实际问题,但是由于这个模型比较抽象,操作难度较大,因而也不适合学生进行再创造,教师只需要通过现实模拟或者动画模拟,使学生能够理解模型的意义便可。

第三,创设真情境、联系真生活,应用已有的数学知识分析数量关系和空间形式,经过抽象和推理建立模型,进而解决各种问题。传统上应用题的编排结构是与四则运算、混合运算相匹配,包括有连续两问的应用题、相似应用题的比较、多个问题构成的问题串,这些都是很好的传统做法和经验,是知识结构的基础。但是,这种结构往往是线性的。如果以数学模型为核心进行问题解决的教学,构建问题链,从而形成网状结构,就可以更大限度地整合丰富多彩的问题,这也应该是很好的方法。

（一）基本数量关系

1. 加法模型

自然数加法模型是两个以上的数的和,该模型不仅仅是用"一共"描述的,还有其他语言也可以表达加法。因此不要通过背关键词去理解加法,重点是要通过多元表征,特别是实物与数字符号表征的一一对应,感悟自然数加法的来源与本质:可数的一些实物加上另一些实物,那么实物的数量就越来越多;用数表达就是一个自然数加另一个非 0 自然数,得数就越来越大;从集合的角度理解,两个交集为空集的有限集合 A 和 B,基数分别为 a 和 b,称 A 和 B 的并集 C 的基数 c 为 a 与 b 的和,求和的运算即是加法。例如,铅笔盒里有 2 支铅笔,再放进去 1 支铅笔,铅笔盒里的铅笔就比原来多,感悟加一个非 0 自然数,结果比原来大。由此理解加法及相关概念(关键词与运算的关系)。然后在丰富多样的实际问题中学会分析基本的数量关系:一个部分量＋另一个部分量＝总量。在此基础上理解减法的意义及与加法的关系,形成一个结构。"建立加法结构是儿童认知结构的第一次飞跃。加法结构乃是一个概念域,是以加法减法概念为核心的概念体系,是多种数学概念,被减数、减数、差数、部分数、总数等,围绕加减法概念形成的连接网络。"[①]

伍鸿熙认为可以用数轴表示数和加减法运算,给定 1 在数轴上的对应点以后,就能够确定任何一个数在数轴上的对应点,从 0 开始,$0+1=1$,$1+1=2$,$2+1=3$,自然数的加法是通过连续计数定义的,加几就是走几步。为此,他举例指出"例如,为求 $4+7$,我们从 4 开始,数 7 步直到到达 11,这就是所要求的和。对应的几何表示是从 4 开始,向右走 7 步,每一步的长度是 1。因此,加法在数轴上的表示如图。"[②]

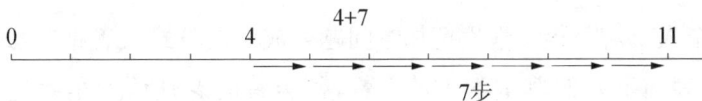

图 4-1-1

---

① 孙昌识,姚平子.儿童数学认知结构的发展与教育[M].北京:人民教育出版社,2005:51.

② 伍鸿熙.数学家讲解小学数学[M].赵洁,林开亮,译.北京:北京大学出版社,2016:20.

4 加 7 也相当于把长度为 7 的线段的左端点与长度为 4 的线段的右端点连接，拼起来，得到长度为 11 的线段。

史宁中认为应基于对应的思想定义加法，体现集合元素的一一对应，从不等关系到相等关系，这对学生理解方程是有益的。例如，小明有 3 块糖，小丽有 4 块糖，谁的糖多？答案：小丽多。因为 4 块比 3 块多，即 $4>3$ 或者 $3<4$。再给小明 1 块，小丽还比小明多吗？答案：这时一样多。$3+1=4$，突出了相等关系：左边＝右边。这与伍鸿熙的观点一致，强调"＝"表示相等关系，而不是执行计算的命令，有利于学生认识运算的守恒，如 $4+5=(2)+7$。

加减法对比学习有利于加法模型的整体建构，包括变式练习、问题串、问题链、自编问题等。学生从一年级开始理解加减法的意义是非常重要的，理解减法模型不仅仅是从总量中去掉一部分，用"还剩"表达，还有其他语言，应加强各种丰富多彩的题型和语言表达的练习，建立数学概念与语文概念的关联。更进一步，减法是加法的逆运算。一个部分数＋另一个部分数＝总数，总数－另一个部分数＝一个部分数，用符号表示为：$a+b=c$，$c-b=a$。减法还可以表示为两个集合的元素一一对应后剩下的部分，尤其是这类求两数相差多少的问题是难点，需要借助图形或者线段图帮助理解，可见图 4 - 1 - 2。低年级学生问题解决出现困难，与其说是数学学习有问题，倒不如说是语文或者语言上存在障碍，因此，低年级加强数学概念与语文阅读的协调发展，甚至优先发展相关语文素养，非常重要。

图 4 - 1 - 2

笔者个人反对一年级学生把加法问题列成减法算式或者把减法问题列成加法算式，表面上好像尊重学生的个性，甚至有的老师认为是渗透了方程思想。但是实际上这样的学生并没有真正理解运算的意义，而且这也不是真正的方程思想，等今后学习多步计算问题时会遇到很大困难。例如，盒子里有红球和黄球共 10 个，黄球有 3 个，红球有几个？正确的列式为 $10-3=7$；但是有的学生列成 $7+3=10$，有的老师认为渗透了方程思想，这是不对的。真正的方程思想是：假设红球有△个，那么 $△+3=10$，得 $△=10-3=7$。

低年级的问题解决可以这样设计。

例1　红花有 15 朵,黄花有 8 朵,红花和黄花共有 23 朵。请选择其中两个作为已知条件,分别写在各题的横线上,并解答后面的问题。

(1) _____,红花比黄花多多少朵?

(2) _____,黄花比红花少多少朵?

(3) _____,黄花有多少朵?

(4) _____,红花有多少朵?

(5) 黄花有 8 朵,_____,红花有多少朵?(再添加一个条件,用加法解答)

(6) 红花有 15 朵,_____,黄花有多少朵?(再添加一个条件,用减法解答)

---

2. 乘法模型

自然数乘法模型是从自然数加法中分离出来的,但比加法模型更抽象。如果说加法模型是运算的第一次抽象,是认知结构的第一次飞跃,那么乘法模型是运算的第二次抽象,是认知结构的第二次飞跃。

乘法的几何直观可以理解为:两个数相乘是长方形的面积,三个数相乘是长方体的体积。

孙昌识主张提前让学生体会四量关系式,引入乘法结构表。具体来说就是把比例思想提前,用除法或者分数的形式教学,小学里有两个重要的乘法模型:路程、时间、速度;总价、数量、单价。这些模型的本质是一致的,速度和单价都是由两个不同类量的比得到的。

例2　小明用 8 元钱买了 4 支同样的铅笔,小丽想买 6 支这样的铅笔,需要多少钱?

此题按照传统说法是归一问题,先求铅笔的单价,再求小丽买铅笔需要的总价,列式为

$$8 \div 4 \times 6 = 12(元)。$$

按照比例模型理解,需要用字母表示量,设 x 表示小丽花的钱数,那么小丽的钱数除以 6 就得到单价,小明的钱数 8 除以 4 也得到同样的单价,于是就建立了相等关系,即四量关系式

$$x \div 6 = 8 \div 4,$$

即 $x \div 6 = 2$,根据乘除法的关系,得 $x = 2 \times 6 = 12(元)$。

这也是我们为什么要从一年级起就强调用"="表示相等关系的原因,它经常要被用到。此种解法实际上是比例方程,但是由于还没有学习方程和等式的性质,只能用四则运算各部分的关系解答,由此我们可以改变教科书的编排结构:把用字母表示数及数量关系提前编排。事实上,比例解法与归一的解法本质上是一致的,只不过是三个量与四个量的表面形式的区别,适当加强比例思想的教学,有利于中小学的衔接。

小学生的乘法结构主要是停留在算术及方程的水平,不习惯用符号运算。孙昌识指出:

乘法结构的最高水平是要求小学生能摆脱具体事物的支持,在较高的概括水平上进行运算,而小学生远远没有达到这一水平。他们还有依靠具体事物解题的倾向,在大盒子的长、宽、高分别是小盒子长、宽、高的 2、3、2 倍时,小盒子体积是大盒子的几分之几的问题上,许多五、六年级学生都要求知道长、宽、高各是多少,有些学生通过给予长、宽、高一定的具体数值,然后计算大小盒子的体积,然后再求比值。而不能抛开具体数字,直接用求比值的方法去解。这个事实说明小学生的思维能力处在具体运算阶段(只有极少数人在数学领域内可以开始进入形式运算阶段)。因此,小学数学教学不能忽略各种形式的直观教学。①

这个事实也充分说明我们对五、六年级小学生还缺乏运用符号进行运算的教学,缺乏运用符号进行推理的思想和意识的教学,今后可以适当加强。

说完乘法,我们自然想到除法,我们一般把除法理解为乘法的逆运算。但

---

① 孙昌识,姚平子.儿童数学认知结构的发展与教育[M].北京:人民教育出版社,2005:123.

是,一些数学家有不同的观点。在自然数范围内,除法有两种情况:余数为 0 的除法与余数大于 0 的除法,伍鸿熙教授认为二者是有本质区别的,前者就是乘法的逆运算,商是一个自然数;而后者被称为带余除法,带余除法运算得到的结果不是一个数,而是两个数:商和余数。伍鸿熙指出:

在中小学数学里,25 与 6 做带余除法,所得商为 4 余数为 1,通常写作 $25 \div 6 = 4 \cdots\cdots 1$,应当把这种记法清除出所有的教科书。有很多原因,其中一条是它没有任何意义。从最基本的角度看,如果允许 $25 \div 6 = 4 \cdots\cdots 1$,那么我们也不得不写出 $21 \div 5 = 4 \cdots\cdots 1$。二者都等于 $4 \cdots\cdots 1$,所以 $25 \div 6 = 21 \div 5$。可是,"四组物体,每组 5 个,还余 1 个"与"四组物体,每组 6 个,还余 1 个",怎么能一样呢? …… 正确的表示带余除法的方式是"$25 = (4 \times 6) + 1$",这才是你真正应该带到课堂上的东西。[①]

这个观点在自然数范围内是有道理的。

当然,如果学生学习了小数及分数的除法运算,仍然可以理解除法是乘法的逆运算,等学生学习了分数除法以后,学生应该能够上升到这个高度,因为除以一个非零的数,等于乘这个数的倒数,不存在余数的问题,乘除法就统一了。

3. 路程模型

我们对生活的地球空间、星球的运动过程、事物发展的先后顺序进行度量,那就涉及了距离和时间。关于路程、时间、速度:路程是单位距离的累加,距离是对空间事物位置关系的度量结果;时间是对事物运动的过程及先后关系的度量结果;速度是路程与时间的比值,或者是物体单位时间运动的路程,也可以理解为用时间去度量空间。也就是说,速度是一个复合量,是由时间和路程(空间)两个量生成的,时间已经是一个比较抽象的概念,那么速度就是一个更加抽象的概念。已知路程与时间,求速度,是等分除,用时间去度量路程,把路程平均分成若干(时间的量数)份,每一份就是速度;已知路程与速度,求时间,是包含除,用速度去度量路程,看路程里包含多少个速度(速度的量数),度量结果就是时间。

速度这个概念很抽象,但是非常重要,为什么重要呢? 地球自从有人类文

[①] 伍鸿熙.数学家讲解小学数学[M].赵洁,林开亮,译.北京:北京大学出版社,2016:88.

明以来，人类在地球和宇宙空间上活动，交通工具的速度，决定了我们活动空间的大小。我们可以想象大约 1000 年前北宋年间的大文豪苏东坡（1037—1101）在全国各地颠沛流离，足迹踏遍了半个中国，但是由于受到交通工具速度的限制，尽管他的活动空间比较大，但是也付出了相当大的时间代价，可以说苏东坡的一生，是流浪在路途上的一生，估计至少有 5 年的时间在路上。当然，速度慢也有速度慢的益处，正因为他的性格、才学，及四处漂泊的生活状态，沿途走亲访友、赏景吟诗，才给我们后人留下了如《念奴娇·赤壁怀古》《水调歌头·明月几时有》《饮湖上初晴后雨·其二》（水光潋滟晴方好，山色空蒙雨亦奇。欲把西湖比西子，淡妆浓抹总相宜。）等千古佳作。

要理解速度，首先要理解时间的概念及其重要性。时间源于地球、太阳、月亮的不停运动。从 1 天 24 小时开始，太阳每天早晨从东方升起，晚上从西方落下，循环往复，我国伟大思想家、教育家孔子（前 551—前 479）这样形容时间的流逝：逝者如斯夫，不舍昼夜。地球自转一圈是 24 小时，把 24 小时平均分成 24 份，每一份就是 1 小时；再把 1 小时平均分成 60 份，每一份就是 1 分钟；再把 1 分钟平均分成 60 份，每一份就是 1 秒钟。时间为什么重要呢？因为就我们生活的地球而言，人类和其他生物甚至包括地球本身都是有寿命的，人类的寿命也是非常有限的，中国人的平均预期寿命目前已经超过 77 岁。郭沫若（1892—1978）曾经精辟地比喻了时间的价值：时间就是生命，时间就是速度，时间就是力量。如何让每个有限的生命过程有意义，就离不开时间，我们要用时间去度量生命，从而珍惜时间。

速度是物体单位时间运动的路程，学生 1 秒钟走多少米，1 分钟走多少米，1 小时走多少米（千米）；再扩大到自行车、电动车、轮船、汽车、高铁、飞机、火箭、卫星、月球绕地球、地球绕太阳、光线等，由小到大理解各种速度，是理解和建立模型（结构）的基础。

我们可以把速度与单价进行类比，单价是单位数量或者质量的物品的钱数，例如：1 本书 10 元，写作 10 元/本；1 千克苹果 12 元，写作 12 元/千克。还可以把速度与工作效率（工效）进行类比，例如：写作文每小时写 500 字，写作 500 字/时；铺路机每小时铺路 100 米，写作 100 米/时。无论是单价、工效，还是速度，都是单位 1 的量所对应的另一个量的大小，俗称每份数。

很多专家反对解答应用题时"记类型、套公式"，怎么理解这句话呢？我们反对的是"死记硬背",基本的公式当然需要记住,否则没有思维材料和载体,但是要在理解的基础上记忆,理解了一个模型,可以举一反三,以此类推。比如路程＝时间×速度,学生理解了这个模型的基本概念、意义、数量关系,知道这个模型有三个量,一定要做到知二求一。这样任何一个相关的问题都可以一步一步分析解决,而不必关心什么情境、什么交通工具(地上跑的、天上飞的、水里游的)。行程问题是教师和学生非常头疼的问题,如果以基本模型为核心,通过变式练习,形成问题链,势必有利于学生完整认识模型,形成模块结构。

我们用 s 表示路程,v 表示速度,t 表示时间,以乘法模型 $s=vt$ 及其逆运算的除法模型为基本模型,模型结构图如图 4-1-3 所示,其中 a 为常数。

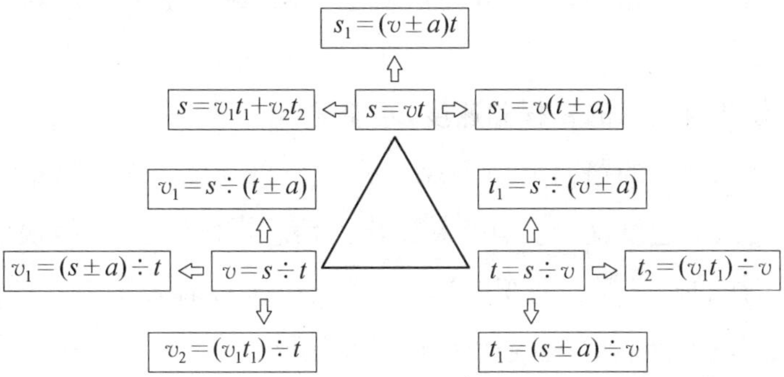

$$s_1=(v\pm a)t$$

$$s=v_1t_1+v_2t_2 \Leftarrow s=vt \Rightarrow s_1=v(t\pm a)$$

$$v_1=s\div(t\pm a) \qquad t_1=s\div(v\pm a)$$

$$v_1=(s\pm a)\div t \Leftarrow v=s\div t \qquad t=s\div v \Rightarrow t_2=(v_1t_1)\div v$$

$$v_2=(v_1t_1)\div t \qquad t_1=(s\pm a)\div v$$

图 4-1-3

图 4-1-3 中 $s=vt$ 及其基本变式 $v=s\div t$、$t=s\div v$ 构成三角形结构,然后分别向三个方向变化,各自改变一个变量或两个变量产生很多变式,这些关系式基本涵盖了小学数学有关时间、速度、路程的各种关系。在解决所有相关问题时,不必过多关注纷繁复杂的情境和交通工具,只需把思维主要集中在模型上。

案例 1　甲地到乙地原来运行的是动车,上午 8 时出发中午 12 时到达,运行路程是 700 千米。现在运行的是高铁,每小时比动车快 105 千米,上午 8 时出发,几时到达?

小学数学与数学思想方法（第二版）

分析 我们把问题解决的基本步骤、过程及方法概括如下：

（1）阅读理解题意，确定模型，找到待解决的问题，即要求的量。

（2）3 个量的模型公式，必须知道 2 个才能求出要求的量。

（3）用分析法分析数量关系，根据数学模型，从要求的量出发，寻找需要的 2 个信息（条件）。

（4）有的信息直接给出，有的信息没有直接给出；把没有直接给出的信息当作待求的量，根据第（2）和第（3）条继续寻找。

（5）按照第（4）条的思路，不断把没有直接给出的信息转化为要求的量，按照这个思路顺藤摸瓜，一定能找到需要的 2 个量。

我们按照这个思路分析，解决问题的过程如下：

（1）此题是关于路程、时间和速度的实际问题，要求的量是高铁的运行时间，模型公式为 $t = s \div v$。

（2）必须知道高铁的路程和速度，才能求出时间。

（3）高铁和动车的路程都是 700 千米，高铁的速度没有直接给出。

（4）把高铁的速度这个没有直接给出的信息当作待求的量，根据题目已知条件，可知高铁的速度等于动车的速度加上 105。接着要求动车的速度，需要知道动车的路程和运行时间，题目中已经直接给出。于是 $700 \div 4 = 175$（千米／时），$175 + 105 = 280$（千米／时）。

（5）$t = 700 \div 280 = 2.5$（时），即高铁 8 时出发，10:30 到达。

此题可以继续变式，在动车之前是内燃机火车，内燃机火车之前是蒸汽机火车，根据这些信息进行速度转化。

案例 2 甲地到乙地的铁路最早运行的是蒸汽机火车，上午 8 时出发，下午 6 时到达，运行路程是 700 千米。随着机车技术的不断进步，先从蒸汽机火车升级成内燃机火车，每小时比蒸汽机火车快 30 千米；然后又升级为动车，每小时比内燃机火车快 75 千米；现在升级为高铁，每小时比动车快 105 千米。高铁上午 8 时出发，几时到达？

此题的分析思路不变，从问题出发，去推导需要的信息，先后把高铁与动车、动车与内燃机火车、内燃机火车与蒸汽机火车的速度进行关联和转化,即可求得结果。

700÷10＝70(千米／时),70＋30＝100(千米／时),100＋75＝175(千米／时),175＋105＝280(千米／时)。

本题的难度也没有什么变化,只要掌握了分析法等推理方法即可,不像传统的应用题按照几步来区分难度。

此题可以继续变式,把高铁的运行时间2.5小时变成已知信息,把原来的某个已知信息改为待解决的问题。例如,可以求蒸汽机火车的运行时间。

案例3 甲地到乙地的铁路最早运行的是蒸汽机火车,运行路程是700千米。随着机车技术的不断进步,先从蒸汽机火车升级成内燃机火车,每小时比蒸汽机火车快30千米;然后又升级为动车,每小时比内燃机火车快75千米;现在升级为高铁,每小时比动车快105千米。已知高铁上午8时出发,上午10:30到达。当年的蒸汽机火车上午8时出发,几时到达?

分析 (1)要求蒸汽机火车的时间,需要知道它的路程和速度,路程是700千米。

(2)蒸汽机火车的速度没有直接给出,但是与内燃机火车的速度有关;内燃机火车的速度与动车的速度有关;动车的速度与高铁的速度有关。

(3)要求高铁的速度,需要知道高铁的路程和时间,于是 $v＝700÷2.5＝280$(千米／时)。

(4)280－105＝175(千米／时),175－75＝100(千米／时),100－30＝70(千米／时)。

(5)$t＝700÷70＝10$(时),即蒸汽机火车上午8时出发,下午6时达到。

案例4 妈妈和小红相距600米,她们同时出发相向而行,5分钟后相遇,妈妈每分钟行75米,小红每分钟行多少米?

这是我在浙江听课时,一位教师在开展行程问题教学过程中使用的例题。

　　学生完成例题的学习后,教师启发学生小组合作自编题目,要求是把已经解决的问题变成已知条件,把其中一个已知条件变成要解决的问题,然后展示交流。由于有了例题作为基础,学生比较顺利地完成了编题和列式,取得了很好的教学效果,学生编写的题目如下:

　　1. 妈妈和小红相距 600 米,她们同时出发相向而行,5 分钟后相遇,小红每分钟行 45 米,妈妈每分钟行多少米?

　　2. 妈妈和小红相距 600 米,她们同时出发相向而行,妈妈每分钟行 75 米,小红每分钟行 45 米,几分钟后相遇?

　　3. 妈妈和小红同时出发相向而行,妈妈每分钟行 75 米,小红每分钟行 45 米,5 分钟后相遇,妈妈和小红原来相距多少米?

　　接下来教师出示多种方程模型,对比沟通,建立大结构。

　　1. 小明和小王绕 400 米的操场跑道散步,两人同时出发背向而行,小明每分钟走 45 m,小王每分钟走 35 m,两人几分钟后相遇?

$$(45+35)x=400。$$

　　2. 两个工程队计划 20 天打通一条 560 米的隧道,两队各从一端开始相向施工,甲队每天开凿 12 米,乙队每天开凿多少米?

$$(12+x)20=560。$$

　　3. 用图呈现一张发票,铅笔每支 0.8 元,橡皮每块 0.5 元,共付了 6.5 元,已知买的铅笔和橡皮的数量相同,你能把这张发票填写完整吗?

$$(0.8+0.5)x=6.5。$$

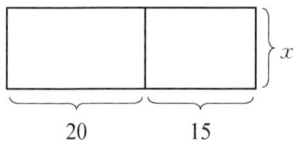

图 4-1-4

　　4. 如图 4-1-4 所示,长方形原来长 20 米,现在将长增加 15 米,宽不变,长增加后的长方形面积为 420 平方米,这个长方形的宽是多少?

$$(20+15)x=420。$$

　　最后把这些模型统一为一个大结构 $(a+b)c=ac+bc=d$,贯通乘法对加法的分配律。

案例 5 李白(701—762)的著名诗句"朝辞白帝彩云间,千里江陵一日还。两岸猿声啼不住,轻舟已过万重山"是李白在流放途中突然得知被赦免而即兴创作的一首七言绝句。白帝城位于重庆市奉节县,江陵即现在的荆州市,两地的水路大约长 340 千米,千里江陵是一种夸张的说法,形容路途遥远。假设平均船速为 20 千米/时,如果李白早晨 6:00 出发,那么"一日还"是真的吗?

分析 根据给定的信息,从早晨 6:00 到当天晚上 12:00 的时间是 18 小时,要想判断当天能否到达江陵,就是要求出船行驶的时间,这个时间如果小于或者等于 18 小时,就是真的。

因为 $340 \div 20 = 17$(时), $17 < 18$,所以"一日还"是真的。

4. 比例模型

比例是由两个比值相等的比组成的等式,表示相等关系,由 4 个数(量)组成。它的价值主要有两个:一个是比例的应用非常广泛,包括解决量之间成比例的实际问题,而且将来在中学数学中也会经常运用,比如相似三角形对应边成比例、圆的切割线定理(切线是比例中项)等;二是为正比例和反比例关系、函数的学习打下基础。比、比例与正比例关系、反比例关系是不同的概念,前者在 2 000 多年前已经广泛应用,《几何原本》和《九章算术》中都有记载,而后者属于函数概念,才产生 300 多年。

总之,比和比例的知识在中学及生活中的价值和应用,比我们想象的可能更重要。这方面国内外均有研究,国外专家很早就提出了比例推理的概念。我们知道,学习数学和解决数学问题的主要思维表达方式是运算和推理,从自然数公理的角度看,运算也是一种推理。当我们用计算解决实际问题的时候,我们对题目中的数量关系要进行分析,然后列式解答,这个分析数量关系的过程,也是一个推理的过程。因此,数学从本质上说,最重要的思维方式是逻辑推理。比如,用比例解决问题,当我们分析数量关系并列出比例式的时候,这个过程就是一个推理的过程。因此我们说,用比例这个模型解决问题的思维过程,是一种比例推理。

有研究表明,比例推理更难以理解,因为它涉及四个量的关系,与之前学习的数量关系不同(其实本质上是相同的,只是表达方式不同),如单价、数量、总价是三个量之间的关系,这种关系偏向于算术思维,而比例推理是代数思维,算术思维的过度学习可能阻碍了比例推理的学习,所以我们可适当提前比例关系式的教学。

案例6 如图 $4-1-5$,把 $\triangle AED$ 按照一定的比放大,得到 $\triangle ABC$,$AE=6$,$AB=12$,$ED=5$,求 BC 的长。

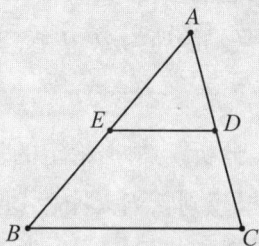

图 $4-1-5$

分析 把图形按照一定的比放大,可知原图形中每条线段都按照相同的比放大。

因为 $AB:AE=12:6=2:1$,所以 $BC:ED=2:1$,于是 $BC:5=2:1$,解得 $BC=10$。

5. 植树模型

植树模型在生活中有比较广泛的应用,如农作物栽种、路灯架设、高铁轨道电线杆架设、特高压输电线路铁塔架设等。植树模型涉及长度、间隔(间距)、棵数三个数量,长度就是一条直的路两个端点之间的距离,间隔就是相邻两棵树之间的距离,棵数就是栽树的数量。

植树问题的情况比较复杂,首先可以按照栽几排树分类:

(1) 栽 1 排树,即只在一条路的一旁栽 1 排树。

(2) 栽 2 排树,即在一条路的两旁各栽 1 排树。

(3) 栽 3 排及 3 排以上的树。

不管怎么分类,我们化繁为简,只研究栽 1 排树的情况,其他的类型都可以根据乘除法关系进行转化。

在只栽 1 排树的情况下,又可以分为 3 种类型:

(1) 一端栽一端不栽。

(2) 两端都栽。

（3）两端都不栽。

三种类型之间是有联系的，一端栽一端不栽的类型与封闭圆圈植树问题一致，我们以此为核心，构建基本模型，再根据三种类型之间的关系演变出其他模型。如果把每棵树看作一个点，一条路看作一条线段，相邻两棵树之间的线段我们称之为基本线段，一端栽一端不栽的类型或封闭圆圈植树中的棵数与基本线段的数量相等，即点与基本线段一一对应，如图 4-1-6 所示，模型公式为：长度÷间隔＝棵数。根据实际情况还可演变出其他模型。具体如下：

（1）一端栽一端不栽与封闭圆圈植树模型相同：长度÷间隔＝棵数。

（2）两端都栽：长度÷间隔＋1＝棵数。

（3）两端都不栽：长度÷间隔－1＝棵数。

图 4-1-6

案例7　在长为 10 米的某地的一边栽种一排西红柿秧苗，株距是 50 厘米，要求两端的两棵秧苗，每棵距离端点 25 厘米。这排西红柿秧苗一共有多少棵？

分析　此题与前面讨论的模型稍有不同，属于变式习题，也就是说，此处不能直接用 10 米除以 50 厘米，平均分成 20 条基本线段来解答。而应如下解答：将 10 米减去两端的 25 厘米，10 米＝1000 厘米，1000－25×2＝950（厘米）；将 950 厘米除以 50 厘米，950÷50＝19，平均分成 19 条基本线段；本题属于两端都栽种的情况，19＋1＝20（棵），即西红柿秧苗一共有 20 棵。分析解答时可参考图 4-1-7。

图 4-1-7

6. 工程模型

工程问题的基本模型是：工作总量＝工作效率×工作时间。这个模型本质上与路程、速度、时间，总价、单价、数量的模型是一致的。在实际问题中，一项工程的工作总量如果没有直接给定，往往把其假设为"1"，这个工程由甲、乙两个人或者团队进行工作，甲单独完成需要 x 天，乙单独完成需要 y 天，则甲、乙的工作效率分别是 $\frac{1}{x}$、$\frac{1}{y}$，那么甲乙合作，同时开始共同完成，需要的天数就是 $\dfrac{1}{\frac{1}{x}+\frac{1}{y}}$。将工程问题的基本模型进行拓展，还可以联想到传统的进水管和出水管的注水问题。一个无水的水池子有一根进水管和一根出水管，如果只开进水管需要 10 小时注满水，如果只开出水管需要 15 小时把满池水放完，现将进水管和出水管同时开，把一个无水的水池子放满水，需要多少小时？由于进水管的工作效率是 $\frac{1}{10}$，出水管的工作效率是 $\frac{1}{15}$，两个水管同时工作的注水工作效率是 $\left(\frac{1}{10}-\frac{1}{15}\right)$，因此放满水需要的时间是 $\dfrac{1}{\frac{1}{10}-\frac{1}{15}}$。可以进行变式练习，

将无水的水池子注水至 $\frac{3}{4}$ 需要的时间是 $\dfrac{\frac{3}{4}}{\frac{1}{10}-\frac{1}{15}}$。

实际上，这个模型在生活中有很多应用，例如收入、支出与攒钱问题，水库泄洪问题，地铁站、广场等人流管控问题，人口政策问题等。

更进一步，也可以把路程、总价看作单位"1"，通过类比解决相关问题。

案例 8 椭圆形跑道，小明走一圈需要 4 分钟，小丽走一圈需要 5 分钟。如果小明和小丽从跑道的同一地点同时出发，背向而行，走到 2 分钟时，小丽站住，小明继续走，他还需要走多长时间能与小丽相遇？

分析 把一圈路程看作单位"1"，小明与小丽的速度分别是 $\frac{1}{4}$ 和 $\frac{1}{5}$，他们已经走了 2 分钟，走过的路程是 $2\left(\frac{1}{4}+\frac{1}{5}\right)$，用余下的路程除以小明的速度可

得所求结果,即

$$\left[1 - 2\left(\frac{1}{4} + \frac{1}{5}\right)\right] \div \frac{1}{4} = \frac{2}{5}(\text{分})。$$

第二节 代数与方程思想

一、从算术到代数

小学数学的数与运算主要是具体的数的认识与四则运算,这些运算解决的都是一些具体的特殊的问题,我们称之为算术。为了使得数学的表达和应用具有简洁性、规律性和普适性,数学家用字母表示数,字母表示的数与其他具体的数一样,能够参与运算,满足运算律、运算性质和运算法则,这就是"代数"一词的由来。如前文所述,用符号表达的数、数量关系、运算规律和推理结论具有一般性,例如,乘法交换律用符号表示为 $ab = ba$,这里的两个数 a 和 b,可以从自然数逐步扩充到分数、小数、有理数、实数和复数,一网打尽。

在算术中,把一些具体的数,通过四则运算符号组合成的式子,称为算式,例如 $36 + 78$、125×88、$25 \times 4 + 32 \div 8$ 等都是算式。类比算式的定义,在代数中,我们把一些数和表示数的字母,通过四则运算符号组合成的式子,称为代数式,例如 $a + b$、πR^2、$2ab + 3cd$、$\pi R^2 - \pi r^2$ 等都是代数式;单独一个数或者字母,也是代数式,例如 x、a、6、-8 等都是代数式。代数式按照含有的运算级别分类,可以分为单项式和多项式,不含有加减法运算的代数式叫单项式,含有加减法运算的代数式叫多项式,如 x、a、πR^2 等都是单项式,$a + b$、$2ab + 3cd$、$\pi R^2 - \pi r^2$ 等都是多项式。单项式中的常数因数,称为系数;在组成多项式的若干个单项式中,只有系数不同,字母相同并且相同字母的指数也相同的单项式,叫同类项。在一个多项式中,同一个字母表示相同的数,像算术中运用分配律一样,根据运算律,可以把同类项合并,称为合并同类项。例如 $2x + 3y + 4x + 5y$,可以利用运算律进行运算,即 $2x + 3y + 4x + 5y = 2x + 4x + 3y + 5y = (2 + 4)x + (3 + 5)y = 6x + 8y$。

一个算式也好,一个代数式也好,归根结底都有一个结果,表达的仍然是一个数。一个算式的结果是一个确定的数，是一个常数；一个代数式表达的大多是一个变数，这个变数也可以用另一个字母表示；代数式中具体的数或者定数，称为常数。例如，代数式 πR^2 可以用字母 S 表示，即 $S=\pi R^2$，这是一个等式，这个等式是圆的面积公式，其中 π 是一个常数。如果令 $R=5$，则 $S=25\pi$，那么 25π 就是代数式的值。学生在一年级就知道两个数量有相等关系和不等关系，两个数量对应的是多与少的关系，用相应的数表达就是大与小的关系。每个代数式都可以表示一个数量，由代数式组成的相等关系的式子，就是等式，这些等式构成了各种各样的数量关系，包括公式、比例、方程和函数等。

我们在小学学习的一些知识，如果能用符号表达，就上升到了一般性。例如，能被 2 整除的整数是偶数，$0,2,4,\cdots$ 都是偶数；不能被 2 整除的整数是奇数，$1,3,5,\cdots$ 都是奇数。因为奇数和偶数都是无限的，通过举例是举不完的，所以可以用字母来表示。根据偶数的定义，任意一个整数的 2 倍一定是偶数，若用 n 表示任意一个整数，则 $2n$ 一定是偶数，因为 n 可以表示所有的整数，所以 $2n$ 就可以表示所有的偶数。根据奇数的定义，任意一个偶数加 1 就是奇数，那么 $2n+1$ 就可以表示所有的奇数。以此类推，能被 3 整除的数可以用 $3n$ 表示。我们还可以用字母表示任意的多位数，例如，a、b、c、d、e 都表示 0—9 之间的一个数字，那么可以组成两位数：$\overline{ba}=10b+a$，三位数：$\overline{cba}=100c+10b+a$，四位数：$\overline{dcba}=1000d+100c+10b+a$，五位数：$\overline{edcba}=10\,000e+1\,000d+100c+10b+a$，其中任意一个多位数的最高位非 0。

案例 1 已知长方形的周长为 20，长为 a，求它的面积。

分析 本题中，周长 20 是一个具体的常数，长 a 是一个确定的常数，都作为已知条件。设长方形的面积为 S，宽为 b，则 $S=ab$。根据长方形周长公式 $C=2(a+b)$，把 $C=20$ 代入，得 $20=2(a+b)$，则 $b=10-a$，所以 $S=a(10-a)$。

案例 2 如果一个四位数 $\overline{dcba}$ 的奇数位数字之和与偶数位数字之和的差是 11 的倍数，那么这个四位数就一定是 11 的倍数。请证明之。

分析　任意一个多位数,都是由若干个 $1,10,100,1\,000,\cdots$组成的,与这些计数单位比较接近的 11 的倍数有 $11,99,1\,001,9\,999,100\,001,\cdots$呈现了奇数位与偶数位代表的数与 11 的倍数的关系。

$$\overline{dcba} = 1\,000d + 100c + 10b + a$$
$$= (1\,001-1)d + (99+1)c + (11-1)b + a$$
$$= 1\,001d - d + 99c + c + 11b - b + a$$
$$= 1\,001d + 99c + 11b + c + a - d - b$$
$$= 11(91d + 11c + b) + (c+a) - (d+b)。$$

显然,$11(91d+11c+b)$ 是 11 的倍数,c 和 a 在奇数位,d 和 b 在偶数位,如果$(c+a)-(d+b)$ 是 11 的倍数,那么$\overline{dcba}$ 一定是 11 的倍数。例如,2 805,因为$(8+5)-(2+0)=13-2=11$,所以 2 805 一定是 11 的倍数,事实上 2 805 $=11\times255$。2 806,因为$(8+6)-(2+0)=14-2=12\neq11$,所以 2 806 一定不是 11 的倍数,事实上 2 806 $=11\times255+1$。

二、对方程思想的认识

方程是初等数学代数领域的主要内容,也是解决实际问题的重要工具,它可以用来描述现实世界中的各种数量关系。

传统的方程是指含有未知数的等式。判断一个式子是不是方程,只需要同时满足两个条件:一个是含有未知数,另一个是必须是等式。如经常令有些小学老师有疑问的判断题:$x=0$ 和 $x=1$ 是不是方程? 根据方程的定义,它们满足方程的条件,都是方程。方程按照未知数的个数和未知数的最高次数,可以分为一元一次方程、一元二次方程、二元一次方程、三元一次方程等,这些都是初等数学代数领域中最基本的内容。方程思想的核心是将问题中的未知量用数字以外的符号(常用 x、y 等字母)表示,根据相关数量之间的相等关系构建方程模型。方程思想体现了已知与未知的对立统一。关于方程的定义,张奠宙(1933—2018)先生认为:"方程的本质是为了求未知数,在已知数和未知数之间建立一种等式关系。既然方程的本意就是要求未知数,如果 $x=1$,未知数已经求出来了,也就没有方程的问题了。这类问题与我们学习方程知识没有关系,应当淡化。"[1]

① 张奠宙,唐彩斌.关于小学"数学本质"的对话[J].人民教育,2009(2):48-51.

史宁中认为：方程是讲两个故事，用等号连接。我进一步补充一下：方程是讲两个故事，两个故事的主人公是同一个量，每个故事都可以用已知数和未知数表达这个量，然后用等号连接起来。在比较复杂的数量关系中，等号两边的量离未知数越远越好。

按照《标准 2022 版》的要求，小学阶段不再学习方程的内容，但是保留用字母表示数和数量关系这部分内容，并学习等式的性质。表面上看，方程不安排在小学学习了，有些老师认为是一个损失；实际上，用字母表示数量关系，加上等式的性质，相当于学习了最简单的初等代数，其中包括代数式、方程和函数思想，也就是说，学习初步的代数思想，总体上称为数量关系，比只学习方程站位更高，原来用方程解决的问题，用数量关系完全可以解决。

为了保证代数式运算的实施，我们给出等式的几条性质，与运算律等结合起来，构成代数式运算的法则。

欧几里得（Euclid，约前 330—前 275）的《几何原本》中的五条公理，如果用符号表达，几乎就是等式的性质，因此，等式的性质可以作为公理，具体有以下几条：

（1）自反性：对于任意式 X，有 $X = X$；

（2）对称性：对于任意式 A 和 B，如果 $A = B$，那么 $B = A$；

（3）传递性：对于任意式 A、B 和 C，如果 $A = B$，$B = C$，那么 $A = C$；

（4）恒等性：对于任意式 A、B 和 C，如果 $A = B$，那么

$$A + C = B + C, \ A - C = B - C, \ AC = BC, \ \frac{A}{C} = \frac{B}{C} (C \neq 0)。$$

三、代数与方程思想的教学

用字母表示数量关系是重要的数学思想方法，用含有字母的等式表示数量的相等关系，不仅能体现代数的应用价值，也有助于学生形成模型思想。代数思想的教学应关注以下几点。

（1）用字母表示数量和数量关系，加强代数思维的培养。如某校六年级一班男生有 x 人，女生有 y 人，一共有 $(x + y)$ 人，这个 $x + y$ 既是加法运算的式子，又是加法运算的结果，即一个数，使学生体会从常量到变量，从具体的数到

抽象的数的运算的转变。

（2）结合天平的平衡，引出等式和等量关系；结合具体情境，通过分析数量关系来理解相等关系，并用符号表示相等关系；通过解方程解决问题，从而认识数量关系包括方程的作用。

（3）培养学生利用等式的性质解方程，有利于培养代数思维及中小学的衔接。

（4）通过列方程解决稍复杂的问题，认识到方程方法比算术方法具有优越性，培养用方程解决问题的意识。

（5）解方程（组）就是不断转化化归的过程，把复杂的方程最终化为未知数的系数为 1 的方程，实现未知数用已知数表达。

（6）从一年级开始体现代数思维。

案例 3　小明和小丽两家周末去甲地玩，小明的爸爸开车从家以 $90\,\mathrm{km/h}$ 的速度先出发，小丽的爸爸 0.5 小时后开车从同一地点以 $110\,\mathrm{km/h}$ 的速度出发，几小时能追上？

分析　小丽的爸爸出发时小明的爸爸已经开出 0.5 小时，因为他们从小明家这个同一地点出发，所以追上时两车行驶的路程相等。设 x 小时能追上，这个方程讲两个故事，分别是：小明的爸爸开车从家出发行驶了一段路程，小丽的爸爸开车从同一地点晚出发 0.5 小时行驶同样的这段路程，故事的主人公是：路程，可列出如下方程：

$$110x = 90 \times 0.5 + 90x,$$
$$20x = 45,$$
$$x = 2.25。$$

所以，2.25 小时能追上。

案例 4　有一批捐赠的图书分给一个班的学生，若每人分 3 本，则还缺 15 本；若每人分 2 本，则剩余 25 本。这个班有多少学生？

分析　根据题意,这批书的数量和学生人数都是定值,那么书的数量就是故事的主人公。题目求的是学生的数量,可设为未知数,书的数量可由学生的数量表示。

设这个班有 x 名学生,则书的数量可分别表示为 $3x-15$ 和 $2x+25$,因此列方程如下：

$$3x-15=2x+25,$$

解方程,得 $x=40$,即这个班有 40 名学生。

此题还可以变换故事的主人公——相等关系的量列出其他方程,如

用两个式子表达每人分 3 本的图书数量：$3x=2x+25+15$；

用两个式子表达每人分 2 本的图书数量：$3x-25-15=2x$；

用两个式子表达每人分 3 本减去每人分 2 本的数量：$3x-2x=25+15$；

用两个式子表达班级人数：$x=(25+15)\div(3-2)$。

最后一种方法本质上就是算术方法,未知数离故事的主人公最近,即未知数本身作为相等关系的量,这样的方程相对复杂。

案例5　有一列按一定规律排列的数：1，4，7，10，13，…,其中某三个相邻的数的和是 570,这三个数各是多少?

分析　这列数的规律是,每个数比前一个数大 3,可以用算术方法解决,也可以用方程解决,故事的主人公可以是三个相邻的数的和。设这三个数分别是 x、$x+3$、$x+6$,由三个数的和是 570,得

$$x+x+3+x+6=570,$$
$$3x+9=570,$$
$$3x=561,$$
$$x=187。$$

这三个数分别是 187、190、193。

案例 6 某市实行阶梯水价,规定每户每月用水量在标准量以内部分的水价为 3 元/吨,超过部分的水价为 5 元/吨。李阿姨家上个月用水 13 吨,交水费 49 元。该市每户每月用水的标准量是多少吨?

分析 设该市每户每月用水的标准量为 x 吨,如果 $x > 13$,那么这 13 吨的水费就都按 3 元/吨的单价收费,$3 \times 13 = 39$(元),而实际水费是 49 元,说明 13 吨里有超标的部分,即应该有 $x < 13$。综合以上分析,可列方程:

$$3x + 5(13 - x) = 49,$$
$$3x + 65 - 5x = 49。$$

此处出现了小学生不会解的方程,可利用等式的性质变形:

$$65 - 49 = 5x - 3x,$$
$$2x = 16,$$
$$x = 8。$$

所以,该市每户每月用水的标准量为 8 吨。

案例 7 如何将无限循环小数 $0.777\cdots$ 和 $0.747474\cdots$ 化成分数?你能发现什么规律?

分析 根据小数和分数的关系,有限小数化成分数比较容易进行。由于无限循环小数具有位数无限的特点,因此不能直接用有限小数化成分数的方法进行。根据循环小数的循环节不断重复出现的特点,循环节是几位数字,就把这个循环小数乘 10 的几次方;然后它的左起第一个循环节就变成了整数部分,而小数部分仍然是循环节不变的循环小数,它的位数是无限的,大小也不会改变;二者的小数部分相等,二者的差为由循环节变成的整数部分。因此,可利用差倍问题的原理,列方程解决问题。

设 $x = 0.777\cdots$,则 $10x = 7.777\cdots$,求它们的差,得 $10x - x = 7$,解方程,得 $x = \dfrac{7}{9}$,所以 $0.777\cdots = \dfrac{7}{9}$。

同理可得,$100x - x = 74$,解得 $x = \dfrac{74}{99}$,所以 $0.747\,474\cdots = \dfrac{74}{99}$。

本题中的无限循环小数均为纯循环小数,其化成分数的规律是:把循环节组成的数作为分子,循环节有几位数字,分母就是由几个 9 组成的几位数。

第三节　函数思想

一、对函数思想的认识

1. 从常量到变量

在生活和工作中,需要对各种各样的事物的可测量属性进行度量,就形成了各种不同的物理量,例如线段的长短是距离、面的大小是面积、空间的大小是体积、轻重是质量(重力)、冷热是温度、运动的快慢是速度、价值的大小是价格(单价)、声音的大小(强弱)是响度等。这些物理量往往都不是孤立的存在,每个量的大小都跟其他一些量有各种关系,这就是我们常说的数量关系。

在研究数量关系时,在一定的范围内,有些量一直保持不变,始终取同一个数值,这样的量叫常量;有些量在变化,可以取不同的数值,这样的量叫变量。例如,小明的爸爸在高速公路上开车,在一定的区间内汽车的速度保持在 $100\,\mathrm{km/h}$ 不变,于是这段区间内行驶的路程与速度、时间的关系式为 $S = 100t$。如果速度到 $100\,\mathrm{km/h}$ 开始计时 2 小时,那么在这一过程中 t 在区间 $[0, 2]$ 内,S 在区间 $[0, 200]$ 内,速度 $v = 100$ 就是常量,路程 S 和时间 t 都是变量。

2. 函数

现实世界的数量关系纷繁复杂,某一个自然现象可能涉及多个变量的变化,但是这几个变量并不是孤立着独自变化的,而是相互之间有一种依赖关系。我们先考察两个变量之间的关系,如果一个变量变化,另一个变量随之而变化,那么前者称为自变量,后者称为因变量。再进一步,如果有两个变量 x 和 y,对于 x 的每个确定的值,按照给定的对应法则,y 都有唯一确定的值与其对应,那么称 y 是 x 的函数,其中 x 是自变量,y 是因变量,y 的取值也叫函数值。这是用变量的概念来定义函数的,理论联系实际,便于初中生理解;但是这个定义是直观的,依赖于实际的背景,还没有达到函数的抽象概括水平,没有达到普适阶段。

到了高中阶段,函数的概念可以进一步抽象,脱离实际的背景,从两个集合的元素之间的对应关系的角度定义函数,达到普适性的程度。设集合 A、B 是两个非空的数集,如果按照某种确定的对应关系 f,对于集合 A 中的任意一个数 x,在集合 B 中都有唯一确定的数 y 和它对应,那么就称 y 是 x 的函数,记作 $y=f(x)$,其中 x 叫做自变量,x 的取值范围 A 叫做函数的定义域,y 叫做函数或因变量,与 x 相对应的 y 的值叫做函数值,y 的取值范围 B 叫做值域。前面的数量关系 $S=100t$ 就是一个函数,我们把它写成函数的一般形式:$y=100x$,或者 $f(x)=100x$,其中 x 在定义域 $[0, 2]$ 内任取一个确定的值,按照法则(100 乘 x 的一个具体取值),y 在值域 $[0, 200]$ 内都有唯一确定的值与之对应。例如,$x=0$,$y=0$;$x=1$,$y=100$;$x=2$,$y=200$。如果用图象来表示这个函数,它就是由点 $(0, 0)$,$(1, 100)$,$(2, 200)$ 连接成的一条线段。

以上函数的定义是从初等数学的角度出发的,自变量只有一个,与每一个自变量的值相对应的函数值也是唯一的。这样的函数研究的是两个变量或者数之间的对应关系,一个变量的取值发生了变化,另一个变量的取值也可能随之发生变化。中学里学习的正比例函数、反比例函数、一次函数、二次函数、幂函数、指数函数、对数函数和三角函数都是这类函数。事实上,现实生活中还有很多情况是一个变量会随着几个变量的变化而相应变化的,这样的函数是多元函数。虽然在中小学里不学习多元函数,但实际上它是存在的。如圆柱的体积 V 与底面半径 r 和圆柱的高 h 的关系:$V=\pi r^2 h$,当半径和高有一对取值时,体积就会相应地有一个取值,也就是说,体积随着半径和高的变化而变化。

函数思想的核心是两个集合元素之间的一种映射(对应关系)。有的实际问题的数量关系体现了变量之间的某种对应关系,因变量随着自变量的变化而变化,通过对这种变化的探究找出变量之间的对应法则,从而构建函数模型,解决实际问题;也有一些特殊的函数,无论自变量 x 在定义域内取何值,函数值都等于定值,例如三角函数里的特殊函数 $f(x)=\sin^2 x+\cos^2 x$,函数值恒等于 1。无论如何,函数思想都体现了运动变化的、普遍联系的观点。

3. 正比例函数与正比例关系

诸如 $y=100x$ 这样的函数的例子还有很多。

（1）一种数学科普图书，当购买数量不超过 100 本时，如果单价是 10 元/本，那么买书的总价 y（单位：元）与购买数量 x（单位：本）构成函数 $y=10x$。

（2）一张纸的厚度为 0.01 cm，于是若干张纸的厚度 y（单位：cm）与纸的数量 x（单位：张）之间构成函数 $y=0.01x$。

观察这些函数解析式：$y=100x$，$y=10x$，$y=0.01x$，它们有一个共同的特点，就是这些函数都是某一个常数与自变量的积的形式，我们把这样的函数抽象概括成一般形式：$y=kx$（k 为常数，$k\neq0$），这样的函数叫做正比例函数，其中的 k 叫做比例系数。这里需要注意的是，正比例函数的对应法则是乘法，k 只需不等于 0，也就是说 k 有的时候可以大于 0，有的时候也可以小于 0。

（3）已知海拔每升高 1 千米，气温下降 6 度，假设某大本营的气温为 0 度，登山队员从大本营出发向山顶攀登的过程中距离大本营的垂直高度为 x 千米，登山队员所在位置的气温是 y 度，可知正比例函数为 $y=-6x$。

登山队员距离大本营的垂直高度越大，气温反而越低。

（4）某种服装库存 50 件，现清仓处理，以每件 80 元出售，如果每件亏损 20 元，即每件利润记为 -20 元，那么该种服装的销售利润 y（单位：元）与销售数量 x（单位：件）构成正比例函数 $y=-20x$。销售数量越多，亏损额越大。

综上所述，正比例函数有这样一个性质：当 $k>0$ 时，y 随着 x 的增大而增大，这时的函数图象从左向右逐步上升；当 $k<0$ 时，y 随 x 的增大反而减小，这时的函数图象从左向右逐步下降。正比例函数的图象是一条经过原点 $(0,0)$ 的直线。

小学数学虽然学习简单的负数，但是负数不参与运算，所以我们在研究数量关系，包括正比例和反比例关系时，一般都在正数的范围内研究。而函数是在实数范围内研究的，所以小学所学习的正比例关系与正比例函数既有相同的地方，又有不同的地方。如前文所述，在正比例函数中两个变量之间的对应法则是比例系数与自变量相乘，每当自变量取一个确定的值时，根据对应法则，因变量就有唯一确定的值与之相对应，这样的一对对数值构成了一个个数对，即平面直角坐标系中的一个个点。如正比例函数 $y=100x$ 图象上的一些点 $(0.5,50)$，$(1,100)$，$(1.5,150)$，$(2,200)$，每一个点都是一个数对。

我们也可以把自变量 x 和因变量 y 称为相关联的两种量，如果两种相关联的量任意相对应的两个数值之比，即任意数对的后项与前项的比值恒定不变,亦即 $\dfrac{y}{x}=k$ (k 为常数, $k>0$),那么这两种量就叫做成正比例的量,它们的关系叫做正比例关系。例如 $50:0.5=100:1=150:1.5=200:2=\cdots$。在前面的例子中,路程与时间是相关联的两种量,它们相对应的数值之比不变,比值是 100。

正比例关系的定义与正比例函数定义的角度不同,为了便于小学生理解,正比例关系是从两个相关联的量的比值恒定,用除法来界定的。但从本质上看,与自变量相对应的因变量是通过乘法这个法则来确定的正比例函数是一致的,也就是说这个比例系数是事先给定的,给定以后才能根据自变量的取值确定因变量的取值。所以正比例关系从表面上看是除法关系,本质上仍然是乘法关系。我们也可以把正比例关系改写成乘法的形式 $y=kx$。在用除法界定时,因为除数或者说分母不能为 0,所以正比例关系的量不能取 0,其图象不包括原点 $(0,0)$。而一旦把它改写成乘法形式,就跟正比例函数的形式统一了,那么 x 就可以取 0,它的图象包括原点 $(0,0)$。另外,正比例关系要求比例系数大于 0,它是特殊的正比例函数,它的因变量随着自变量的变大而变大;而正比例函数却不一定是这样,要分 $k>0$ 和 $k<0$ 两种情况讨论。

4. 反比例函数与反比例关系

与正比例函数与正比例关系的阐述进行类比,我们简单讨论一下反比例函数与反比例关系。下面看几个生活中的例子。

(1) 甲、乙两地高速公路的路程为 $500\,\text{km}$,汽车从甲地到乙地行驶的平均速度 y(单位:km/h)与全程行驶的时间 x(单位:h)构成函数关系 $y=\dfrac{500}{x}$。

(2) 一块长方形菜地的面积是 $100\,\text{m}^2$,这个长方形的长 y 与宽 x(单位:m)构成函数关系 $y=\dfrac{100}{x}$。

(3) 小明用 10 元钱准备购买同样的数学作业本,购买的作业本数量 y(单位:本)与作业本的单价 x(单位:元/本)构成函数关系 $y=\dfrac{10}{x}$。

观察这些函数解析式:$y=\dfrac{500}{x}$,$y=\dfrac{100}{x}$,$y=\dfrac{10}{x}$,它们有一个共同的特点,就是这些函数都是某一个常数与自变量相除的形式,我们把这样的函数抽象概括成一般形式：$y = \dfrac{k}{x}$（k 为常数，$k \neq 0$），这样的函数叫做反比例函数，其中的 k 叫做比例系数，自变量 x 的取值范围是不等于 0 的全体实数。这里同样需要注意的是，反比例函数的对应法则是除法，k 只需不等于 0，也就是说 k 有的时候可以大于零，有的时候也可以小于 0。

在反比例函数中两个变量之间的对应法则是比例系数除以自变量，每当自变量取一个确定的值时，根据对应法则，因变量就有唯一确定的值与之相对应。

我们也可以把自变量 x 和因变量 y 称为相关联的两种量，如果两种相关联的量任意相对应的两个数值之积恒定不变，即 $xy = k$（k 为常数，$k > 0$），那么这两种量就叫做成反比例的量，它们的关系叫做反比例关系。例如 $xy = 100$，$50 \times 2 = 25 \times 4 = 20 \times 5 = 10 \times 10 = 100$。在前面的例子中，长方形的长与宽是相关联的两种量，它们相对应的数值之积不变，积是 100。

反比例关系的定义与反比例函数定义的角度不同，为了便于小学生理解，反比例关系是从两个相关联的量的积恒定，用乘法来界定的。但从本质上看，与自变量相对应的因变量是通过除法这个法则来确定的反比例函数是一致的，也就是说这个比例系数是事先给定的，给定以后才能根据自变量的取值确定因变量的取值。所以反比例关系从表面上看是乘法关系，本质上仍然是除法关系。我们也可以把反比例关系改写成除法的形式 $y = \dfrac{k}{x}$，这样就跟反比例函数的形式统一了。另外，反比例关系要求比例系数大于 0，它是特殊的反比例函数，它的因变量随着自变量的变大而变小；而反比例函数却不一定是这样，要分 $k > 0$ 和 $k < 0$ 两种情况讨论。

二、方程和函数的关系

1. 方程和函数的区别

从小学数学到中学数学，数与代数领域经历了从算术到方程再到函数的过程。算术研究具体的确定的常数以及它们之间的数量关系，方程研究确定的常数和未知数之间的数量关系，函数研究变量之间的数量关系。

方程和函数虽然都是表示数量关系的，但是它们有本质的区别。如二元一次方程组中的未知数往往是常量,而一次函数中的自变量和因变量一定是变量,因此二者有本质的不同。方程必须有未知数,未知数往往是常量,而且一定用等式的形式呈现,二者缺一不可,如 $2x-4=6$。而函数至少要有两个变量,两个变量依据一定的法则相对应,呈现的形式可以是解析式、图象和列表等,如集合 A 由大于等于 1、小于等于 10 的整数构成,集合 B 由小于等于 20 的正偶数构成,这两个集合的数之间的对应关系可以用 $y=2x$ 表示,也可以用图象表示,还可以用表 4-3-1 所示的形式表示。

表 4-3-1

x	1	2	3	4	5	6	7	8	9	10
y	2	4	6	8	10	12	14	16	18	20

人们运用方程思想,一般关注的是通过设未知数找出数量之间的相等关系以构建方程并求出方程的解,从而解决数学问题和实际问题。人们运用函数思想,一般更加关注变量之间的对应关系,通过构建函数模型并研究函数的一些性质来解决数学问题和实际问题。方程中的未知数往往是静态的,而函数中的变量则是动态的。方程已经有 3 000 多年的历史,而函数概念的产生不过才 300 年。

2. 方程和函数的联系

方程和函数虽然有本质的区别,但是它们同属代数领域,也有着密切的联系。如二元一次不定方程 $ax+by+c=0$ 和一次函数 $y=kx+b$,当方程的解在实数范围内,且函数的定义域和值域都是实数时,方程 $ax+by+c=0$ 经过变换可转化为 $y=-\dfrac{a}{b}x-\dfrac{c}{b}$,它们在直角坐标系里的图象都是一条直线。因此,可以说一个二元一次方程对应一个一次函数,这时这个二元一次方程就转化成了一个一次函数。又当一次函数 $y=kx+b$ 的函数值等于 0 时,一次函数转化为 $kx+b=0$,这就是一元一次方程。因此,可以说求这个一元一次方程的解,实际上就是求使一次函数 $y=kx+b$ 的函数值为 0 的自变量的值,或者说求该函数图象与 x 轴交点的横坐标的值。

一般地,就初等数学而言,如果令一个函数的函数值为 0,那么这个函数就可转化为含有一个未知数的方程；求方程的解，就是求使这个函数的函数值为 0 的自变量的值，或者说求该函数图象与 x 轴交点的横坐标的值。

方程中的未知数有时是动态的，如圆的方程：$x^2 + y^2 = 1$，虽然 x、y 在区间 $[-1, 1]$ 内可以取任意数值，x 和 y 可以理解为是变量，但它们之间不是函数关系，因为每对确定的绝对值相等的 x 的值（0 除外），如 $x_1 = +0.6$ 和 $x_2 = -0.6$，都有两个 y 的值与之对应，$y_1 = +0.8$ 和 $y_2 = -0.8$，不满足函数的自变量与因变量一对一或者多对一的法则。如果把圆的方程改为半圆的方程 $y = \sqrt{1 - x^2}$（$|x| \leqslant 1$），此时 y 就可以看成是 x 的函数。

17 世纪，随着社会的发展，传统的研究常量的算术和方程已经不能解决以探究变量之间的关系为主的经济、科技、军事等领域的重要问题，这时函数便产生了。函数为研究运动变化的数量之间的依存、对应关系和构建模型带来了方便，从而能够解决比较复杂的问题。

概括地说，方程和函数思想是中小学数学，尤其是中学数学的重要内容之一。方程和函数在研究和构建现实世界的数量关系模型方面，发挥着重要的不可替代的作用。

三、函数思想的应用

在小学数学里没有学习函数的概念，但是有函数思想的渗透，与正比例函数和反比例函数最接近的正比例关系和反比例关系是小学数学的必学内容。另外，在小学数学的一些知识中也体现了函数思想，如数与数的一一对应就体现了函数思想。方程和函数是小学数学与初中数学衔接的纽带之一。

小学数学中函数思想的应用主要有以下几个方面，见表 4-3-2 所示。

表 4-3-2

思想方法	知识点	应用举例
函数思想	加法	一个加数不变，和随着另一个加数的变化而变化，可表示为 $y = x + b$ 的形式，渗透一次函数的思想
	减法	减数不变，差随着被减数的变化而变化，可表示为 $y = x - b$ 的形式，渗透一次函数的思想

思想方法	知识点	应用举例
	乘法	一个乘数不变,积随着另一个乘数的变化而变化,可表示为 $y = kx$ 的形式,渗透一次函数的思想
	除法	除数不变,商随着被除数的变化而变化,可表示为 $y = \dfrac{x}{k}$ 的形式,渗透一次函数的思想
	积的变化规律	一个因数不变,积随着另一个因数的变化而变化,可表示为 $y = kx$,渗透正比例函数的思想
	商的变化规律	除数不变,商随着被除数的变化而变化,可表示为 $y = \dfrac{x}{k}$,渗透正比例函数的思想;被除数不变,商随着除数的变化而变化,可表示为 $y = \dfrac{k}{x}$,渗透反比例函数的思想
	正比例关系	正比例关系改写成 $y = kx$,就是正比例函数
	反比例关系	反比例关系改写成 $y = \dfrac{k}{x}$,就是反比例函数
	数列	等差数列、等比数列、一般数列的每一项与序号之间的对应关系,都可以看作是特殊的函数关系
	图形与几何	长方形、正方形、平行四边形、三角形、梯形的面积公式,长方体、正方体、圆柱、圆锥的体积公式,圆的周长和面积公式等都体现了函数的思想
	统计图表	函数的列表法与统计表有相似之处

四、函数思想的教学

即使按照《标准 2022 版》的要求,小学阶段不再学习反比例关系,只学习正比例关系。在正比例关系的三量关系式当中,根据除法是乘法的逆运算,用乘法表达的正比例关系,假设因变量变为常数,比例系数变为变量,也可以感受到这种反比例关系的思想。代数和函数思想是小学数学与初中数学衔接的纽带之一。

函数是义务教育阶段重要的数学思想方法,用函数表示数量关系和变化规律,不仅能体现函数思想的应用价值,也有助于学生形成模型思想。根据《标准 2022 版》的理念,函数思想的教学应关注以下几点。

（1）对函数内容的教学应体现螺旋上升的原则，逐渐深化。首先可通过一些具体情境和实例，让学生感受数量的变化过程中有常量和变量；然后体会在数量的变化过程中变量不是各自孤立变化的，而是存在着对应关系，进而探索其中的变化规律及基本性质。

（2）正比例和反比例等函数关系式中的字母 x、y 代表的是变化的量，即变量，而且这两个量是相关联的量，一个量变化，另一个量随之变化，"你变我也变"，这是函数思想的基础。

（3）结合简单情境，认识成正比例的量或成反比例的量，通过分析数量关系和变化规律建立比例关系式，并根据模型作出分析和决策。同时，辩证地认识到一个量确定了，另一个量也随之确定，感悟"你定我也定"的函数思想。

（4）能根据给出的有正比例关系的数据在方格纸上画图，并根据其中一个量的值计算另一个量的值。

下面再结合案例谈谈函数思想的教学。

案例 1 小明家的果园供游人采摘桃，每千克 10 元，请写出销售桃的总价（总收入）y（单位：元）与数量（销量）x（单位：千克）之间的关系式。如果某天的销量是 50 千克，那么这天的总收入是多少？ 如果上个月的总收入是 12 000 元，那么上个月的销量是多少？

分析 此题涉及的是商品的单价、数量和总价的关系，要根据数量关系"单价×数量＝总价"进行分析。根据题意，已知的量是单价，未知的量是总价和数量，题目已经告诉我们分别用 y 和 x 表示。因为桃的单价一定，所以它的总价与数量成正比例，可列关系式：$y＝10x$。如果某天的销量是 50 千克，那么这天的总收入是 500 元。如果上个月的总收入是 12 000 元，那么上个月的销量是 1 200 千克。

此案例与方程中的案例 1 相比较，都有分别用 y 和 x 表示的两个量。方程案例 1 中的 y 和 x 虽然是未知的量，但是它们实际上是具体的静止的常量，都有一个固定的值，通过解方程可以得到它们的值。此案例中的两个量 y 和 x

则是相关联的变化的量,x 的取值可以是一定范围内(果园里桃子总质量的最大值以内)的任何一个数,y 随 x 的变化而变化。只有当 y 和 x 中的一个量取一个具体的值时,另一个量才会相应地取一个具体的值,如此得到案例中的具体问题的解答。

案例 2 据调查,某地成人的身高与脚长呈正比例关系,比值 $k=6.9$。如果设身高为 y(厘米),脚长为 x(厘米)。

(1)身高与脚长的关系式为 _____。

(2)某人的身高为 181.47 厘米,该人的脚长是 _____。

(3)某人的脚长为 25 厘米,该人的身高是 _____。

分析 (1)一般的正比例关系式为 $y=kx$,此题中的 $k=6.9$,可得身高与脚长的关系式为 $y=6.9x$。

(2)$181.47 \div 6.9 = 26.3$(厘米),该人的脚长是 26.3 厘米。

(3)$6.9 \times 25 = 172.5$(厘米),该人的身高是 172.5 厘米。

案例 3 如图 4-3-1 所示,在边长为 $2r$ 的正方形内有一个最大的圆,设 x 表示圆的面积,y 表示正方形的面积,请写出 y 与 x 的关系式,并判断二者成什么关系。

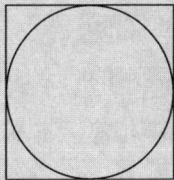

图 4-3-1

分析 根据题目给出的信息可推出圆的直径为 $2r$,则半径为 r,所以 $x=\pi r^2$,$y=(2r)^2=4r^2$。根据 $x=\pi r^2$,可得 $r^2=\dfrac{x}{\pi}$,于是 $y=4r^2=\dfrac{4}{\pi}x$。因为 $\dfrac{4}{\pi}$ 是常数,所以 y 与 x 的比值是定值,由此推出 y 与 x 成正比例关系。

案例 4 爸爸骑自行车上班,开始以正常的速度匀速行驶,行至中途时,停下来与熟人聊天几分钟,然后他加快了速度继续匀速行驶。下面是行驶路

程 s（米）与时间 t（分钟）的关系图象，其中符合行驶情况的大致图象是（　　）。

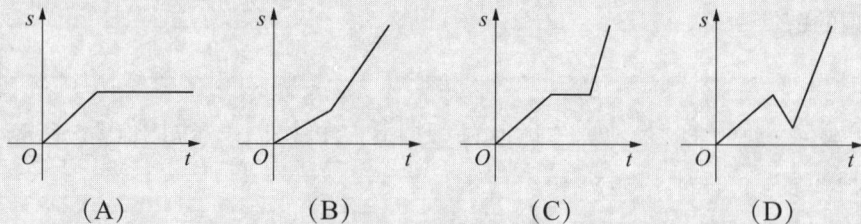

（A）　　　　　　（B）　　　　　　（C）　　　　　　（D）

分析　根据题目给出的信息，爸爸中间停留了几分钟，这几分钟内，行驶的路程 s 不变，在图象上应该是一段水平线段，由此可判断 B、D 选项不符合条件。爸爸聊了几分钟后，加快速度继续匀速行驶，根据已有的知识和经验，后半段的图象比前半段更陡，可判断 A 选项不符合条件，所以 C 是正确答案。

案例 5　一家便利店早晨刚开门营业时，来了一名顾客，他花 6 元钱买了 3 瓶同样的矿泉水。如果这种矿泉水的单价不变，请写出这家便利店销售这种矿泉水的收入 y（元）与销售数量 x（瓶）之间的关系式。如果这家便利店全天销售此种矿泉水 200 瓶，那么销售收入是多少元？

分析　此题涉及的也是商品的单价、数量和总价的关系，仍然要根据数量关系"总价＝单价×数量"进行分析，销售收入就是总价。根据题意，单价不变，要找到销售这种矿泉水的收入 y 元与销售数量 x 瓶之间的关系式，未知的变量是总价和数量，由于总价与数量成正比例关系，于是需要求出矿泉水的单价。我们设正比例关系式为 $y=kx$，这个矿泉水的单价 k 没有直接给出，要想求出矿泉水的单价，需要找到题目中跟单价有关的总价和数量，题目中告诉我们顾客买 3 瓶矿泉水花了 6 元，则有 $6=3k$，解得 $k=2$（元／瓶），所以所求的关系式为 $y=2x$。如果全天的销量是 200 瓶，那么销售收入是 $2 \times 200 = 400$（元）。

此题的难度在于比例系数没有直接给出,要判断三量关系式,先确定哪个量是常数,哪两个量是变量。根据题意得知矿泉水的单价不变,是常数 k,但是题目中又没有直接给出,需要再从三量关系式 $y=kx$ 出发去寻找。在三量关系式 $y=kx$ 中,要想求出其中的一个量,必须知道另外两个量,沿着这个思路去分析,能够感悟到初中数学求函数解析式的待定系数法的思想。

案例6　北京地铁按照一次连续乘坐的最高里程收费,收费标准为:6 千米(含)内 3 元,6 至 12 千米(含)4 元,12 至 22 千米(含)5 元,22 至 32 千米(含)6 元,32 千米以上部分每增加 1 元最多可乘坐 20 千米。地铁使用一卡通,每张卡每月支出满 100 元以后的部分,打 8 折;支出满 150 元以后的部分,打 5 折;支出满 400 以后的部分,不再打折。

(1) 小明每天乘坐地铁上下学,单程 5 千米,如果每月按照 22 天计算,那么他一个月乘坐地铁的实际交通费是多少?

(2) 小明的爸爸每天乘坐地铁上下班,单程 10 千米,某月第 20 天当他乘地铁下班从地铁站出来后,这个月他乘坐地铁已经支出的交通费是多少?

分析　设乘坐地铁的路程为 x(千米),费用为 y(元)。为了直观地理解收费标准,我们先列表格,见表 4-3-3。

表 4-3-3

路程 x/千米	$0<x\leqslant 6$	$6<x\leqslant 12$	$12<x\leqslant 22$	$22<x\leqslant 32$	$x>32$
费用 y/元	3	4	5	6	$6+1+[(x-32)\div 20]$

从表格数据可以看出,此题本质上属于分段收费,与出租车收费方式类似,是分段函数。可以把 $0<x\leqslant 6$ 看作起步价,然后 6 千米以上部分分几段,第一段是 1～6 千米加 1 元,第二、第三段都是 1～10 千米各加 1 元,第四段开始,每段都是 1～20 千米加 1 元。也可以用图象表示,见图 4-3-2。

(1) 小明每天乘坐地铁上下学,单程 5 千米花费 3 元,1 天往返花费 $3\times 2=6$(元),每月按照 22 天计算,$6\times 22=132$(元),$132-100=32$(元),$32\times 0.8=$

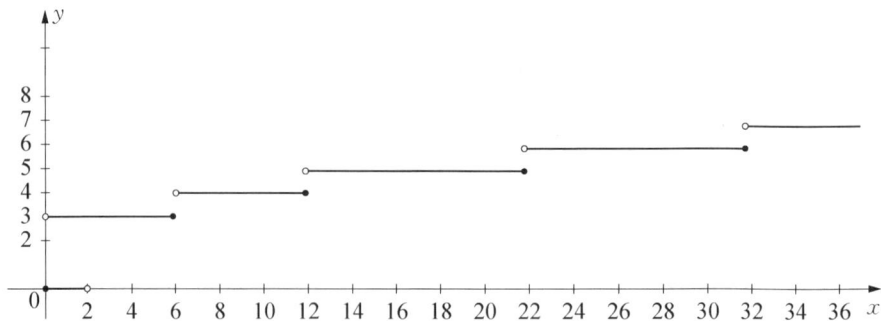

图 4 - 3 - 2

25.6(元)，他一个月乘坐地铁的实际交通费为 $100 + 25.6 = 125.6$(元)。

（2）小明的爸爸每天乘坐地铁上下班，单程 10 千米花费 4 元，1 天往返花费 $4 \times 2 = 8$(元)，$8 \times 20 = 160$(元)，$50 \times 0.8 = 40$(元)，$10 \times 0.5 = 5$(元)，这个月他乘坐地铁已经支出的交通费是 $100 + 40 + 5 = 145$(元)。

案例 7 某市出租车每天 5:00—23:00 时间段的收费标准为：3 千米(包括 3 千米)内的，起步价 13 元；3 千米以上的，15 千米以内(包括 15 千米)的部分每千米收费 2.3 元，15 千米以上的部分每千米在 2.3 元的基础上加收 50%，不足 1 千米的按照 1 千米计算。有一次，小丽和妈妈从家到动物园打车花费了 36 元，小丽家距离动物园的打车路程最远是多少千米？

分析 我们已经学习了此类问题中的顺向收费问题，即知道收费标准和行驶千米数，求花费多少。对 3 千米以上的收费，15 千米内的基本函数模型是 $y = 13 + 2.3(x - 3)$，15 千米以上的函数模型是 $y = 40.6 + 2.3 \times (1 + 50\%)(x - 15)$。

有了函数模型，已知花费多少，求行驶的里程数，是求函数自变量的运算，基本方法与用字母表示数和数量关系的计算是一致的，就是把字母表示的已知数代入计算即可。

根据基本模型可知，行驶 15 千米的花费是 40.6 元，说明花费 36 元的里程范围在 15 千米内，可得方程：

$$36 = 13 + 2.3(x - 3),$$
$$23 = 2.3(x - 3),$$
$$x = 13。$$

所以,小丽家距离动物园的打车路程最远是 13 千米。

这里需要注意的问题是:逆向求路程问题,求出的千米数是一个区间的最大值,实际里程在区间(12,13]内。

第四节　优化思想

一、对优化思想的认识

古语云"运筹帷幄之中,决胜千里之外",这是讲古代在军帐中指挥战争时作出正确的战略战术部署,便可取得战争的胜利。后来比喻在做各种事情时认真研究准备、筹划决策,以取得成功。在现代社会中,不论是生产、生活,还是科学研究,都要讲究效率,即如何运筹,以选择最优方案,使得人们在时间、空间、人力、物力、财力等方面以最少的投入,获得最大的收益,这种思想就是优化思想,这门学科就是运筹学,它是数学的一个分支学科。运筹学最早是研究军事的,后来推广应用到生活的各个领域。

当今社会的特点是:信息数字化、市场经济、人口众多、城镇化、资源稀缺。大到企业管理、人口出生、城镇规划管理、资源管理,小到家庭投资理财、出行规划、商业网点配置等,都要应用优化思想进行筹划决策,提高效率、降低成本、减少浪费、保护环境,这对人口多、资源稀缺、部分地区环境污染严重的中国社会意义更加重大。因此,如果能够让小学生认识到数学的优化思想的重大意义,将促进他们更好地理解数学,认识数学的价值。

二、优化思想的应用

田忌赛马是发生在 2 300 年前的故事,孙膑帮助田忌调整赛马的出场顺序,以局部的失利换取整体的胜利,这是优化思想最古老的经典范例。优化思想不仅在军事领域应用广泛,在管理、规划、交通、经济、金融等领域也显示了它的作用。在管理中，如何统筹规划人力、财力、设备和时间等各种资源，以最优的方式作出安排和分配，使得投入最小，收益最大。在城市服务系统中的公共交通管理方面，对公共交通的线路、数量、路口信号灯的设置、早晚高峰的车辆安排等进行研究，使整个系统达到最优状态，以缓解交通堵塞，减少人们在路上的时间和资源的浪费。

在小学数学中，优化思想的体现是初步的，主要有以下几个方面。

（1）在多样化的计算和解题方法中，比较不同方法的特点和优劣。

（2）解决类似于最省钱、省时间等方面的实际问题。

（3）合理安排时间，在较短的时间内，尽可能地做更多的事情。

（4）通过简单的例子，感悟函数的极值思想。

三、优化思想的教学

优化思想是一般化、综合化的思想方法，不仅体现了模型思想的应用价值，同时也需要综合应用抽象、推理、数形结合、转化、分类、枚举、比较等思想方法。

在教学过程中，一方面要让学生明确，在计算和解决问题的过程中，可能出现多种方法和策略，通过自主探索与合作交流，可以感受解题方法的多样性和不同方法的优劣，每个人都应该反思并学习优秀的方法，从而在学习方法和解题策略上不断提高自己。另一方面，在生活中，存在着怎样购物省钱、如何安排时间做事效率高等方面的问题，都可以利用数学的方法去解决。

此外，还可以通过优化思想进行情感、态度和价值观的教育。在做人方面，每个人都应向身边的人和优秀的人学习，不断完善自己，这也是一个不断优化的过程。

学生的思维水平是有差异的，思考问题的角度和深度也是不同的，教师要在学生分析和解决问题的过程中给予学生思考方法的指导和启发，给学生充分的自主探索、合作交流的空间和时间，引导学生在自我反思和学习借鉴的过程中顿悟，因为爱思考、学会思考是学好数学的重要前提。

> **案例1** 用一根长 36 m 的绳子围一个一面靠墙的长方形菜地，靠墙的一边不用绳子，怎样围使菜地的面积最大？

分析 根据已有的经验,长度一定的绳子围成完整的长方形,当围成正方形时面积最大。根据这个经验和思路进行类比推理和猜想,把长 36 m 的绳子围成一面靠墙的正方形,面积最大。设长方形的长(与墙平行的边)为 y m,宽为 x m,则 $y+2x=36$,当 $y=x$ 时,$y=x=12$,此时菜地面积为 $xy=y^2=x^2=144(\text{m}^2)$。我们知道,归纳和类比推理得出的结论不一定是正确的,需要证明或者验证,虽然在小学阶段还无法用一元二次函数的配方法求极值来证明,但是可以举例验证。例如,把 y 扩大或缩小,记录 y、x 及面积 xy 的数据,如表 4-4-1 所示。

表 4-4-1

y/m	10	12	14	16	18	20	22
x/m	13	12	11	10	9	8	7
xy/m²	130	144	154	160	162	160	154

从上表枚举的结果中发现,我们根据已有经验的类比猜想是不正确的,而且猜想结果 144 离表中最大面积 162 有比较大的差距,还有几种情况的结果也都比 144 大。这是为什么呢? 我们借助数形结合和几何直观来说明这个道理。

如图 4-4-1,我们用 $36\times2=72(\text{m})$ 的绳子圈一个长方形,取线段的单位长度为 3 m,当围成正方形时面积最大,所以取正方形的一半,即用墙把正方形分割成两个同样大小的长方形的面积也最大。

$$72\div4=18,\ 18\times18=324,$$
$$18\div2=9,\ 18\times9=162。$$

围成的长方形的最大面积是 162 m²。

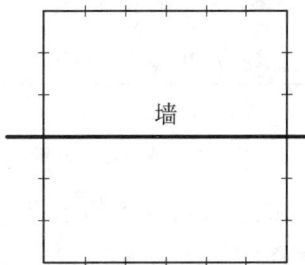

图 4-4-1

案例2 如图 4-4-2,用边长为 50 cm 的正方形纸板,从正方形的 4 个角剪去边长为 x cm 的 4 个小正方形,折成一个无盖的长方体盒子,当小正方形的边长为多少时长方体盒子的体积最大?

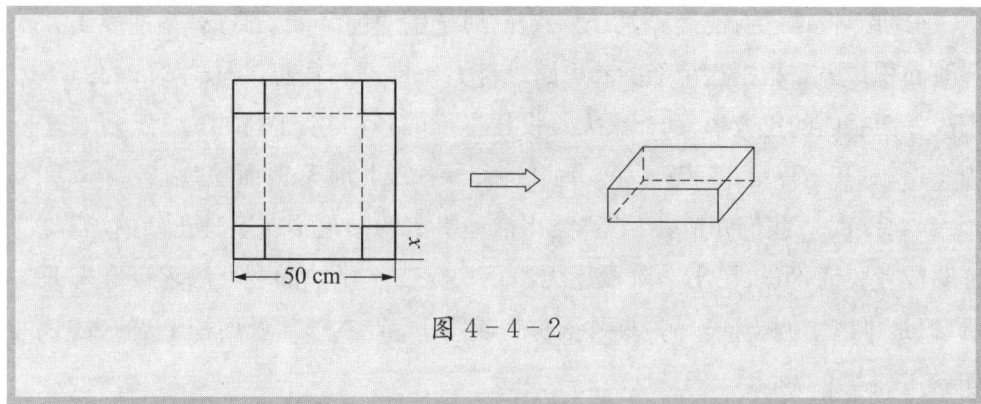

图 4 - 4 - 2

分析 正方形纸板的边长为 50 cm，小正方形的边长为 x cm，折成的长方体的底面是正方形，边长为 $50-2x$，高为 x，设长方体的体积为 V，则 $V=(50-2x)(50-2x)x$。这个公式比较复杂，小学生无法推导，我们运用枚举、比较和逐步逼近的思想方法来求解，先取 x 为整数，记录 x、底面面积及体积的数据，如表 4 - 4 - 2 所示。

表 4 - 4 - 2

x/cm	5	6	7	8	9	10	11
底面面积/cm²	1 600	1 444	1 296	1 156	1 024	900	784
体积/cm³	8 000	8 664	9 072	9 248	9 216	9 000	8 624

比较表格中的数据大小可以发现，当 $x=8$ cm 时长方体体积最大，这是在 x 取整数情况下的结果。如果 x 取小数，情况会不会有变化呢？我们在 8 的附近取一位小数，记录 x、底面面积及体积的数据，如表 4 - 4 - 3 所示。

表 4 - 4 - 3

x/cm	7.9	8	8.1	8.2	8.3	8.4	8.5
底面面积/cm²	1 169.64	1 156	1 142.44	1 128.96	1 115.56	1 102.24	1 089
体积/cm³	9 240.156	9 248	9 253.764	9 257.472	9 259.148	9 258.816	9 256.5

比较表格中的数据大小可以发现，当 $x=8.3$ cm 时长方体体积最大，这是

在 x 取一位小数情况下的结果。如果 x 取两位小数，情况会不会有变化呢？我们在8.3的附近再取两位小数，记录 x、底面面积及体积的数据，如表4-4-4所示。

表 4 - 4 - 4

x/cm	8.29	8.3	8.31	8.32	8.33	8.34	8.35
底面面积/cm²	1 116.896 4	1 115.56	1 114.224 4	1 112.889 6	1 111.555 6	1 110.222 4	1 108.89
体积/cm³	9 259.071 156	9 259.148	9 259.204 764	9 259.241 472	9 259.258 148	9 259.254 816	9 259.231 5

比较表格中的数据大小可以发现，当 $x = 8.33\,\text{cm}$ 时长方体体积最大，这是在 x 取两位小数情况下的结果。如果 x 取三位小数，会不会是当 $x = 8.333\,\text{cm}$ 时体积最大呢？以此类推，结果会不会是循环小数 $8\frac{1}{3}$ 呢？

我们把函数 $V = (50 - 2x)(50 - 2x)x = 4x^3 - 200x^2 + 2500x$ 求导数，得 $V' = 12x^2 - 400x + 2500$，令 $V' = 0$，则 $\left(x - \frac{25}{3}\right)(x - 25) = 0$，解得 $x_1 = \frac{25}{3}$，$x_2 = 25$。经检验，当 $x = 25$ 时底面积为0，体积也为0，不符合条件；当 $x = \frac{25}{3} = 8\frac{1}{3}$ 时体积最大，最大值为 $V = \left(50 - 2 \times \frac{25}{3}\right)\left(50 - 2 \times \frac{25}{3}\right)\frac{25}{3} = \frac{250\,000}{27}(\text{cm})$。

所以，当小正方形的边长为 $8\frac{1}{3}\,\text{cm}$ 时长方体盒子的体积最大。

案例 3　一个普通灯泡 5 元，平均使用寿命是 1 年，平均每天电费 0.10 元；一个节能灯泡 35 元，平均使用寿命是 2 年，平均每天电费 0.03 元。在 2 年的时间（每年按 365 天计算）中，使用哪种灯泡更节省费用？

分析　在 2 年的时间中，普通灯泡需要更换一次，使用每种灯泡的费用就是灯泡本身的价钱加上电费。

使用普通灯泡的费用：$5 \times 2 + 0.1 \times 365 \times 2 = 83$(元)。

使用节能灯泡的费用：$35 + 0.03 \times 365 \times 2 = 56.9$(元)。

由此可知,使用节能灯泡省钱。

这是理论上的数据,实际生活中还要考虑其他因素,如节能灯泡的质量要有保证,要能够使用 2 年,如果只能使用 1 年,就不省钱了。

案例 4 如图 4-4-3 所示,点 P 在以 O 为圆心、AB 为直径的半圆上运动,已知 $AB=4$ 厘米。设三角形 APO 的面积为 S,底边 AO 上的高为 h,则 S 的最大值是多少?

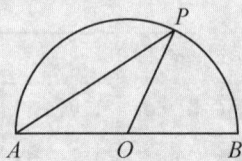

图 4-4-3

分析 三角形 APO 的底 $AO=2$ 厘米,$S=\dfrac{1}{2}\times 2h=h$,可知当 h 最大时,面积最大。观察上图可知,当 $PO \perp AB$,即 h 等于半径,亦即 $h=2$ 时,面积最大,最大面积为 $2\,\text{cm}^2$。

案例 5 如图 4-4-4 所示,把两个形状和大小相同的长方体月饼盒包装成一包,怎样包装最省包装纸?

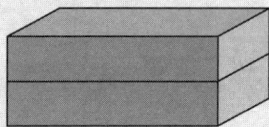

图 4-4-4

分析 此题是小学数学中比较典型的通过探索活动发现规律的题目,一般情况下教师会给学生足够的学具进行操作,拼出几种包装方法,再通过计算比较表面积的大小,以找到最佳答案。现在我们从代数思想出发,不用任何操作和具体数量的计算,进行一般性的推导。假设长方体的长、宽、高分别为 a、b、c,且 $a>b>c$(只要给出三个数的大小排列顺序即可,谁大谁小并不影响用代数方法计算的过程和结论)。

首先要明确的是,问题所求怎样包装最省包装纸,实际上就是求怎样拼才能使拼成的大长方体的表面积最小。每个长方体有 6 个面,两个长方体拼成一个大长方体后仍然有 6 个面,这 6 个面由原来两个长方体的 10 个面构成,其中有 2 个面是原来长方体的面,另 4 个面分别是原来的相同的两个面拼接而成的;也就是说,大长方体的表面积不是原来两个长方体的 12 个面的面积之和,而是它们的和减去拼在一起的两个面的面积之和。原来两个长方体的 12 个面的面积之和是恒定不变的,因而大长方体的表面积的大小,取决于减去的(拼在一起的)两个面的面积之和的大小,减去的两个面的面积之和越大,大长方体的表面积就越小。根据已知条件 $a>b>c$,则 $b>c$, $a>b$,可推出 $ab>ac$, $ac>bc$,进而得 $ab>ac>bc$,于是面积最大的面是长为 a、宽为 b 的长方形,所以把这两个侧面贴在一起包装最省包装纸,大长方体表面积的最小值为 $4(ab+bc+ac)-2ab$。

第五节 统计思想

一、对统计思想的认识

(一)统计与数据

我们在生活中每天都面对各种各样的数据,如人口总量、每年新出生人口数量、人口出生率、GDP 总量、经济增长率、物价指数、商品销售量、商品合格率、商品好评率、种子发芽率、人均水资源、居民人均收入、居民消费额、学生的平均身高、学生的平均体重等。准确理解这些数据,掌握这些数据背后隐含着的问题或者规律,通过这些数据发现问题和解决问题,帮助我们做出预测或者决策,这一过程需要具备一定的统计学知识,这门学科就是统计学。统计学的研究对象是现实世界的各种数据,核心是通过分析数据研究和解决问题。当我们面对一个统计问题时,首先要根据实际需求,通过适当的方法收集数据,用合适的统计图表整理和描述数据,用各种统计方法分析这些数据,然后做出预测或者决策,进而解决各种问题。

上述的各种数据,有些数据规模是巨大的,大到在数据的收集、描述、存储、分析等方面大大超出了传统数据工具处理能力的范围,具有巨量的数据规模、快速的数据流动和更新、多样的数据类型等特征,这样的数据称之为"大数据"。我们现在正处于一个大数据、人工智能、云计算的时代。大数据的意义不仅仅在于掌握大量的数据,更在于对这些大数据进行智能化、专业化处理所带来的信息和价值，以至于大数据处理已经成为一种产业，通过对大数据的分析进行决策，实现数据的"增值"。例如，在教育领域，通过对学生的作业和考试成绩的数据进行不断的收集和分析，可以提高评估学生学习状况的准确性，进行有针对性的个性化教学，从而提高教学质量；在电商领域，通过对网络售货平台的客户消费数据的收集和分析，了解客户的消费习惯和需求、商品的销售情况、广告的效用等，可以更好地为客户提供服务、为生产商提供反馈信息以提高产品质量、实现广告精准投放、预测客户需求、锁定长期客户等，从而为各方带来更大的价值，形成一个多赢的局面。统计在大数据时代会发挥越来越大的作用。统计学已经从数学学科中独立出来，上升为与数学并列的一级学科。

（二）调查

如上所述，数据类型多样、规模不等、流转速度快，这给数据的获取带来很大挑战。我们可以根据待解决问题的需要，有针对性地收集数据。数据的获取途径可以多样，主要有：(1)通过调查获取数据，如人口总数、青少年受教育状况、居民人均收入、学生近视比例等；(2)通过试验获取数据，如疫苗上市前需要进行三期临床试验，新汽车上市前需要进行安全性能的碰撞试验等；(3)通过查询获取数据，有些问题，有关部门和专家已经研究过，并以论文、专著、公报等各种形式发布了数据和研究成果，例如，统计局定期发布的统计公报等，可以在互联网等媒体上面查询使用，这些数据往往被称为二手数据。

通过调查获取数据，调查的方式可以分为两种：全面调查和抽样调查。对每一个研究对象都进行调查的方法，称为全面调查，全面调查又称为普查；对一部分研究对象进行调查的方法称为抽样调查。在一个调查中，调查对象的全体称为总体，其中的每一个调查对象称为个体。抽样调查的调查对象是从总体中抽取的部分个体，称为样本，样本的数量称为样本容量，简称样本量。例如，我国为了掌握全国人口的总数、每年出生人口数、死亡人口数等各方面情况，为国民经济和社会发展规划等政策的制定提供参考依据，每年都要进行人口情况调查，从 1990 年以来，每逢整十数的年份进行普查，其他年份进行抽样调查。因为人口普查需要投入比较大的人力、财力和物力，因而不宜每年进行普查，基本上每 10 年进行一次普查。随着大数据、人工智能、云计算、互联网等技术的飞速发展，未来的人口数据有可能作为大数据进行数据的即时收集、储存、管理和分析，那个时候也许就不用每年进行抽样调查和普查了。

虽然大数据时代已经到来，但是抽样调查因为投入少、效率高，而且有些情况下不可能也不需要考察所有对象，如物价指数、商品合格率、种子发芽率等，所以就需要采取抽样调查的方法收集和分析数据，用样本来估计总体，从而进行合理的推断和决策，这种估计的方法是一种归纳的方法，是统计中很重要的思想方法，其中数据分析是统计思想的核心。

（三）抽样方法

抽样调查的目的是通过样本了解总体的情况。例如，要了解一家大型超市销售的各品牌矿泉水是否合格，需要根据待解决的问题选取样本调查数据，这涉及如何进行抽样，以保证样本数据与总体数据的一致性，即样本和总体的数据信息基本相同，亦即样本能够代表总体。抽样的基本方法有两种：简单随机抽样和分层随机抽样。随机抽样要求总体中的每个个体都有同等被抽中的可能，是依照机会均等的原则进行的抽样调查。

1. 简单随机抽样

简单随机抽样分为两种：放回简单随机抽样和不放回简单随机抽样。例如，设盒子中有黄色和白色小球共 100 个，这些小球除了颜色外其他都相同，通过抽样调查的方法可以估计黄球的占比。这 100 个小球是调查的总体，每一个小球是个体，小球的颜色是需要关心的变量。每次从盒子中随机摸出一个球，记录颜色后放回，摇匀后再次摸出一个球，重复若干次，可以根据取到黄球的频率估计黄球的占比，这种方法就是放回简单随机抽样，它的特点是每次抽中的个体仍然放回总体，总体中的有些个体可能不止一次被抽中，会出现重复情况。如果每次摸球记录颜色后不放回，再在盒子中剩余的球中继续摸球，进行若干次，同样可以根据取到黄球的频率估计黄球的占比，这种方法就是不放回简单随机抽样，它的特点是抽中的个体不再放回总体，总体中的每一个个体只能被抽中一次，不会出现重复情况。因此，一般情况下的抽样调查采用不放回简单随机抽样。例如，育人小学对全校 3 000 名学生的视力进行抽样调查，以了解全体学生视力低于 5.0 的学生占总体的比例，可以把 3 000 名学生按照 1—3 000 进行编号，如果样本量为 300，那么用统计软件就可以生成需要的随机数，用以开展不放回简单随机抽样。

2. 分层随机抽样

抽样的一个重要问题是保证样本具有代表性，简单随机抽样的优点是每一个个体被抽中的机会均等，但是由于抽样的随机性，有可能会出现比较极端的样本，从而导致样本的代表性变弱。为了弥补简单随机抽样的劣势，可以把总体按照一定的标准分类分组，如上例可以把全校学生按照一二、三四、五六年级分成 3 组，或者按照六个年级细分成 6 组，再根据各组学生人数比例分配样本量。这样的抽样方法就是分层随机抽样，分层随机抽样的样本代表性更好一些，因而在抽样调查中应用比较广泛。

（四）用样本估计总体

如上所述，采取抽样调查的方法收集和分析数据，用样本来估计总体，从而进行合理的推断和决策，这里的统计推断是归纳推理，是统计的基本思想方法。在统计里主要有两种估计方法：一是用样本的频率分布估计总体的分布，二是用样本的数据特征估计总体的数据特征。下面我们参考人教版初中数学教科书及普通高中数学教科书（A 版）必修第二册有关统计内容，介绍用样本估计总体的一些方法。

1. 直方图

统计中除了用条形图、折线图和扇形图描述数据，还经常用直方图描述数据。与条形图有些类似，直方图也用若干小长方形表示数据的大小；二者不同的是：条形图一般是把一组数据分成若干类后，用小长方形的高度表示每一类数据的大小；而直方图一般是把全部数据分成若干组连续变化的数据，用小长方形的面积或高度表示每一组数据的大小。

例如，假设我们通过分层随机抽样获得了六年级 500 名学生（10 个班，每个班 50 名学生）中 50 名学生（男生和女生各占一半）的身高数据，下面简单介绍直方图的制作过程。六年级 50 名学生的身高数据如下（单位：cm）。

男生：

141　142　144　145　146　147　147　148　148　149

149　150　150　151　151　151　152　153　153　154

155　156　156　157　161

女生：

140　142　143　144　145　146　147　148　148　149

149　149　150　150　151　151　152　152　153　154

154　155　156　157　158

（1）求极差

极差就是一组数据中最大值与最小值的差，上述数据的最小值是 140，最大值是 161，极差是 21，说明身高的变化范围是 21。

（2）确定组距和组数

把全部数据分成若干组，每个小组数据的取值区间的上限与下限的距离（差）称为组距，根据研究问题的需要，各组的组距可以相等也可以不等。如果按照等距分组，组距为 3，那么 $\dfrac{\text{极差}}{\text{组距}} = \dfrac{21}{3} = 7$，可以把数据分成 7 组：$140 \leqslant x < 143$，$143 \leqslant x < 146$，…，$158 \leqslant x < 161$。组距和组数的确定没有固定的标准，当数据在 100 个以内时，按照数据的多少，常分成 5～12 组。

（3）列频数和频率分布表

分布在各组内的数据个数就是各组的频数，频数与样本量的比值就是各组的频率，计算各组的频数和频率后可以制成如表 4-5-1 所示的频数和频率分布表。

表 4-5-1

身高分组	频数	频率
$140 \leqslant x < 143$	4	0.08
$143 \leqslant x < 146$	5	0.10
$146 \leqslant x < 149$	9	0.18
$149 \leqslant x < 152$	14	0.28
$152 \leqslant x < 155$	9	0.18
$155 \leqslant x < 158$	7	0.14
$158 \leqslant x < 161$	2	0.04

从频数和频率分布表中可以看出，样本数据分布中各个组所占的比例大

小,其中身高在 150 cm 左右的人数较多。

（4）画频数和频率分布直方图

根据表中数据,画如图 $4-5-1$、$4-5-2$ 或 $4-5-3$ 所示的直方图时,横轴表示身高,纵轴表示频数、频数与组距或者频率与组距的比值。可以推出:小长方形的面积$=$组距$\times\dfrac{频数}{组距}=$频数或者组距$\times\dfrac{频率}{组距}=$频率,所以各个小长方形的面积表示各组频数或者频率的大小,由于样本数据分布在整个区间的频率为 1,所以各个小长方形的面积总和应等于 1。如果是等距分组,小长方形的

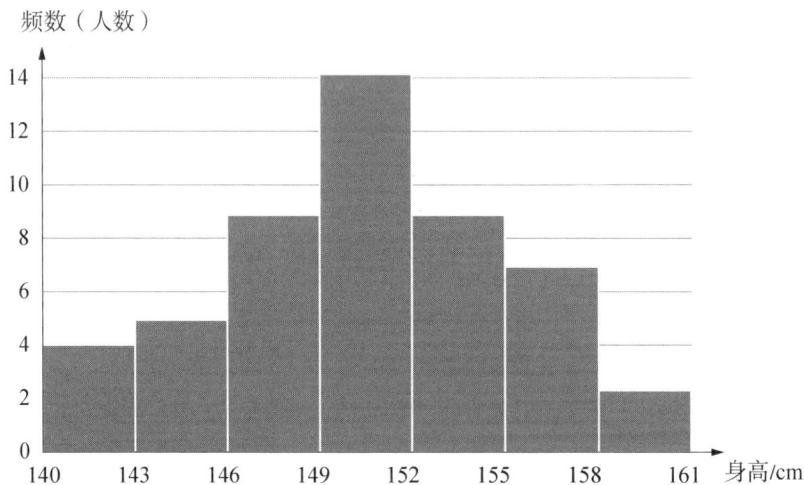

图 $4-5-1$

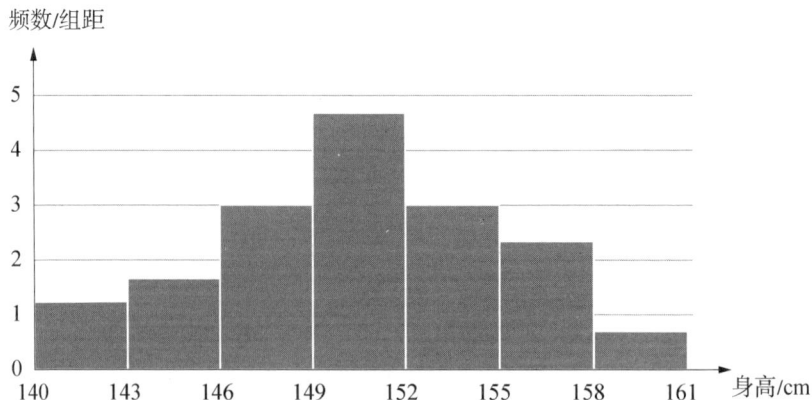

图 $4-5-2$

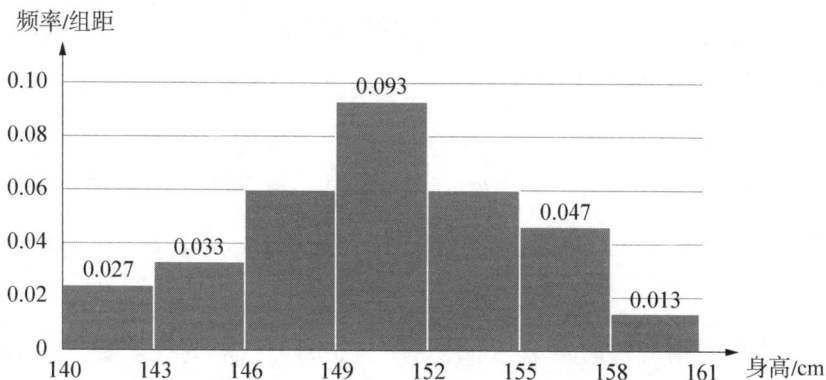

图 4 - 5 - 3

面积(频数)与高的比值是常数(组距),这时的直方图可以用长方形的高表示频数,比较直观。

从直方图可以看出,身高的分布大体上是左右对称的,数据呈现中间高两头低的特点,这说明身高在区间[149,152)最为集中,左右相邻区间次之,人数也比较多。如果每个班需要挑选 30 名同学参加广播操比赛,为使参赛队伍中成员的身高比较整齐,那么就可以考虑在这 3 个区间挑选。把这 50 名学生身高的数据作为样本,就可以用身高的频率分布估计全校(甚至该区县)六年级学生身高的频率分布。

2. 平均数

我们利用统计图表描述数据时,数据分布的一些特征可以直观反映出来,比如数据的大小、占比、变化趋势等。但是只发现这些特征还远远不够,需要进一步了解数据分布的其他特征,以便发现规律,用一些统计量来表示这组数据的集中趋势或一般水平。常用的度量数据集中趋势的统计量有平均数、中位数、众数和分位数。

统计中常用的平均数有算术平均数、调和平均数和几何平均数,其中算术平均数又可以分为简单算术平均数和加权算术平均数。假如有 n 个数据,将这 n 个数求和,再用和除以 n,所得商就是简单算术平均数,可用公式表示为:

$$\bar{x} = \frac{x_1 + x_2 + \cdots + x_n}{n} = \frac{1}{n}\sum_{i=1}^{n} x_i。$$

如果 n 个数据中的有些数据出现重复情况,可以把数据分组归类计数,将公式进行简化，设 x_1，x_2，$\cdots$，x_k 是 n 个数据中所有不重复的 k 个数据，其中 $k \leqslant n$，f_1，f_2，$\cdots$，f_k 分别表示 x_1，x_2，$\cdots$，x_k 的个数，那么

$$\bar{x} = \frac{x_1 f_1 + x_2 f_2 + \cdots + x_k f_k}{n} = \frac{1}{n} \sum_{i=1}^{k} x_i f_i,$$

这里的 f_1，f_2，$\cdots$，f_k 可以看成是 x_1，x_2，$\cdots$，x_k 的权，这个平均数就是加权平均数。

为了说明数据的权的意义，我们再看一个例子。某学校规定六年级每个学生的学期数学总成绩由期中考试成绩和期末考试成绩共同构成，其中期中考试成绩占 40%，期末考试成绩占 60%。学生小明的数学期中考试成绩为 95 分，期末考试成绩为 90 分，那么他的学期数学总成绩为：

$$95 \times 40\% + 90 \times 60\% = 92(分)。$$

这里的 40% 和 60% 分别表示期中考试成绩和期末考试成绩的重要程度，是 2 个成绩的权，说明期末考试成绩比期中考试成绩重要，权的意义就凸显了。若规定期中考试成绩和期末考试成绩各占 50%，则说明二者同等重要，直接用简单算术平均数公式计算总成绩即可，即 $(95+90) \div 2 = 92.5(分)$。通过比较可以全面深刻地认识加权平均数，突出权的意义是表达各项数据的重要程度。小学阶段学习的主要是简单算术平均数，尽管在处理数据的过程中也会出现一些数据重复的情况，但是因为数据量小，所以没有强调加权平均数。平均数是能够表明一组数据中心点（集中趋势）的统计量，也就是说，一组数据集中在哪里。

3. 中位数

如果一组数据的个数是奇数，那么把这组数据按照大小排序，居中（最中间）的这个数即是中位数；如果数据的个数是偶数，那么中间两个数的平均数即是中位数。中位数是能够表明一组排序数据最中间数据大小的统计量，也就是把一组数据按大小一分为二的那个数据。根据中位数的大小，可以发现这组数据中大于中位数的占一半，小于中位数的也占一半。比如，上文阐述的六年级 50 名学生的身高，中位数是 $(150+150) \div 2 = 150(cm)$。

4. 众数

在计算一组数据的加权平均数时，用 f_1，f_2，$\cdots$，f_k 分别表示 x_1，

x_2，…，x_k 的个数，在 f_1，f_2，…，f_k 中取值最大的对应的数据即是众数；也就是说，一组数据中出现次数最多的统计量就是众数。当一组数据中的某些数据多次重复时，众数可以成为参考的统计量。比如，上文阐述的六年级 50 名学生的身高，149 和 151 都是众数，说明身高为 149 cm 和 151 cm 的人数较多，而且众数可能不止一个。

平均数能够表明一组数据的集中趋势，但是当数据中出现极端值时，由于所有数据都参与计算，导致极端值影响平均数，造成偏离中心点，这时可参考中位数和众数来考察数据的集中趋势。中位数和众数都不受极端值的影响，而且只需要把数据排序就基本上可以确定出来。例如，某公司所有员工的月收入如表 4 - 5 - 2 所示。

表 4 - 5 - 2

月收入/元	22 000	18 000	8 000	6 000	5 000	4 000	1 700
人数	1	2	4	4	10	8	1

通过计算，该公司员工的月收入的平均数为 6 590 元，但是在 30 名员工中，只有 7 人的月收入高于平均数，而其他 23 名员工的月收入都低于平均数。少数员工的月收入的极端值（极高收入员工数比极低收入员工数多）拉高了平均数，使得平均数偏离了中心点。因此，本例中用平均数反映所有员工的月收入不太合适，利用中位数和众数都是 5 000 元来代表员工月收入的集中趋势更好。

一般情况下，对数值型数据（如身高、体重、年龄、时间、温度、收入、产量等）集中趋势的表达，可以用平均数和中位数；对分类型数据（如服装规格、性别、产品质量等级、喜欢程度、满意程度、血型等）集中趋势的表达，可以用众数。当一组数据呈现正态分布时，平均数、中位数和众数往往相同。

另外，数据具有随机性，平均数、中位数和众数也有随机性。比如，一次期末考试后，要比较六年级（1）班男生和女生的数学成绩谁好，可以用平均分，在男生和女生分别从某一个学生开始依次交叉报成绩计算平均分的时候，结果会出现随机性，可能一会儿男生平均成绩高，一会儿又女生平均成绩高，需要把所有数据都统计计算后才能确定谁的平均成绩更高。

5. 分位数

平均数、中位数和众数都表明一组数据的集中趋势，也就是数据在哪里聚集，这些统计量关注的往往都是一个点。我们有时候还需要关注一组数据的很多点，比如，对于一个班的数学成绩，我们不仅关注平均分、中间水平的分数，还关注前 5 名、前 10 名、后 5 名、后 10 名等的分数；当我们采取前十名学生帮助后十名学生的教学策略时，就需要了解这些信息。在确定这些分数的分布时，就需要确定这些数据分布的分界点，于是需要引入其他统计量。分位数就是用于衡量一组数据的各个数据的位置和分布区间的统计量，常用的分位数有四分位数和百分位数，都可以表明各数据在一组数据的最小值与最大值这个大区间里的若干小区间分布的情况。

我们把一组 n 个数据按照从小到大排序，分成 100 等份，那么这组数据的第 $p(0 \leqslant p \leqslant 100, p \in \mathbf{N})$ 百分位数（$p\%$ 分位数）是这样一个值，它使得这组数据中至少有 $p\%$ 的数据项小于或等于这个值，且至少有 $(100-p)\%$ 的数据项大于或等于这个值。第 p 百分位数成为一个分界点，把该组数据分为两个部分，其计算步骤如下：

（1）将 n 个数据按照从小到大排列；

（2）计算 $i = n \times p\%$；

（3）若 i 不是整数，把大于 i 的相邻整数记为 j，则 $p\%$ 分位数为第 j 项数据；若 i 是整数，则 $p\%$ 分位数为第 i 项与第 $(i+1)$ 项数据的平均数。

中位数相当于 50% 分位数，常用的分位数还有 25% 分位数和 75% 分位数，这 3 个分位数把一组由小到大排列的数据分成 4 等份，因此常称为四分位数；其中 25% 分位数也称第一四分位数，75% 分位数称第三四分位数。另外，像 1% 分位数、5% 分位数、95% 分位数和 99% 分位数在统计中也经常被使用到。

根据上述 25 名女生身高的样本数据，可以估计六年级女生身高的 25%、50%、75% 分位数。因为 $25\% \times 25 = 6.25, 50\% \times 25 = 12.5, 75\% \times 25 = 18.75$，所以样本数据的 25%、50%、75% 分位数分别为第 7、13、19 项数据，依次为 147、150、153，据此可以估计六年级女生身高的 25%、50%、75% 分位数分别约为 147、150、153。

我们考察一组数据的特征时，既要考查数据的绝对数值，又要考察数据的相对数值,或者说数据的排名。比如,假设六年级(1)班某个学生数学考试成绩为百分制的 90 分,凭经验认为这个成绩还不错;但是光看这个成绩的绝对数值可能还不够,还需要考查这个成绩在全班 50 人中的排名情况;这个时候百分位数就派上了用场。如果 80% 分位数是 90,说明该生的成绩还不错,排在前 10 名;如果 50% 分位数是 90,说明该生的成绩属于中等水平。

百分位数在日常生活中应用比较广泛,其中的一种应用是百分位数可以用来确定标准,包括收费标准、及格标准、合格标准等。比如,某大学一年级微积分课程期末考试题目较难,全班 50 人大多数的成绩在 60 分以下,百分制的成绩具体如下:

40 42 43 45 46 47 47 48 48 49

49 49 50 50 51 51 52 52 53 53

53 54 54 55 55 55 55 56 56 56

57 57 58 59 59 59 60 60 60 61

61 63 65 66 68 70 73 76 78 80

50 人的成绩的中位数是 55 分,说明有超过一半的学生成绩在 60 分以下,若以 60 分为及格标准,则不及格学生的占比太高,不符合常理,需要重新确定及格标准。此时,既可以按照惯例确定及格比例和及格线,也可以按照 20% 分位数,或 15% 分位数,或 10% 分位数确定及格线。

6. 方差与标准差

如前文所述,平均数、中位数和众数都表明一组数据的集中趋势,也就是数据在哪里聚集,这些统计量能够帮助我们做出一些决策。但是有些问题的解决,只考察数据的集中趋势还不够,还需要考察数据的其他特征,比如数据的离散程度。什么是数据的离散程度呢?就是相对于数据的集中趋势而言的,是与数据比较集中相反的概念,也就是说数据比较分散,波动比较大,不够稳定。对于要解决的问题,有时候需要根据数据的离散程度做出判断和决策。例如,某运动代表团需要在两名射击运动员中派一名选手参加比赛,赛前的一次选拔射击测试中两人各射靶 10 次,成绩如下(单位:环):

甲 8.5 9.9 8.5 10.0 6.8 5.5 10.0 10.4 8.5 6.9

乙 10.0 7.3 8.5 9.4 8.3 7.4 9.7 7.4 8.5 8.5

把两个人的成绩按照从小到大重新排序如下：

甲　5.5　6.8　6.9　8.5　8.5　8.5　9.9　10.0　10.0　10.4

乙　7.3　7.4　7.4　8.3　8.5　8.5　8.5　9.4　9.7　10.0

通过计算发现，甲、乙两名运动员射击成绩的平均数、中位数和众数都是8.5，从这个角度看，两人成绩没有差别。也就是说，用数据的集中趋势来判断，不好决策。于是考虑考察两人数据的离散程度，通过比较两人成绩的波动幅度、稳定性来考察成绩的差异。统计上一种简单的度量数据离散程度的方法是用极差。根据两组数据计算极差，甲的极差 $= 10.4 - 5.5 = 4.9$，乙的极差 $= 10.0 - 7.3 = 2.7$。甲的极差大于乙的极差，说明甲的成绩波动范围比乙大，没有乙稳定。但是极差的计算只用了每组数据的两个极端值，其他数据都没有用上，所以极差反映的信息量还不够，需要考察比极差更好的统计量。

一般情况下，如果一个运动员的成绩比较稳定，那么他 10 次射击的成绩中大多数与平均数的距离会比较近，我们用一组数据中的每个数据与平均数的差的绝对值作为"距离"，即用 $|x_i - \bar{x}|\,(i = 1, 2, \cdots, n)$ 作为 x_i 到 $\bar{x}$ 的距离，可以得到这组数据的平均距离为

$$\frac{1}{n}\sum_{i=1}^{n}|x_i - \bar{x}|\,。$$

为了避免式子中含有绝对值，通常用平方形式，即

$$\frac{1}{n}\sum_{i=1}^{n}(x_i - \bar{x})^2\,。$$

这个式子表达的就是一组数据的方差。从式子中可以看出，方差的单位是原始数据单位的平方。如果为了使单位一致，可以对方差进行开平方运算，取它的算术平方根，即

$$\sqrt{\frac{1}{n}\sum_{i=1}^{n}(x_i - \bar{x})^2}\,。$$

这个式子表达的就是一组数据的标准差。方差和标准差在刻画数据的离散程度上是一样的，只是单位不同；它们的值越大，数据的离散程度越大；它们的值越小，数据的离散程度越小。由于标准差的单位与原始数据一致，因此标

准差的应用更多。甲、乙成绩的标准差分别为：$S_甲 \approx 1.57$，$S_乙 \approx 0.92$。由 $S_甲 > S_乙$ 可知，甲的成绩的离散程度比乙大，据此可以估计，乙的成绩比甲稳定。如果要从两名运动员中选择一人参加比赛，要看他们的成绩在所有参赛选手中的位置，如果两人都排在靠前位置，可选成绩稳定性更好的乙参赛；否则选成绩波动比较大的甲参赛，既然名次已经靠后，索性去冲击一下名次。

二、统计思想在小学中的应用

在《标准实验稿》实施前的小学数学中，统计图表的知识也是必学的内容，但受到当时那个时代人们观念的局限和条件的限制，对统计的认识和教学主要限于统计知识和技能本身，把统计教成了算术，并没有把统计与数据信息和经济社会很好地联系起来。如今在这个大数据时代，无论是机关单位、企业还是个人，每天的日常生活和工作都会面对纷繁复杂的信息和数据，如何收集、整理和分析数据，学会运用数据说话，作出科学的推断和决策，是每一个公民、机关单位和企事业负责人等必须具备的数学素养和思维方式。因此，学生在义务教育阶段熟悉统计的思想方法，逐步形成数据意识和数据分析观念，有助于学生运用随机的、科学的、商业的观点理解世界。

在小学数学中，统计思想的应用大体上可分为两种：一是统计作为四大领域知识中的一类知识和思想方法，安排了很多独立的单元进行统计知识的教学；二是在其他领域知识的学习中，都不同程度地应用了统计知识，作为知识呈现的载体和解决问题的方法进行教学。可见，统计思想在小学数学中的应用是比较广泛的。

小学数学中统计的知识点主要有：象形统计图、单式统计表、复式统计表、单式条形统计图、复式条形统计图、单式折线统计图、复式折线统计图、扇形统计图、平均数、百分数。这些知识作为学习统计的基础是必须掌握的，但更重要的是能够根据待解决的问题去调查、收集和整理数据，根据数据的特点和解决问题的需要选择合适的统计图表或者统计量来描述和分析数据，作出合理的预测和决策，培养学生的数据意识和数据分析观念。

《标准2022版》关于小学阶段统计领域的核心素养表现为数据意识，"主要是指对数据的意义和随机性的感悟。知道在现实生活中,有许多问题应当先做调查研究,收集数据,感悟数据蕴含的信息;知道同样的事情每次收集到的数据可能不同,而只要有足够的数据就可能从中发现规律;知道同一组数据可以用不同方式表达,需要根据问题的背景选择合适的方式。形成数据意识有助于理解生活中的随机现象,逐步培养用数据说话的习惯"①。

与以往的课程标准相比,《标准2022版》注重数据分类的思想方法,加强了对物体、图形和数据进行分类的教学。要求学生不但能按照一定的标准对事物进行分类,还能发现事物的特征并制订标准,再依据制定的标准对事物分类,感知事物的共性和差异。把百分数作为统计量,学生能够根据具体情境探索和理解百分数的统计意义,能解决与百分数有关的简单实际问题。

三、统计思想的教学

《标准2022版》的颁布和实施,赋予了统计更加丰富的内涵。教师要全面理解课程标准关于统计知识的内容和理念,在教学中要注意以下几点。

第一,注重过程性目标的教学。让学生经历数据的收集、整理、描述、分析、推断和决策的过程,包括设计合适的调查表、选择合适的统计图表和统计量描述数据、科学地分析数据并作出合理的决策。统计的教学要改变以往单一注重统计知识和技能教学的倾向,要注意让学生经历统计的全过程,把统计与生活密切联系起来,让学生学习真实的、鲜活的统计,而不是仅仅回答枯燥乏味的纯数学问题。

第二,认识统计对决策的作用。要引导学生从统计的角度思考与数据有关的问题,学会用数据说话,形成数据分析意识和观念,使学生的思维更加理性、避免感性行事。从小学开始就要让学生认识统计对决策的重要作用,为将来的进一步学习和走向社会培养良好的统计意识。如作为市场经济和信息化社会的公民,每个人无不与经济活动和投资理财打交道,如果能够根据影响经济运行的各种主要数据进行合理的分析和推断,做出正确的投资理财决策,使

① 中华人民共和国教育部.义务教育数学课程标准(2022年版)[S].北京:北京师范大学出版社,2022:9.

自己的资产不断保值和升值,对于每个公民意义重大。

当然,统计推断往往是基于用样本来估计总体,属于合情推理,并不是一种必然的逻辑关系,因而决策有时是符合预期的,有时也可能不十分正确甚至有可能是错误的。如中国 2016、2017、2018、2019 年的全年国内生产总值比上一年分别增长 6.7%、6.9%、6.6%、6.1%,根据这个变化趋势,预测 2020 年有可能增长 6% 左右;这种预测是一种简单的统计推断,这仅仅是一种可能;换句话说,2020 年如果仅增长 5.5% 也是有可能的。实际上,2020 年突发的全球疫情影响了经济增长,2020 年比上年只增长了 2.3%;从这个数据来看,虽然增长率的下降幅度较大,但据统计是全球表现最好的,其他不少国家都是负增长。

第三,能对给定数据的来源、收集和描述的方法,以及分析的结论进行合理的质疑。现实生活中的各种统计数据和信息纷繁复杂,权威部门发布的统计数据基本上是科学可信的,但是有些公司或者广告发布的数据可能存在偏差。有些数据不十分合理或者不够精细,从而影响人们的认识和决策,甚至给人们带来误导。学习了统计知识以后,尤其是作为未来的公民,应该能够从科学、全面、微观的角度分析数据,从而作出正确的判断和决策。如 2012 年某地区单位职工年平均工资情况。很多人认为自己没有这么高的收入,而平均工资为什么会这么高,因而就质疑统计结果。如果我们从统计的角度对数据的来源进行全面、细致的分析,把平均数和中位数、众数结合起来,搞清楚数据的大致分布情况,就不会有疑问了。这个数据是一个平均数,是把各个单位(不包括个体户)的工资收入总额除以职工总数得出的平均数。如该市在统计的 19 个行业中,有 10 个行业的平均工资低于平均数,但是平均工资最高的行业是最低行业的 8 倍还多,高收入行业的收入过高,极端值拉高了平均数,导致平均数大于中位数。实际上一半以上的人平均工资要低于平均数,所以很多人认为自己的收入"被增长"了。

第四,注意数据的随机性和样本的代表性。在小学阶段,由于计算难度的制约,解决一些统计问题时选定的样本容量往往较少,这时我们要注意这样的统计推断是否可信。如把一个班级 50 人作为一个样本进行调查收集数据,进而对全年级甚至同龄人进行估计,要注意 50 人的数据是否具有代表性。如果调查 50 人的身高、体重、血型、鞋子号码、服装型号分布等可能是合适的。如果调查 50 人出生的月份分布情况,以此来推断全年级甚至同龄人出生的月份,出现差错的可能性就会大一些。因为一年有 12 个月,50 人平均下来每月也就 4 到 5 人,样本容量太小以致于代表性就弱。

第五,对有关概念应正确理解,应注重知识的实际应用,避免单纯的数据计算和概念判断。统计图的教学,要让学生理解统计图中横轴和纵轴表达的意义以及二者之间的关联;了解不同的统计图各自的功能和特点,以及数据表达的现实意义。体会统计学的价值判断往往不是对与错的问题,而是好与不好或者更好的问题,从而感悟统计思想。"百分数教学要引导学生知道百分数是两个数量倍数关系的表达,既可以表达确定数据,如饮料中果汁的含量,税率、利息和折扣等,也可以表达随机数据,如某篮球运动员罚球命中率、某城市雾霾天数所占比例等。建议利用现实问题中的随机数据引入百分数的学习,帮助学生了解百分数的统计意义,了解利用百分数可以认识现实世界中的随机现象,作出判断、制订标准(例 46)。同时,引导学生了解扇形统计图可以更好地表达和理解百分数,体会百分数中部分与整体的关系。"[1]

有些老师喜欢在一些概念上纠缠,而不是关注知识的应用和实际意义,如让学生找出下面一组数据的众数:75　84　84　89　89　92　92　96　98。这样的问题没有什么现实意义,不如给一组联系实际的数据,比如给数据赋予数学考试成绩、踢毽数量等实际背景,让学生去思考用什么量数作为该组数据一般水平的代表,更有意义。

案例 1　六年级有 200 名同学,血型情况如图 4-5-4 所示。

(1) 从图中你能发现哪些信息?

(2) 该年级学生中各种血型各有多少人?

(3) 该校有 1 000 人,你能估计各种血型的人数吗?

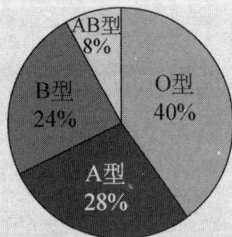

图 4-5-4

---

[1] 中华人民共和国教育部. 义务教育数学课程标准(2022 年版)[S]. 北京:北京师范大学出版社,2022:51.

分析 （1）从扇形图中可以初步得到如下信息：在 200 名同学中有四种血型，这四种血型 O 型的人最多，占 40％，A 型和 B 型的人数分别排第二、第三，AB 型的人最少，只占 8％。

（2）该年级 200 人中 O 型、A 型、B 型和 AB 型的人数分别有：80、56、48、16 人。

（3）可以把 200 人的数据作为一次抽样调查的数据，以此估计其他人群（如全校、本地区等）血型的分布情况。该校 1 000 人中各种血型的人数估计为：O 型、A 型、B 型和 AB 型的人数分别大约有：400、280、240、80 人。

案例 2 某公司 2020 年和 2021 年职工年工资情况如表 4-5-3 所示。

表 4-5-3

职务	总经理	副总经理	部门经理	部门副经理	普通员工
人数	1	2	8	9	80
2020 年工资/万元	24	20	16	12	8
2021 年工资/万元	30	24	20	16	9

（1）该公司 2020 年和 2021 年职工平均工资各是多少？

（2）该公司对外宣称，2021 年职工平均工资比 2020 年增长 17％ 以上，如何评价这种说法？

分析 （1）2020 年和 2021 年职工平均工资分别为：

$(24+2\times20+8\times16+9\times12+80\times8)\div100=9.4$（万元）；

$(30+2\times24+8\times20+9\times16+80\times9)\div100=11$（万元）。

（2）$(11-9.4)\div9.4\approx17.02\%$，$(9-8)\div8=12.5\%$。从全体职工平均工资角度看，2021 年比 2020 年增长确实超过 17％，但是代表公司大多数的普通员工的平均工资低于平均数，增长率也低于平均增长率，普通员工与中高级管理人员的收入差距在逐年扩大。该公司的这种说法高估了普通职工的收入增长率。

案例3 有关部门对一个社区的 100 位居民月度人均用水量进行了调查统计,数据如表 4-5-4 所示。

表 4-5-4

用水量/吨	2	3	4	5	6
人数	8	24	40	22	6

(1) 计算这组数据的平均数、中位数和众数。

(2) 什么数可以代表居民人均用水量的一般水平?

(3) 如果采取阶梯水价,标准用水量以上加价收费,希望至少 70% 的居民不受影响,你认为人均标准用水量定为多少比较合适?

分析 (1) 平均数:$(2 \times 8 + 3 \times 24 + 4 \times 40 + 5 \times 22 + 6 \times 6) \div 100 = 3.94$(吨)。

中位数和众数都是 4 吨。

(2) 中位数和众数相等,平均数也约等于中位数和众数,这三个量差别很小,都可以作为该组数据一般水平的代表。

(3) $100 \times 70\% = 70$,第 70 和 71 项数据的平均数为 4,即 70% 分位数为 4 吨,而且用水量在 4 吨及以下的人数为 72 人,所以人均标准用水量定为 4 吨比较合适。

案例4 某校为了了解该校六年级同学对排球、乒乓球、羽毛球、篮球和足球五种运动项目的喜爱情况(每位同学必须且只能选择最喜爱的一项运动项目),对部分同学进行了调查,并将调查结果绘制成了如下所示的不完整统计图表。

(1) 请补全下列调查人数分布表(见表 4-5-5)和条形统计图(见图 4-5-5);

(2) 若六年级学生总人数为 430 人,请你估计六年级学生喜爱羽毛球运动项目的人数。

类别	人数	百分比(%)
排球	6	6
乒乓球	28	28
羽毛球	30	
篮球		20
足球	16	16
合计		100

表4-5-5 调查人数分布表

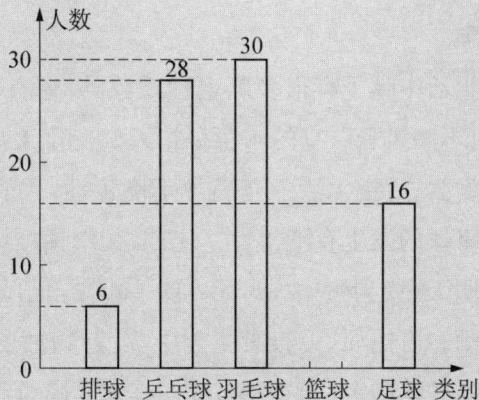

图 4-5-5

分析 用喜欢排球的人数除以所占的百分比可以求出调查的总人数：6÷6％＝100(人)；用调查的总人数乘喜欢篮球的人数所占的百分比可以求出喜欢篮球的人数：100×20％＝20(人)；用羽毛球的人数除以调查的总人数可以求出喜欢羽毛球的人数所占的百分比：30÷100＝30％。因为被调查的样本中喜欢羽毛球的人数占30％，所以估计该校六年级学生喜欢羽毛球的人数为430×30％＝129(人)。

第六节 随机思想

一、对随机思想的认识

(一)随机事件

我们每天忙忙碌碌地工作、学习和生活，日复一日、年复一年，亘古不变的是遵循日出而作、日落而息的作息规律。日出日落、四季轮回是大自然的规律，是确定性现象。这样的确定性现象在生活中非常多，比如：早晨太阳从东方升起，北极冬天下雪，把苹果抛向空中必然下落，长和宽分别是 a 和 b 的长方形面积为 ab 等，这些现象是一定发生的；而赤道附近海拔200米以下的平原地区下雪了，掷1枚骰子出现朝上的数字大于等于7，早晨太阳从西边出来等，这些现象是不可能发生的。一定发生的现象和不可能发生的现象，都是确定性现象。

生活中除了有很多确定性现象外，还有很多不确定性现象。经常有人说"天有不测风云"，它的本意是指天气变化无常，人们很难事先预料一些自然灾害的发生；后指生活中充满了不确定性，人们很难事先预料一些事情的发生，这些事情的发生有随机性。比如，天气预报说明天有中雨，但是我们不能肯定地说明天一定下中雨，明天可能下小雨，也可能不下雨，也可能下大雨，也可能下暴雨。再比如，买彩票能否中奖，购物抽奖能否中奖等现象，都具有不确定性。这些不确定性的现象，我们称之为随机现象。

我们把对随机现象的实现和观察称为随机试验，简称试验。下面先对满足下列条件的随机试验进行研究。

（1）试验可以在相同条件下重复进行；

（2）试验的所有可能结果是明确可知的，并且不止一个；

（3）每次试验总是恰好出现这些可能结果中的一个，但事先不能确定出现哪一个结果。

我们来做两个摸球试验，第一个盒子里有 10 个白球，第二个盒子里有 6 个红球和 4 个黄球，试验一：在第一个盒子里随机摸一个球，该球一定是白球，不可能是红球或者黄球；试验二：在第二个盒子里随机摸一个球，该球可能是红球，也可能是黄球。像试验一这样的现象，在试验前就能判断结果，称为确定性现象；像试验二这样的现象，试验的结果数大于等于 2，试验前无法判断结果，称为随机现象。

随机试验的每一个可能的结果，称为基本事件。因为随机试验的所有可能结果是明确的，所以所有的基本事件也是明确的，它们的全体构成的集合称为样本空间，用 Ω 表示。基本事件也称作样本点，用 ω 表示。照此定义，样本空间也就是全体样本点的集合。

我们都知道这样一个试验：体育彩票摇奖时，把 10 个编号为 $0,1,2,\cdots,9$ 的球放在摇奖器里，搅拌均匀后一个一个地摇出球。在这个摇球试验中，所有可能出现的结果可用集合表示为 $\Omega=\{0,1,2,3,4,5,6,7,8,9\}$，摇出一个球就是一种结果，每个可能的结果都是基本事件或样本点，用 ω_i 表示摇出编号为 i 的球，即 $\omega_i=\{i\}$，$i=0,1,2,\cdots,9$。我们来看 $A=\{1,3,5,7,9\}$，$B=\{0,2,4,6,$

8},显然 A 和 B 不是基本事件,但是它们都是由若干基本事件组成的,A 由 5 个奇数的基本事件组成,B 由 5 个偶数的基本事件组成,我们把这样的事件统称为复杂事件。无论是基本事件还是复杂事件,它们在试验中是否发生,都具有随机性,所以都是随机事件,简称为事件。在试验中,当且仅当事件 A 中某个样本点出现或某个基本事件发生,就称事件 A 发生。也就是说,事件 A 发生当且仅当摇出号码为 1,3,5,7,9 的球之一,即等价于摇出的球的号码属于集合 {1,3,5,7,9}。

我们已经知道样本空间包含全体基本事件,而随机事件由一些基本事件组成,所以从集合角度看,每个随机事件都是 Ω 的子集,如 A 和 B 都是 Ω 的子集。Ω 作为自己的子集,每次试验总有一个样本点发生,于是 Ω 总会发生,称 Ω 为必然事件。空集 $\varnothing$ 不包含任何样本点,每次试验都不会发生,称 $\varnothing$ 为不可能事件。必然事件和不可能事件不具有随机性,为了方便处理和完备性,把必然事件和不可能事件作为随机事件的两个极端情况。这样,每个事件都是样本空间的子集,或者说,Ω 的每一个子集,都是随机事件。我们可以用集合知识研究随机事件之间的关系,也就是说,随机事件之间的运算可以类比集合的运算来进行。事件 A 与事件 B 中至少有一个发生,这样的事件称作 A 与 B 的并(或和),记作 $A \bigcup B$(或 $A+B$),摇奖试验中的 $A \bigcup B = \{0,1,2,3,4,5,6,7,8,9\}$。事件 A 与事件 B 同时发生,这样的事件称作 A 与 B 的交(或积),记作 $A \bigcap B$(或 AB),摇奖试验中的 $A \bigcap B = \varnothing$。如果 $A \bigcap B = \varnothing$,那么称事件 A 与事件 B 互斥或互不相容。如果 $A \bigcup B = \Omega$,且 $A \bigcap B = \varnothing$,那么称事件 A 与事件 B 互为对立。

(二) 概率

随机现象表面上看杂乱无章,但是通过大量的重复试验,随机事件可能会呈现出规律性,这种规律叫做统计规律,概率论是研究随机现象的统计规律性的数学分支。

1. 频率与概率

在相同的条件下,一个随机事件发生的可能性有大小,这个大小由它自身决定,就像一根木棒有长度,一块土地有面积,一台冰箱有体积一样。对随机事件发生的可能性大小的度量(数值)称为随机事件的概率,事件 A 的

概率用 $P(A)$ 表示。它是随机事件自身的一个属性,那么这个大小怎么来度量呢?

我们来做一个随机试验:袋子中有 4 个红球、1 个黄球,这些球除了颜色不同,其他都相同。假设不知道袋子中球的颜色和数量,全班 50 人进行摸球试验,在看不到球的前提下,随机从袋子中摸出一个球,记录颜色后放回,再从袋子中摸出一个球,记录颜色后放回……反复操作,共记录 100 个数据,这个试验可以一个人摸 100 次,也可以 50 人每人摸 2 次,然后统计红球和黄球出现的次数,当然还可以不断增加试验的次数,并记录、统计相关数据。我们把出现黄球记作事件 A,在 n 次试验中 A 发生了 n_A 次,会发现出现黄球的次数与试验总次数的比值 $f_n(A) = \dfrac{n_A}{n}$ 一直在变化,但是总体上越来越靠近 $\dfrac{1}{5}$,或总在 $\dfrac{1}{5}$ 左右波动,当 n 足够大时,$f_n(A)$ 与 $P(A)$ 会非常靠近,频率围绕概率小幅波动,称为频率的稳定性。于是我们认为概率是可以通过频率来测量的,测量的结果就是频率越来越靠近的这个稳定值 $\dfrac{1}{5}$,即 $P(A) = \dfrac{1}{5}$。请注意,这里的概率不是等于频率,而是等于频率靠近的稳定值。随着试验次数不断增加,频率稳定在概率附近,这就是著名的大数定律。这个度量的过程与方法同度量长度、面积、体积是类似的,我们用尺子测量一根木棒的长度,每次测量的结果不一定是木棒长度的真值,而是靠近稳定的真值,把多次测量结果的平均数作为真值的代表是统计的方法。类比物品的长度、面积等可测量属性,随机事件的概率也具有可测量属性。

由此可知,通过试验来观察随机事件发生的可能性的大小是常用的方法。在相同的条件下,重复进行 n 次试验,某一事件 A 出现的次数 m 就是频数,$\dfrac{m}{n}$ 就是事件 A 出现的频率。如果试验的次数不断增加,事件 A 发生的频率稳定在某个常数上,就把这个常数记作 $P(A)$,称为事件 A 的概率。

事件的概率是确定的、不变的常数,是理论上的精确值;而频率是某次具体试验的结果,是不确定的、变化的数,尽管这种变化可能非常小。

这里的概率是用频率来界定的,在等可能性随机试验中,频率总是在很小的范围内变化,且频率和概率的相关性非常强。也就是说,在一次试验中,事

件 A 出现的频率越大,事件 A 的概率就越大;事件 A 出现的频率越小,事件 A 的概率就越小。反之亦然。

2. 古典概型

如上所述,通过试验和观察的方法可以得到随机事件的频率及频率靠近的稳定值,用这个稳定值可以作为概率的度量。但是这种方法比较麻烦,下面我们从数学模型的角度来定义一种概率模型。

前面讨论过摸球、摇奖等随机试验,这些试验有如下共同特征:

(1) 有限性,样本空间的元素(样本点、基本事件)只有有限个;

(2) 等可能性,每个基本事件发生的可能性相等。

我们把具有以上两个特征的试验称为古典概型试验,其数学模型称为古典概率模型,简称古典概型。

下面来研究抛掷硬币的试验:一枚硬币有正反两面,如果先后掷 2 枚质地均匀且完全一样的硬币各 1 次,设事件 A 为"第一枚正面朝上",事件 B 为"第二枚反面朝上",那么试验的样本空间为 $\Omega=\{(\text{正},\text{正}),(\text{正},\text{反}),(\text{反},\text{正}),(\text{反},\text{反})\}$,共有 4 个样本点,每个样本点发生的可能性相等,所以这是一个古典概型。事件发生的可能性大小,取决于该事件包含的样本点数占样本空间包含的样本点数的比例大小,我们可以用事件包含的样本点数与样本空间包含的样本点数的比值来度量事件的概率。因为 $A=\{(\text{正},\text{正}),(\text{正},\text{反})\}$,所以 $P(A)=\dfrac{2}{4}$;因为 $B=\{(\text{正},\text{反}),(\text{反},\text{反})\}$,所以 $P(B)=\dfrac{2}{4}$;因为 $AB=\{(\text{正},\text{反})\}$,所以 $P(AB)=\dfrac{1}{4}$。

一般地,对于古典概型,其样本空间 Ω 包含 n 个样本点,Ω 的子集 A 包含 k 个样本点,则事件 A 的概率为

$$P(A)=\frac{k}{n}。$$

概率也像算术、代数、几何等内容一样,遵循着自身的逻辑关系。我们界定了概率相关的一些概念,还要研究概率的性质、运算、推理和模型,从而更好地解决生活中的问题。

概率有以下性质:

（1）非负性：$P(A) \geqslant 0$；$P(\varnothing) = 0$。

由概率的定义可知，任何事件的概率都是非负的；不可能事件一定不会发生，其概率为 0。

（2）规范性：必然事件的概率为 1，即 $P(\Omega) = 1$。

在每次试验中，必定有样本空间 Ω 中的某一个基本事件发生，因而 Ω 总会发生，即必然事件一定发生，其概率为 1。由概率的定义可知，$0 \leqslant k \leqslant n$，则 $0 \leqslant \dfrac{k}{n} \leqslant 1$，所以 $0 \leqslant P(A) \leqslant 1$。事件发生的可能性越大，它的概率就越接近 1；反之，事件发生的可能性越小，它的概率就越接近 0。可用图 4 - 6 - 1 直观表示。

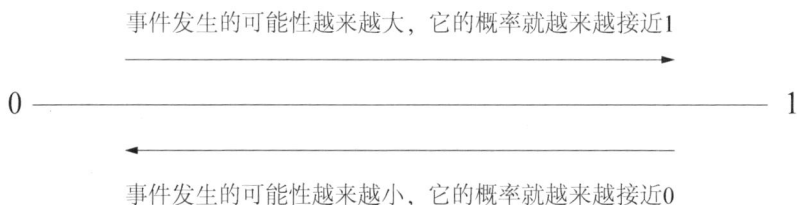

事件发生的可能性越来越大，它的概率就越来越接近1

0 ————————————————————————— 1

事件发生的可能性越来越小，它的概率就越来越接近0

图 4 - 6 - 1

（3）有限可加性：任意两个事件 A 和 B 互斥，即 $A \cap B = \varnothing$，则 $P(A \cup B) = P(A) + P(B)$，这个公式可以推广到 Ω 内的任意 n 个两两互斥的事件的加法运算。

因为 A 和 B 互斥，即二者不含相同的样本点，所以二者和的样本点数等于 A 的样本点数加上 B 的样本点数，这等价于 $P(A \cup B) = P(A) + P(B)$。

（4）若两个事件 A 和 B 互为对立事件，即 $A \cup B = \Omega$，且 $A \cap B = \varnothing$，则 $1 = P(\Omega) = P(A \cup B) = P(A) + P(B)$，可得 $P(A) = 1 - P(B)$，$P(B) = 1 - P(A)$。

一个事件的对立事件可以用该事件符号加上划线表示，如 A 的对立事件记为 $\overline{A}$。

（5）一个样本空间 Ω 中的任意两个事件 A 和 B，有

$$P(A \cup B) = P(A) + P(B) - P(A \cap B)。$$

对于任意两个事件 A 与 B，如果两个事件的发生彼此不受对方影响，存在关系 $P(AB)=P(A)P(B)$，则称 A 与 B 相互独立，简称为独立。上述抛掷硬币的试验中，由 $P(A)P(B)=\dfrac{2}{4}\times\dfrac{2}{4}=\dfrac{1}{4}$，则 $P(AB)=P(A)P(B)$ 得事件 A 与事件 B 相互独立，简称几何概型。

3. 几何概型

试验中每个基本事件发生的概率只与构成该事件的区域的长度（面积、体积）成比例，与古典概型求概率的方法类似，构成该事件的区域的长度（面积、体积）占总长度（面积、体积）的比值，就是该事件的概率。如比较常见的转盘游戏，就是几何概率模型。

生活中的很多现象都是随机现象，如气候变化、物价变化、体育比赛、汽车流量、彩票中奖等。如果能够比较准确地预测这些随机事件发生的概率，就会为我们的工作和生活带来很多方便，帮助我们解决很多问题。随着科技的发展，气象部门已经能够比较准确地预报天气变化，对气温、降水量、风力、风向等的变化作出比较准确的预测，帮助人们提早做好预防，以减少灾害的发生。这些现象都离不开对数据的分析以及对事件发生可能性大小的定量刻画，从而做出合理的预测和决策，这正是统计与概率研究的主要内容与意义。因而，统计与概率的思想方法既是进一步学习的基础，也是人们在生活和工作中必须掌握的。

二、概率论与数理统计的关系

数理统计与概率论有着密切的联系，二者都研究随机现象的统计规律，互相联系、互相渗透，他们在研究方法上有区别：数理统计往往用样本的特征去估计总体，统计推断是用从特殊到一般的归纳法；而概率论往往用已知的或者假设的概率分布描述随机现象的统计规律，这个计算和推理的过程与方法是从一般到特殊的演绎推理方法。概率的很多数学模型为统计推断提供了依据。

我们通过两个简单摸球的活动来通俗地比较概率与统计的大致区别。

活动一：盒子里有 7 个红球和 3 个黄球，随机摸一个球，取到红球的概率是多少？取到黄球的概率是多少？

活动二：盒子里有红球和黄球共 10 个,每次随机有放回地摸一个球,摸球次数及结果见表 4-6-1。

表 4-6-1

摸球次数/次	100	200	300	400	500
出现红球的频数/次	67	142	207	282	349
出现红球的频率	0.67	0.71	0.69	0.705	0.698

你能根据表中的数据估计盒子中红球和黄球的数量吗?

上面的活动一是已经知道了样本空间的分布,然后通过计算和演绎推理来研究随机事件发生的统计规律。而活动二是与之反向的操作,根据随机试验的统计规律,估计样本空间的概率分布,统计推断是归纳推理。

三、随机思想的应用

随机思想主要应用于统计与概率领域。一是小学数学安排了可能性的内容,如体会简单的等可能性随机事件发生的可能性大小。二是统计推断中很多情况是根据对随机事件的相关数据进行分析后,再对随机事件发生的可能性大小进行预测和决策。

四、随机思想的教学

《标准 2011 版》关于小学数学概率内容的教学要求是合适的,具体教学目标如下。

1. 在具体情境中,通过实例感受简单的随机现象;能列出简单的随机现象中所有可能发生的结果。

2. 通过试验、游戏等活动,感受随机现象发生的可能性是有大小的,能对一些简单的随机现象发生的可能性大小作出定性描述,并能进行交流。

《标准 2011 版》通过第 97 页例 41 进行解读,题目给出 4 张实物图片,其中有 2 条船、1 所房子、1 辆汽车,问题是:从中任意选取一张,这张卡片可能是什么?

根据以上教学目标,学生对此题的理解应达到以下几个层次:

(1) 这是一个随机现象,每张卡片都有可能被选取,同时也无法确定哪张卡片一定被选取。

(2) 每张卡片被选取的可能性相等,即该事件具有等可能性。

(3) 所有可能发生的结果(样本空间)为{船1、船2、房子、车},有4个样本点。

(4) 在样本空间中,船的样本点有2个,而房子和车的样本点各有1个,所以任意选取一张,4个样本点都有相同的可能性被抽中,于是出现船的可能性更大。

我们不能盲目地认为学生能够完全达到这个目标。巩子坤等人对小学生学习概率的研究表明"在学生中,尤其是在高年级学生中,等可能性偏见也是一类常见的错误概念"[①]。"这是因为学生不能正确列出事件中的所有基本事件,即不能正确找出样本空间,从而导致了等可能性偏见这一错误概念的使用……认为所有结果平分机会,而不管每个结果是不是等可能的……"[②]该研究通过对803名学生的测试发现,学生出现等可能性偏见错误的频率随年龄的增长不降反升,在11岁达到顶峰,12岁有所下降,但错误率仍然高达20%以上。

《标准2022版》相关内容的要求基本不变,对于这部分内容的教学,要求如下。

随机现象发生可能性的教学。引导学生在自然界和生活的情境中感受简单的随机现象,如下周三是不是晴天,从家里到学校所需要的时间等,知道在现实世界中随机现象普遍存在;感知随机现象的基本特征,可能发生也可能不发生,可能以这样的程度也可能以那样的程度发生。让学生感知,许多随机现象发生可能性的大小是可以预测的。

例如,一个袋子里装有若干不同颜色的球,通过有放回地摸球试验记录,

① 巩子坤,高海燕.7~12岁儿童对概率概念的错误理解及其发展[J].小学教学(数学版),2014(3):10-13.

② 同①.

感受数据的随机性,判断各种颜色球的多与少,发展数据意识。①

在概率相关内容的教学中,应注意以下几点。

第一,随机事件的发生是有条件的,在一定条件下,事件发生的可能性才有大小;条件变了,事件发生的可能性大小也可能会变化。比如,种子的发芽率与很多因素有关,如种子的质量、保存期限、温度、水分、土壤、阳光、空气等。在各种条件都合适的情况下,发芽率可能高达 90%;在条件不合适的情况下,发芽率可能降到 50%甚至不发芽。再比如,抛硬币、掷骰子等,需要材料质地均匀,结果才具有等可能性。

第二,避免把频率与概率混淆。如最经典的就是用掷硬币的试验去验证概率。从概率的统计定义而言,做抛硬币的试验是可以的,这可以使学生参与实践活动、经历知识的形成过程、提高学习的兴趣。关键是广大教师心中要明白:试验次数少的时候频率与概率的误差可能会比较大,但是试验次数多,也不能每次都保证频率与概率相差很小,或者说试验次数足够大的两次试验,也不能保证试验次数多的比试验次数少的误差小。但是无论如何,随着试验次数越来越多,频率会稳定在概率附近,围绕概率小幅波动,于是就可以用频率估计概率,这是随机事件本身的特点决定的,教师要通过通俗的语言使学生清楚这一点。这一过程也体现了变中有不变的思想。在抛硬币时出现任何情况都是正常的,在学生操作的基础上,有条件的可通过计算机模拟试验,还可以呈现数学家们做的试验结果,使学生理解概率的统计定义。

第三,创设联系学生生活的情境,要注意每个基本事件是否具有等可能性。如下面的题目就不合适:全班 50 个学生,选一人代表全班参加科普知识竞赛,张三被选中的可能性是多少? 事实上参加竞赛是有一定条件的,如学习好、知识面宽等,于是每个学生被选中的可能性是不相等的。在不计算事件的可能性大小的前提下,要通过多种素材让学生体会哪些事件是等可能性的,哪些不是。如掷一颗正方体的骰子,则 1~6 每个数字出现的可能性相等;如果在一个棱长不全等的长方体的六个面上刻上数字 1~6,那么掷一次,每个数字出现的可能性就不相等。

---

① 中华人民共和国教育部. 义务教育数学课程标准(2022 年版)[S]. 北京:北京师范大学出版社,2022:41.

第四，概率是理论上的精确值,但是随机事件在具体一次试验中可能出现意外,即频率与概率有一定偏差。随机中有精确,精确中有随机,这是对待概率的一种科学态度。

无论是教师还是学生,在教学和学习概率知识之前都接受了大量传统的确定性的数学,当突然面对概率这种具有不确定性的知识时,需要观念转变,要具有确定性与不确定性的对立统一思想。

案例1　连续两次抛掷一枚硬币,如果第一次正面朝上,那么第二次一定是反面朝上吗?

分析　我们把连续两次抛掷一枚硬币作为一个随机试验,样本空间为 $\Omega=$ {(正,正),(正,反),(反,反),(反,正)} 设事件 A 表示"第一次正面朝上",事件 B 表示"第二次反面朝上",则 $A=${(正,正),(正,反)}, $B=${(正,反),(反,反)},于是 $P(A)=P(B)=\dfrac{1}{2}$。

抛一枚硬币正面和反面朝上的可能性相等,都是二分之一;如果把每次抛掷一枚硬币作为一个随机试验,那么各自正反面朝上的概率也相等,互不影响,并不会因为第一次正面朝上而影响第二次正面和反面朝上的可能性相等的理论事实。因此,第二次正面和反面朝上的可能性仍然相等。

案例2　天气预报预测明天降水概率是 90%,明天一定下雨吗?

分析　降水概率是气象专家根据气象条件和经验,经过分析推断出的结论。明天降水是一个随机事件,尽管降水概率高达 90%,说明降水的可能性很大,但可能性再大的事件也可能不发生。比如,遇到天气情况的突然变化,改变了降水的条件,也可能明天不下雨,所以不能说明天一定下雨。当然,我们不能因为大概率的随机事件的偶尔一次不发生而不相信天气预报,甚至否定天气预报,等下一次天气预报预测第二天降水概率是 90% 时,你偏不带雨衣不带雨伞,结果就是你很可能 10 次错 9 次。

案例3 小明、小东、小丽每人带来1块糖,小明的是红色的、小东的是黄色的、小丽的是绿色的,这3块糖只有包装纸的颜色不同,其他方面都相同。把这3块糖放在一个盒子里,每人任意取1块。

(1) 下列事件一定发生的是(   )。

(A) 小东恰好取到自己带来的糖

(B) 小丽取到别人带来的糖

(C) 每个人都取到1块糖

(D) 小明取到小丽带来的糖

(2) 3人都取到自己带来的糖,与3人都没有取到自己带来的糖,哪个事件发生的可能性更大?

分析 (1) 根据题目的信息可知,每人取到1块糖是一定的,而取到什么颜色的糖是不确定的。所以C是正确答案。(2) 把所有可能的结果,即样本空间穷举出来,再比较相关事件的可能性大小。按照小明、小东、小丽的顺序,样本空间为

$$\Omega = \{(红,黄,绿),(红,绿,黄),(黄,红,绿),(黄,绿,红),$$
$$(绿,红,黄),(绿,黄,红)\}。$$

3人都取到自己带来的糖,只有(红,黄,绿)1个样本点。

3人都没有取到自己带来的糖,有(黄,绿,红),(绿,红,黄)2个样本点。所以3人都没有取到自己带来的糖这一事件发生的可能性更大。

案例4 某种彩票的中奖概率为 $\frac{1}{1000}$,买1000张这种彩票一定中奖吗?

分析 如前所述,随机事件的发生需要约定前提条件,如果彩票只有1000张,那么买1000张相当于全部买下,当然一定中奖。但是生活中的彩票往往销售量很大,可能多达几千万张。买1000张彩票,相当于做1000次随机试验,设买到中奖彩票为随机事件 A,则买到不中奖的彩票为 $\overline{A}$,根据题意可知

$P(A) = \dfrac{1}{1\,000}$, $P(\overline{A}) = \dfrac{999}{1\,000}$, 于是买 1 000 张彩票都不中奖的概率为 $\left(\dfrac{999}{1\,000}\right)^{1\,000} \approx 0.367\,7$, 那么买 1000 张彩票至少有一张中奖, 即一定中奖的概率约为 $1 - 0.367\,7 = 0.632\,3$, 所以不能说买 1 000 张彩票就一定中奖。

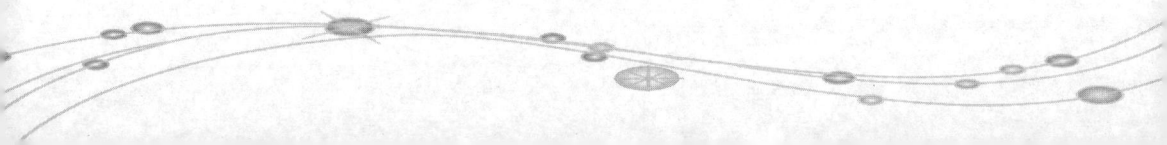

练习四

1. 小学数学基本的数学模型有哪些？请举例说明。

2. 代数与方程思想的意义是什么？如何让学生理解并运用代数与方程思想？请举例说明。

3. 函数思想的内涵是什么？函数与方程的关系是什么？请举例说明。

4. 如何做好中小学函数思想的衔接？请举例说明。

5. 请根据函数解析式 $y = 500 - 100x$ 编写一道实际问题。

6. 如何加强优化思想的教学？请举例说明。

7. 统计思想的核心是什么？小学数学中主要的统计量有哪些？

8. 如何辩证地理解随机思想？请举例说明。

9. 两列高铁列车的长度都是 200 米，均以 300 千米/时的速度相向行驶，从车头相遇到车尾恰好分离，需要多长时间？

10. 小明今年 8 岁，爸爸的年龄是小明的 4.5 倍，爷爷比爸爸大 28 岁，再过几年，爸爸的年龄是小明的 3 倍？

11. 小丽一家三口假期开车从自己家去爷爷家，路程是 500 千米，用了 40 升汽油。回来时没有原路返回，计划去一个风景区，爷爷家到风景区的路程是 300 千米，从风景区回家的路程是 420 千米。如果在风景区里没有开车，按照去爷爷家时的汽车耗油量，从爷爷家返回时加满一箱油 55 升，这箱油够不够开车回到家？

12. 盒子里有红球和黄球共 10 个，小明每次随机且有放回地摸一个球，摸了 10 次，红球出现 6 次，黄球出现 4 次。小明由此判断：盒子里有 6 个红球、4 个黄球，他的判断对吗？

第五章 其他数学思想方法

在第 2~4 章中,我们围绕数学的抽象、推理和模型这三个基本思想及相关的思想方法进行了阐述,把数学思想方法中最基本、最核心的部分展开了论述。在数学的课程教材及课堂教学中,还有一些思想方法也是比较重要的,需要学生去感悟和掌握。比如,结构化思想方法对于教师准确理解和把握单元整体设计与教学,对学生建立完整的数学认知结构都非常有益处。再如,数学具有抽象性、严谨性、应用性等特点,但是数学不是枯燥乏味、冷若冰霜的,而是充满了形式美、简洁美、和谐美、逻辑美,注重培养学生善于发现和欣赏数学内外之美,有助于学生逐步产生对数学的兴趣,进而喜欢学习数学,体验到学习的快乐。本章还就分析法、综合法、反证法、假设法、穷举法以及数学思想方法的综合应用进行论述。

第一节 结构化思想方法

依据词典对结构的定义,可以把结构概括为:组成一个整体的各个部分的搭配和排列。例如,建筑物承重部分的钢筋、混凝土、木材、砖等连接固定在一起,形成坚固的结构,这是直观的有形的可视化结构。而知识结构是抽象的隐形的存在,比如数学知识结构。如果从数学史角度考查,数学学科的结构形成是比较早的,如欧几里得的几何公理体系应该就是一个比较完整的结构体系。数学的结构主义思想形成于 20 世纪 30 年代,当时法国一批年轻数学家组成了以布尔巴基命名的学派,致力于数学的结构化和公理化。例如代数结构,是在传统算术运算的基础上，进行概念抽象和符号表达，把数抽象成集合，把四则运算等抽象成二元运算，建立起的一套集合加运算法则的公理体系。

当然，本书讨论的结构远没有抽象到这个程度，我们将比较具体地把概念、命题建立关系，形成各种结构。这样的结构也没有完全达到群结构的完美程度，因为小学学习的四则运算是在非负的自然数、小数、分数的集合里，有时候不完全满足群结构的封闭性、结合律、存在单位元和存在逆元这四条公理。例如，自然数加法满足封闭性、结合律，存在单位元 0，即 $a+0=0+a=a$，但是不满足 $a+a'=a'+a=0$，也就是说任意一个非 0 自然数的相反数不是自然数，所以自然数加法不构成群。而正分数的乘法满足群结构的 4 条公理，构成群结构。

一、数学结构

我们把数学结构分为两个层面：数学学科知识结构、个体的数学认知结构。数学学科知识结构是通过数学概念和命题的关联所形成的结构，是属于数学学科的，是以数学家为代表的全体数学工作者对数量关系和空间形式研究的成果和智慧结晶，是一种普遍性的客观存在，它不依个人的意志而改变。数学认知结构来源于数学知识结构，是学生个体对数量关系和空间形式的智慧结晶，它是属于学生个体的，存在于学生个体的头脑中，是个性化的主观存在，是一个复杂的多要素系统，个体之间的认知结构和水平是有差异的。

数学知识结构是通过数学概念、命题的关联所形成的模型和体系。概念之间、命题之间、概念和命题之间有关系才能够关联，那么什么是关系呢？首先我们看生活中有同学关系、同事关系、父子关系、母女关系等，这些关系表达的是两个或者两个以上事物之间的关联。在数学里，3 是 6 的因数，6 是 3 的倍数，3 与 6 是因数和倍数的关系，1/2 和 2 是互为倒数的关系，路程＝速度×时间，5＝3＋2，这些都是相等关系；9＞6＋2，3＋4＜8，这些都是不等关系。两条直线互相平行，两个三角形全等，这是图形之间的关系。实数与数轴上的点一一对应，函数解析式与其函数图象相对应，这是数与形之间的关系。小数与分数之间，长方形与正方形之间，有从属或者种属关系。这些关系表达的都是两个或者两个以上数学对象之间的关联，即数（数量）和数（数量）之间的关系，图形和图形之间的关系，数和形之间的关系。当然，上述的这些关系多数还只是零散的几个对象之间的局部关联,还不足以形成大结构。要不断地关联,进一步建立领域的、广泛的、系统的概念及命题之间的关系,把数学概念和命题串起来才能形成数学学科的网状知识结构。在学习数学知识结构的过程中,学生个体会形成自己的数学知识结构和数学认知结构。

比如,根据教材的编排,学生要分几次学习自然数,分别为:10 以内的数,10—20 的数,100 以内的数,万以内的数,亿以内的数,亿以上的数。这样的认识可能是碎片化的,只见树木、不见森林。教师从一年级开始就要把这些自然数进行梳理、关联、结构化,从一位数、两位数到多位数,形成自然数系统,理解十进位值制思想,引导学生在相关数的概念和命题的结构中进行理解,以形成长久的记忆,然后再把自然数系扩展到整数系、分数系(有理数系)、小数系(实数系)。小数(小数的初步认识)本来是从十进分数引入的,貌似小数是特殊的分数,但是后来小数的意义扩展了,小数包括有限小数、无限循环小数和无限不循环小数,所有的分数都可以化成有限小数或者无限循环小数,因此分数是小数的一部分。它们都可以用十进位值制表示,从而可以体会运算法则和运算律的一致性。

加减乘除四则运算是小学数学非常重要的概念和内容,涉及自然数、小数和分数的运算。四则运算各自的概念、运算之间的关系很重要,特别是减法是由加法定义的,减法是加法的逆运算,整数乘法是特殊的加法,除法是由乘法定义的,余数为 0 的除法是乘法的逆运算,也是特殊的减法。四则运算之间的关系如图 5-1-1 所示。

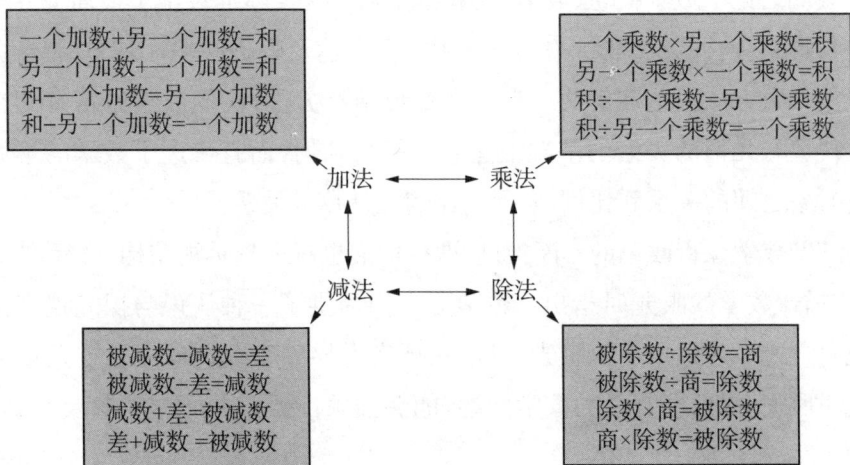

图 5-1-1

上述概念及关系是用文字表达的，字面上有差别，实际上被减数与和，被除数与积，可以看成是同一个数有两个不同的名称。把上述关系抽象成符号就统一了，如图 5-1-2 所示。

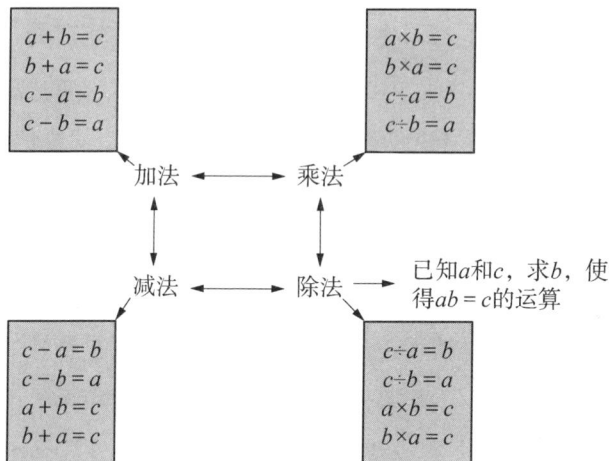

图 5-1-2

根据上述关系图，我们提出三数（量）四式的模型，包括加减乘除的基本模型、路程、时间和速度，总价、数量和单价等模型，都可以一网打尽。

此外，平面图形之间、立体图形之间，平面图形和立体图形之间，都可以进行关联结构化。

我们讨论了数学概念、数学命题之间的关联，实际上数学里最高境界的关联是数形结合，即数及数量关系可以用图形表达及解决问题，图形及图形关系可以用代数方法表达和解决问题。在数形结合方面，法国数学家笛卡儿在研究了代数与几何的关系的基础上建立了解析几何，而且渗透了数学的本质是研究对象之间的关系和比例，实际上比例也是数量关系。

随着数学课程改革的不断推进，课程标准也越来越重视结构。《标准 2022 版》在描述数学的眼光时指出："数学为人们提供了一种认识与探究现实世界的观察方式。通过数学的眼光，可以从现实世界的客观现象中发现数量关系与空间形式，提出有意义的数学问题；能够抽象出数学的研究对象及其属性，形成概念、关系与结构。"①

　　《高中标准 2017 版》把学业质量分为三级水平,水平二的一部分描述为:"能够理解用数学语言表达的概念、规则、推理和论证,理解相关概念、命题、定理之间的逻辑关系,提炼出解决一类问题的数学方法,理解其中的数学思想,初步建立网状的知识结构。"②这其中的实际含义是使学生形成网状的数学认知结构,由此可知数学认知结构的重要性。概念和命题提供了数学认知结构的材料或载体;数学思想方法决定了认知结构的水平;学习兴趣和动机、态度、情感意志、元认知等,是学好数学的强大动力。

二、结构化教学

　　数学学科的知识结构是一个完整的、纵向和横向连接的网状结构,就像一座数学的高楼大厦,是古今中外广大数学工作者集体智慧的结晶。但是无论是教材还是教学,都不能直接把这个完整的数学知识结构呈现给小学生,而是通过一本一本的教科书传递,一课时一课时地教学。数学教科书根据学生的认知水平和规律,把这座数学的高楼大厦拆散、碎片化,进行螺旋上升式的编排。学生从小学一年级到高三,在 12 年的时间里一课时一课时地学习,就像一砖一瓦地把自己的数学大厦重新盖起来,形成学生自己的数学认知结构。如前文所述,学生个体的数学认知结构主要包括:个体的数学知识结构、数学思想方法、元认知、非智力因素等。教师的任务就是指导学生如何砌好自己的一砖一瓦,把自己头脑里的这座数学大厦盖得结构完整、结实美观。

　　关于结构的重要性,美国心理学家布鲁纳(J. S. Bruner,1915—2016)有过精辟论述:"一门学科的课程应该决定于对能达到的给那门学科以结构的根本原理的最基本的理解。教专门的课题或技能而没有把他们在知识领域更广博的基本结构中的脉络弄清楚,这在几个深远的意义上,是不经济的。第一,这样的教学使学生要从已学得的知识推广到他后来将碰到的问题,就非常困难。第二,陷于缺乏掌握一般原理的学习,从激发智慧来说,不大有收获。使

①　中华人民共和国教育部. 义务教育数学课程标准(2022 年版)[S]. 北京:北京师范大学出版社,2022:9.
②　中华人民共和国教育部. 普通高中数学课程标准(2017 年版)[S]. 北京:人民教育出版社,2018:77.

学生对一个学科有兴趣的最好办法，是使这个学科值得学习，也就是使获得的知识能在超越原来学习情境的思维中运用。第三，获得的知识，如果没有完满的结构把它连在一起，那是一种多半会被遗忘的知识。一串不连贯的论据在记忆中仅有短促得可怜的寿命。根据可借以推断出论据的那些原理和观念来组织论据，是降低人类记忆丧失的速率唯一的已知方法。"①从中可以看出，布鲁纳非常注重学科课程的原理、观念和结构。这不仅有利于学习和掌握学科知识，还有利于记忆、技能和方法的迁移。本文所提出的在概念、命题的基础上形成的结构，与布鲁纳的观点有许多相似之处。

关于认知结构的教学，其过程是复杂的、具有个性化的。在此特别需要强调的是，教师首先要有数学知识关联结构化的思想和意识。每堂课要学习的新知识，都要进行关联。一般情况下，课始直接呈现主题，进行新旧知识的自主关联，启发学生类比思考：这个新知识点与哪些学过的旧知识有关系？如何把新知识转化成旧知识？能不能用学过的知识和方法理解新知识、解决新问题？然后在每堂课的小结阶段，也应进行关联和结构化，使新知识通过同化或者顺应纳入到已有的认知结构当中，让学生理解学习的过程就是每天给自己的认知结构添砖加瓦。另外教师要注意，即使教师每堂课把数学知识结构完整地呈现在黑板上，也并不表明每个学生都把数学知识结构转化为了自己的认知结构的一部分，或者说掌握了数学知识结构。要让学生经历数学知识结构的形成过程，包括理解概念、掌握命题、关联和结构化。这个过程要体现数学思想方法、元认知和非智力因素等整体认知结构的协调发展。关于教学方法和基本教学范式，前文已经阐述，总体上主张把学生的自主学习、探究学习、合作学习与教师有意义的讲授相结合，达到一种比较理想的平衡。一方面特别提倡学生的自主学习、合作学习，另一方面也不能摒弃教师的讲授。因为学生自主学习与合作交流的成果需要教师的抽象概括，一是把数学知识结构进行补充完善，二是为了让学生能够理解数学知识结构，三是对数学认知结构进行强化。

每个单元、每个模块、每个领域，都构成了不同层次的结构，每堂课都要把新学习的知识与已有的结构进行自主关联，始终做到温故知新、瞻前顾后。

---

① 布鲁纳.教育过程[M].上海师范大学外国教育研究室,译.上海:上海人民出版社,1973:21.

单元就是教科书的独立内容篇章。单元的知识结构可能相对独立,也可能因为单元划分比较细,导致单元不够完整和独立,不能形成一个相对完善的知识结构,这是现行小学数学教材的一个显著特点。

近年来流行的小学数学单元整体设计与教学,从字面上看似乎是新概念、新理念,但实际上这并不是新的概念和理念。小学数学单元整体设计与教学,主要是依据课程改革的新理念,尤其是为了让学生把握知识的本质联系,落实学科核心素养的目标,针对当前小学数学教学中存在的浅表化、碎片化等问题而提出来的。结构化学习本质上就是把数学的知识结构转化为学生的认知结构,而认知结构理论来源于皮亚杰(J. Piaget,1896—1980)和布鲁纳等人的结构主义学习理论。况且几十年来教科书本来就是按照单元整体设计编排的,课堂教学也早就应该贯彻单元整体教学的目标,进行认知结构的教学,这不是现在才形成的主张,只不过是过去我们的教学对认知结构的理解不全面,对结构化的教学不够重视,那么从现在开始要重视起来。另外需要强调的是,单元整体设计与教学的单元结构还不一定是完整的数学知识结构,可能只是数学知识结构的一部分,因此,单元整体设计与教学还不是结构化教学的全部或者终点。

小学数学单元整体设计与教学的理论基础是,数学学科具有知识结构,学生头脑具有数学认知结构;其内涵是把数学学科的知识结构转化为学生头脑里的数学认知结构。

模块是在若干单元基础上形成的独立知识系统。由于模块是由若干个碎片化的单元整合而成的,因此其知识结构具有独立性。

领域是在若干模块基础上形成的比较完整的知识体系。比如数与代数、图形与几何等。

另外,应让学生认识到,数学是研究数及数量关系、图形及图形关系、数与形关系的学科,学习数的时候离不开形,学习形的时候离不开数,数学结构的最高境界是数形结合。这样就构成了小学数学比较完整的知识结构体系。

我们以表内乘法为例,讨论如何进行结构化教学。考虑到这部分内容的重要性及学生的认知难度,教科书一般把表内乘法拆分成两个单元进行学习,以分散难点,确保有足够的时间和空间进行学习和训练,保证熟练掌握乘法口诀。这样编排的初衷是减轻学生学习的负担,提高教学质量。但是,如果把两个单元孤立地、碎片化地进行教学,实际上会降低教学效率,因为学生没有机会进行自主关联学习,没有结构化学习,也就没有形成学习方法和数学思想方法。我们主张自主的学习方法和教学范式,这两个单元构成一个模块结构,对于每个模块一系列类似的知识点的教学,初次学习用不完全归纳法,通过特殊的、具体的例子得到一般性的算理、算法;第二次及以上的知识点的学习用类比法,启发学生自主关联类比,自己完成算理、算法的转化和迁移,达到举一反三的水平,从而提高学习效率。一个模块的各个知识点的教与学,优等生应尽早学会类比,举一反三、触类旁通、闻一知十,达到无师自通的境界;中等生应该逐步达到这个境界;学困生先学会模仿,保证不掉队,教师耐心等待学生学会自学的那一天。按照这个思路,对表内乘法进行结构化设计,梳理出 3 个核心课时的内容。

1. 乘法的意义。小学生刚开始学习的乘法是特殊的加法,若干个加数都相同的加法可以简写成乘法,乘法算式中的两个乘数,一个是相同的加数,另一个是相同加数的个数。乘法的结果叫积,积是加法的和,是特殊的和,所以积这个汉字是和加一撇一捺。

2. 5 的乘法口诀编制。乘法口诀就是用言简意赅、朗朗上口的语言把乘法算式表达出来,表明两个乘数与积的关系。乘法口诀是基于乘法的意义编制的,所以乘法的意义是基础和重点。编制 5 的乘法口诀,启发学生经历口诀形成的过程,经历编制方法的形成过程。其他乘法口诀的编制可以以此类推、举一反三,以培养四基。

3. 乘法口诀的应用。用乘法解决问题,一是加强乘法与加法的比较,二是用乘法解决简单的实际问题,以巩固乘法的意义和乘法口诀,培养"四能"。

这样的教学设计与安排能够提高教学效率,提前完成结构化。模块的整合,除了关注结构化,仍然不能轻视对概念、算理、算法的理解,因为概念与命题是结构的基础。在分析模块结构的基础上需要进一步关联与整合,可以把自然数、分数、小数的认识统一到数的认识,把自然数、分数、小数的计算统一到数的计算,把用字母表示数与数量关系、方程、用方程解决问题、比、比例等统一到代数或者用字母表示的数量关系。

第二节　数学美思想

一、对数学美思想的认识

对数学美的认识就是能够认识或感受数学内容、结构、思想方法等方面的美，是对数学外在形式的美好感受和内在本质的理性欣赏。

不同的人对数学的美的认识往往是不同的，数学家对数学的感情最深，对数学的美的认识也更深刻，如美国数学史学家、数学家克莱因（M. Kline，1908—1992）这样描述数学："它是人类最杰出的智慧结晶，也是人类精神最富独创性的产物，音乐能激起或平静人的心灵，绘画能愉悦人的视觉，诗歌能激发人的感情，哲学能使思想得到满足，工程技术能改善人的物质生活，而数学则能够做到所有这一切。"[1]

对于普通人而言，对数学的印象往往是抽象、枯燥、难学，除了应对升学考试外，好像没什么用。

先给大家出一个谜语：打一样东西，看不见，摸不着，人人时刻都需要。谜底是：空气。数学也像空气一样，看不见，摸不着，但它却无时无刻不在我们身边。也就是说，数学是有广泛应用的，每个人都离不开它，但它却做了好事不留名，以至于很多人都会质疑：数学除了日常生活中购物时的加减乘除那点算术运算，还有什么用呢？再加上由于在升学考试中数学题目较难，很多老师在教学中会增加超过教科书上习题难度的题目让学生大量训练，也有很多家长让孩子参加课外辅导班，导致很多人害怕甚至厌恶数学，对数学产生了不好的印象。

在日常生活中购物时需要用到的数学虽然简单，但也是有学问的，各个商场、超市、网店在什么时间、什么商品最优惠，需要对信息和数据有敏感性，这也是数学能力的一部分。另外，每个人可能都会涉及投资理财，如存款，买国债、保险、基金、股票等，还有买房、装修、买汽车等大额开支方面都需要收集信息和数据、精打细算。此外，在物理、化学、生物、电子信息技术、计算机、建筑、

---

[1]　克莱因.数学：确定性的丧失[M].李宏魁，译.长沙：湖南科学技术出版社，2007：465.

机械、电力、自动控制、经济、农业、军事、人口等很多领域也都会用到数学。一个人如果没有学好数学，就很难开展大学阶段的理工科的学习和研究，哪怕是文科的某些专业，也会用到数学。如前文所述，在当今大数据时代，数学的作用就更大了。可以说，没有数学的发展，就不会有今天的市场经济和信息化社会。当然，作为普通公民没有必要学习太抽象的太高深的数学知识，但是总要有一些人去研究，因为现代社会已经离不开数学了。

如果我们能够认识到数学的强大作用，那么可以先不讨厌数学，或者有一点好感，再来看看数学有什么美的地方。

数学的内容和结构有一种简洁美、和谐美。正如符号化思想所描述的，数学的符号化语言使得数学的表达简洁化、形式化、国际化，便于应用和交流。数学有很多分支学科，理论自成一体、自圆其说，体现了和谐美。

数学的形式有一种对称美。几何图形有很多是对称的，如长方形、正方形、圆等。数与式也有很多是对称的，如图 5 - 2 - 1 所示的算式。

$$1 \times 1 = 1$$
$$11 \times 11 = 121$$
$$111 \times 111 = 12321$$
$$1111 \times 1111 = 1234321$$
$$11111 \times 11111 = 123454321$$
$$111111 \times 111111 = 12345654321$$
$$1111111 \times 1111111 = 1234567654321$$
$$11111111 \times 11111111 = 123456787654321$$
$$111111111 \times 111111111 = 12345678987654321$$

图 5 - 2 - 1

数学思想方法有一种内在的、独特的美，从数学知识中提炼出思想方法，是一种升华的美。

因此，数学不但有很多用处，数学还很美。

生活中有很多美的事物，如美丽的风景、照片、山水画、优美的音乐、诗歌、舞蹈等，这些都使我们的生活丰富多彩，人们觉得生活无限美好。当我们内心放松、无压力的时候，往往更能够感受到美的存在，如看到路边的迎春花在料峭的春风中绽放时，随手用手机拍几张照片发到微信上，心情确实会很好。但是，当我们心情紧张、压力大的时候，如面对钢琴被迫弹奏，也可能像坐在针毡上一样难熬，感受不到音乐的美。在升学就业压力的强烈冲击下，很多家长陷入了实用主义美学的泥潭，使得像钢琴弹奏这种高雅的艺术也被一些家长当作升学的筹码，逼着不知道是否内心真正喜欢、是否有天赋的孩子们学习弹奏，我相信很多孩子的感受不一定是美的。那数学就更谈不上美了，在多数学生和家长的眼中，数学也只是升学考试的筹码，在繁难的大量的数学作业面前，怎么可能感受到数学的美呢？由此看来，想让学生甚至家长认识到数学的美，必须创造相应的学习环境。

二、数学美思想的应用

在小学数学中，能够让学生欣赏数学美的地方有很多。既要让学生认识数学符号、公式的简洁美，欣赏几何图形和算式的对称美，体会加与减、乘与除、奇与偶等的对立统一的和谐美，经历数学推理的逻辑美，也要让学生感悟数学思想方法的升华美、境界美。要让学生认识到如果能学会用数学思想方法学习数学、解决问题，不仅是数学素养的提高，也是一种理性认识的升华。

三、数学美思想的教学

要让学生在学习数学的过程中感受和认识数学的美，首先要以教材为基础和核心，难度上不宜超过教材，让学生在掌握"四基"的基础上欣赏数学的美。

如图 5-2-2 所示，线段 $AB=1$，在 AB 上取一点 C，使得 $BC:AC=AC:AB$，可求得 $AC \approx 0.618$（实际上是无限不循环小数），这个数称为黄金数。由于 $BC:AC=AC:AB=0.618:1$ 这个比在生活中有很多能够产生美感的应用，因此把它称为黄金比，或黄金分割。

图 5-2-2

在 AB 上再取一点 D,使得 $AD:BD=BD:BA$,可求得 $BD\approx0.618$,于是 $AD=AB-BD\approx0.382$,$BC=AB-AC\approx0.382$,即 $AD=BC$ 进而得 $CD\approx0.236$,再得 $CD:AD=DC:BC=0.236:0.382\approx0.618:1$。$C$、$D$ 这两个黄金分割点具有对称性,而且还可以继续对称地分割下去。数学家华罗庚把这种方法应用于生活和生产,称为"优选法"。

案例 1 根据斐波那契数列:1,1,2,3,5,8,13,21,34,55,89,…,这些数被称为斐波那契数。计算相邻两个数的商,前项作被除数,后项作除数,商取三位小数。你能发现什么规律?

分析 经过计算,由相邻两个数的商组成的数列为:1,0.5,0.667,0.6,0.625,0.615,0.619,0.618,0.618,0.618,…。观察这个数列,从第 8 项开始,都是 0.618,由此可以归纳:斐波那契数相邻两个数的商,随着项数的增大,越来越接近 0.618。

案例 2 一般对人的整体的审美标准认为,除了体重等指标外,还要求一个人的肚脐以上的长度与肚脐以下的长度之比等于 0.618。一位女士身高 168 厘米,肚脐以上部分长 68 厘米,根据这一标准,她应穿多高的高跟鞋会让人感觉比较美?(结果精确到 1 厘米)

分析 身高减去肚脐以上长度,就是肚脐以下部分的长度,设她应穿高 x 厘米的高跟鞋,根据题意得

$$68:(168-68+x)=0.618,$$
$$68\div0.618=100+x,$$
$$x\approx10。$$

所以,她应穿高 10 厘米的高跟鞋。

第三节　分析法和综合法

　　分析与综合都是思维的基本方法,无论是研究和解决一般的问题,还是数学问题,它们都是最基本的具有逻辑性的方法。分析与综合本是两种思想方法,但因二者具有十分密切的联系,因此把二者结合起来阐述。

一、对分析法和综合法的认识

　　分析是把研究对象的整体分解为若干部分、方面和因素,分别加以考察,找出各自的本质属性及彼此之间的联系。综合是把对研究对象的各个部分、方面和因素的认识结合起来,形成一个整体性认识的思维方法。分析是综合的基础,综合是分析的整合和深入,综合是与分析相反的思维过程。在研究数学概念和性质时,往往先把研究对象分解成几个部分、方面和要素进行考察,再进行整合,从整体上认识研究对象,形成理性认识。实际上教师和学生都在经常有意识和无意识地运用分析和综合的思维方法。如认识等腰梯形时,可以从它的边和角等几个要素进行分析:它有几条边? 有几个角? 四条边有什么关系? 四个角有什么关系? 再从整体上概括等腰梯形的性质。另外,在数学中的分析法还有一种特定的含义,一般被理解为:在证明和解决问题时,从结论出发,一步一步地追溯到产生这一结论的条件是已知的为止,是一种"执果索因"的方法。综合法一般被理解为:在证明和解决问题时,从已知条件和某些定义、定理等出发,经过一系列的运算或推理,最终证明结论或解决问题,是一种"由因导果"的方法。如小学数学中的问题解决,可以由问题出发逐步逆推到已知条件,这是分析法;从已知条件出发,逐步求出所需答案,这是综合法。再如分析法和综合法在中学数学中作为可以用于直接证明的基本方法,应用比较普遍。因此,分析法和综合法是数学学习中应用较为普遍的相互依赖、相互渗透的思想方法。

　　大纲时代的小学数学教育,比较注重逻辑思维能力的培养,在教学过程中重视培养学生的分析、综合、抽象、概括、判断和推理能力,其中培养学生分析和综合的能力、推理能力是很重要的方面,如在解答应用题时重视分析法和综合法的运用,也就是说可以先从应用题的问题出发,找出解决问题需要的条件中哪些是已知的、哪些是未知的,未知的条件又需要什么条件来解决,这样一步一步倒推,直到可以利用的最原始的已知条件,分析了数量关系和解题思路后,再利用综合法根据已知条件列式解答。再如,在学习概率统计时,对各种统计数据需要经过整理和描述,并进行分析和综合,才能作出合理的判断和预测。分析法和综合法是培养学生分析问题、解决问题和推理等能力的重要的思想方法。

二、分析法和综合法的应用

如上所述,分析法和综合法作为数学的思想方法,在小学数学的各个方面都有重要的应用。首先,在四大领域的内容中,无论是低年级的数和计算、图形的认识,还是中高年级的方程和比例、统计与概率,分析法和综合法都有较多应用。如数的计算法则的学习,就是一个先分析再综合概括的过程,先一步一步地学习法则的不同方面,再综合概括成一个完整的法则。其次,在贯穿整个数学学习过程的问题解决、判断和推理证明等方面,分析法和综合法也是无所不在。如在进行一个概念或者性质的判断时,必须先进行分析,然后才能作出判断。

三、分析法和综合法的教学

分析能力和综合能力作为培养逻辑思维能力和解决问题能力的重要方面,应给予足够的重视,在教学中需注意以下几点。

第一,在学习一般的数学概念和性质时注重分析能力和综合能力的培养。

小学数学的很多知识,学生往往经历先分析再综合的过程,即先认识局部特征,再从整体上认识或者形成抽象概念。如图形的认识,在第一学段学生通过操作和直观初步感知图形的一些特征,到了第二学段,可以从整体上认识或者抽象成概念。教师从低年级开始就应注重分析能力的培养,为后续的学习打下较好的基础。

第二,在解决问题时注重分析法和综合法的结合运用。

简单的问题,往往直接应用综合法便可解决;复杂的问题,则往往需要把分析法和综合法结合运用。分析法是从问题出发逐步逆推,便于把握探索的方向;综合法的思维具有发散性,能够提供多种策略。把分析法和综合法结合起来,便于根据已知的条件提供向问题靠拢的策略,使问题尽快得以解决。

案例 1 一件衬衫的标价是 150 元,现在因换季按标价打八折的优惠价出售,还能够在进价的基础上获利 20%,这款衬衫的进价是多少钱?

分析 要想求进价是多少钱,需要知道进价加上获利的 20% 一共是多少钱,进价加上获利的 20% 等于优惠价,优惠价等于标价的 80%。

根据分析法找出的数量关系和解题思路,用综合法列式如下。

(1) 进价加获利 20% 一共的钱数:$150 \times 80\% = 120$(元);

(2) 这款衬衫的进价是:$120 \div (1 + 20\%) = 100$(元)。

列成综合算式为:$150 \times 80\% \div (1 + 20\%) = 100$(元)。

案例 2 食品店把 120 千克巧克力分装在两种大小不同的盒子里,先装每盒 0.25 千克的,装了 200 盒,剩下的装每盒 0.5 千克的,这些巧克力一共装了多少盒?

分析 因为有大盒和小盒两种包装规格,已经知道小盒有 200 盒,要想求一共装了多少盒,就要先求大盒的装了多少盒。因为大盒每盒装 0.5 千克,要想求大盒装了多少盒,应先求大盒共装了多少千克。因为总共有 120 千克巧克力,要想求大盒装了多少千克,应先求小盒装了多少千克。根据已知条件小盒每盒装 0.25 千克,共有 200 盒,可以算出小盒装的千克数。

利用分析法找出了数量关系和解题思路,即可用综合法列式解答。

(1) 小盒共装的千克数:$0.25 \times 200 = 50$(千克);

(2) 大盒共装的千克数:$120 - 50 = 70$(千克);

(3) 大盒装的盒数:$70 \div 0.5 = 140$(盒);

(4) 一共装的盒数:$200 + 140 = 340$(盒)。

列成综合算式为:$200 + (120 - 0.25 \times 200) \div 0.5 = 340$(盒)。

案例 3 明明家有一些苹果和梨，苹果的个数如果减少 5 个，就恰好是梨的个数的 3 倍。如果每天吃 4 个苹果和 2 个梨，当梨吃完时苹果还剩 15 个。那么原来梨和苹果各有多少个？

分析 要想求出苹果和梨的个数，一是要找出苹果和梨的个数的关系，二是要求出苹果或者梨的个数。从题目中可以看出，苹果比梨的个数多，可考虑把梨的个数作为标准量来分析它们的倍数关系。从题目的第二句话可以得出：苹果比梨的 2 倍多 15 个；从第一句话可以得出：苹果比梨的 3 倍多 5 个。综合起来可以得出：苹果与梨的个数相比较，苹果减少 15 个是梨的 2 倍，减少 5 个是梨的 3 倍，所以从 15 个中减去 5 个得出的 10 个就是梨的个数，从而，苹果的个数为 35 个。

第四节　反证法

一、对反证法的认识

反证法是间接证明的一种基本方法。当我们需要证明一个命题为真时，先假设这个命题为假，然后由假设出发，经过正确的推理，最后得出矛盾，说明假设错误，从而证明原命题应为真，这样的证明方法叫做反证法。反证法是演绎推理的一种，依据的是排中律，就是说两个互相矛盾的判断不可能同假，其中必有一真。

如前所述，《标准 2011 版》提出了培养学生推理能力和逻辑思维能力的要求。而反证法是从另一个角度利用推理进行证明的思想方法，无疑也是培养学生推理能力的重要的思想方法。因此，它的重要性也是不言而喻的。另外，反证法虽然有一定难度，但是它对于培养学生思维的灵活性和解决问题的能力确有益处。

二、反证法的应用

反证法作为一种思想方法，不仅在数学中有很多应用，在日常生活和其他学科中也有应用。数学史上有比较经典的利用反证法证明的问题,如证明$\sqrt{2}$是无理数,证明素数有无限多个等。小学数学中,反证法的应用不多,在抽屉原理等问题中会有一些渗透。

三、反证法的教学

反证法在小学数学教学中应用较少,教师在教学时应注意以下几点。

第一,掌握它的基本原理和步骤是必要的。反证法采用的论证方式是演绎推理中的假言推理形式,依据的是排中律。它的证明步骤大致如下:(1)假设待证的结论为假、反论题为真;(2)从反论题出发,经过正确的逻辑推理,得出与已知条件或者定义、定理、公理、事实等矛盾;(3)根据排中律得出原结论成立。

第二,对反证法涉及的一些概念和词语应正确理解。在描述一对概念间的关系时,应注意怎样描述才是矛盾的。如"是"与"不是"、"等于"与"不等于"、"大于"与"不大于"、"至少有一个"与"一个也没有"等都是相互矛盾的关系。有时候要注意容易出现错误的地方,如"大于5"与"小于5"、"正数"与"负数"等不是相互矛盾的关系,而是一种对立关系。也就是说,两个矛盾的种概念的外延之和等于属概念的外延,两个对立的种概念的外延之和小于属概念的外延。因为大于与小于中间有等于、正数和负数中间有0,所以大于5与不大于(小于等于)5、正数与非正数(0和负数)才是矛盾关系。

第三,对于学生来说,只需初步了解其方法;作为教师而言,要掌握反证法的基本原理、步骤和推理方法,以便在教学中把握反证法的科学性。学生通过简单的案例和运用反证法通俗易懂的推理过程,能够了解反证法的基本思想和数学方法的丰富性,培养思维的灵活性。

案例1 把43人分成7个小组,总有一个小组至少有7人。请说明理由。

分析 假设每个小组最多有6人,那么7个小组最多有42人,与已知条件有43人矛盾,假设不成立,所以总有一个小组至少有7人。

案例2 把 11 个参加活动的名额分配给 6 个班,每班至少分配 1 人。请说明:不管怎样分,至少有 3 个班的名额相等。

分析 假设名额相等的班级最多有 2 个,那么需要的名额总数至少应为:$(1+2+3) \times 2 = 12$(个),与已知条件有 11 个名额矛盾,所以至少有 3 个班的名额相等。

案例3 在直角三角形 ABC 中,$\angle C$ 是直角,请说明:$\angle A$ 一定是锐角。

分析 假设 $\angle A$ 不是锐角,根据三角形的任何一个内角不可能等于 $0°$,那么有 $\angle A \geqslant 90°$,$\angle B > 0°$,又因为 $\angle C = 90°$,所以 $\angle A + \angle B + \angle C > 180°$,这与三角形的内角和等于 $180°$ 矛盾,所以 $\angle A$ 一定是锐角。

案例4 证明:一个三角形,最多有一个钝角,至少有 2 个锐角。

分析 假设 $\triangle ABC$ 至少有 2 个钝角 $\angle A$ 和 $\angle B$,不妨设 $\angle A > 90°$,$\angle B > 90°$,则 $\angle A + \angle B > 90° + 90°$,即 $\angle A + \angle B > 180°$,进而得 $\angle A + \angle B + \angle C > 180°$,与 $\angle A + \angle B + \angle C = 180°$ 矛盾,所以一个三角形最多有一个钝角。

假设 $\triangle ABC$ 最多只有 1 个锐角,不妨设 $\angle A$ 是锐角,$\angle B$ 和 $\angle C$ 都是直角或者钝角,则 $\angle A > 0°$,$\angle B \geqslant 90°$,$\angle C \geqslant 90°$,得 $\angle A + \angle B + \angle C > 180°$,与 $\angle A + \angle B + \angle C = 180°$ 矛盾,所以一个三角形至少有 2 个锐角。

第五节　假设法

一、对假设法的认识

假设法是通过对数学问题的一些数据做适当的改变,然后根据题目的数量关系进行计算和推理,再根据计算所得数据与原数据的差异进行修正和还原,最后使原问题得到解决的思想方法。假设法是小学数学中比较常用的方法,实际上也是转化方法的一种。假设法把原问题转化成新的问题,而且新的问题易于理解和解决,是一种迂回战术,表面上看解题的步骤变多了,但实际上退一步海阔天空,更有利于计算和推理,有利于培养学生灵活的思维方式、解决问题的能力和推理能力。

二、假设法的应用

假设法在小学数学中的应用比较普遍,例如在有关分数的实际问题,比和比例的实际问题,鸡兔同笼问题,逻辑推理问题,图形的周长、面积和体积等问题中都有应用。

三、假设法的教学

假设法的教学,对学生的分析和综合能力、逻辑思维能力等方面的要求较高,在教学中应注意以下几点。

第一,根据题目的特点,选择适当的数据进行假设。在解决问题的过程中,如果遇到数量关系稍复杂的问题,要思考它与已掌握的什么知识有关系,准备用什么思想方法或者模型来解决,然后想方设法把它转化成数量关系明确而且易于理解的已有的知识。

案例 1

(1) 六年级参加植树的男生和女生共有 36 人,其中男生人数是女生人数的 3 倍。男生和女生各有多少人?

(2) 六年级参加植树的男生和女生共有 36 人,其中男生人数的 $\frac{2}{3}$ 是女生人数的 2 倍。男生和女生各有多少人?

分析　第(1)题,是学生非常熟悉的问题,男生人数与女生人数的数量关系非常清楚且易于理解,既可以用方程解决,也可以用一般的算术方法计算。第(2)题,数量关系与第(1)题有类似的地方,但稍复杂,可看作是第(1)题的变

形题。在第(2)题中,两个数量无法直接用一个未知数表示,因而无法直接用一元一次方程解决;如果用算术方法,可以这样想:根据题中的条件可知,在不改变男生和女生比例关系的前提下,假设男生有 3 人,那么 3 的三分之二是 2,2 除以 2 等于 1,因而女生有 1 人,所以男生人数是女生的 3 倍。这样就把第(2)题转化成了第(1)题,再用算术方法列式计算即可。

案例2 小明和妈妈恰好花 100 元买了 10 本书,这 10 本书的单价有 8 元一本的和 13 元一本的两种,其中 8 元一本的和 13 元一本的各买了几本?

分析 假设 10 本书都是买的 8 元一本的,那么需花 80 元,比实际少了 20 元。两种书的单价相差 5 元,20 里有几个 5,就可得出 13 元一本的有几本。因为 $20 \div (13 - 8) = 4$,所以 8 元一本的买了 6 本,13 元一本的买了 4 本。

第二,在数量之间具有一定比例关系的前提下,可假设其中的一个数量为单位“1”,这样将大大简化计算的繁琐程度。

案例3 足球比赛的门票是 20 元一张,平均每场有 5 000 名观众,降价后每场观众增加了 50％,收入增加了 20％,降价后门票的价格是多少?

分析 首先要明确一个基本的数量关系式:观众人数×门票价格＝收入。先按照一般的解题思路分析,根据题意,要求的是降价后门票的价格,需要知道降价后的收入和观众人数。降价后的收入是: $5\,000 \times 20 \times (1 + 20\%) = 120\,000$（元）。降价后的观众人数是: $5\,000 \times (1 + 50\%) = 7\,500$（人）。所以降价后的门票价格是: $120\,000 \div 7\,500 = 16$（元）。此题还可以用假设法,根据题意,降价后的人数和收入都是在原来的基础上分别按照一定的比例变化的,实际的观众人数是 5 000 还是 500 并不影响计算的结果,因此只需要设观众人数为单位 1 就行。假设降价前的观众人数是 1,则降价后的观众人数是 $1 \times (1 + 50\%) = 1.5$,降价前的收入是 20×1,则降价后的收入是 $20 \times 1 \times (1 + 20\%) = 24$,所以降价后的门票价格是: $24 \div 1.5 = 16$（元）。

　　案例4　如图5-5-1所示,水池和菜地组成了一个正方形,水池和林地组成了一个长方形,重叠的部分是正方形水池。已知水池的面积占长方形的 $\frac{1}{6}$,占正方形的 $\frac{1}{4}$,林地的面积比菜地多200 m²,水池的占地面积是多少?

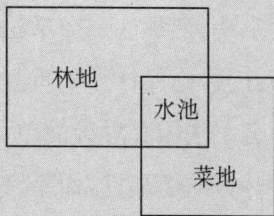

图5-5-1

　　分析　因为水池的面积既与长方形有比例关系,又与正方形有比例关系,所以可设水池的面积为单位1,那么林地的面积为 $1\div\frac{1}{6}-1=5$,菜地的面积为 $1\div\frac{1}{4}-1=3$,于是林地比菜地多 $5-3=2$ 个单位面积,可得1个单位面积是 $200\div2=100(\text{m}^2)$,所以水池的占地面积为 100 m^2。

　　案例5　笼子里有若干只鸡和兔,从上面数有35只头,从下面数有94只脚。问:鸡和兔各有几只?

　　分析　此题在教材中已经给出了猜测、假设、方程等各种解法,这里再介绍一种有趣的解法。假设让每只鸡和兔子先抬起一只脚,然后再抬起一只脚,这时鸡只能是屁股坐在地上,从下面数已经没有脚了;而每只兔子还有2只脚,且从下面数的脚都是兔子的,此时便可求出兔子的只数。从已知条件可知,鸡和兔共有35只,两次抬起了 $35\times2=70(只)$ 脚,于是从下面数还剩 $94-70=24(只)$ 脚,这24只脚都是兔子的,可得兔子有 $24\div2=12(只)$,进而得鸡有 $35-12=23(只)$。

第六节　穷举法

一、对穷举法的认识

　　在解决有关计数问题的过程中,当需要计算的次数不多时,我们通常把计数的所有对象一一列举出来，从而求出其总数，这种计数方法就是穷举法，或叫枚举法、列举法。穷举法与分类讨论方法类似，需要确定一个分类标准，再进行计数，确保计数不重复不遗漏。

穷举法因其思维简单、方法直观而易被小学生接受，但又因其一一列举的人工计算的繁琐性，而不宜被推广到大数目的计数问题中。

当计算机出现以后，因其运算速度快、精确度高，从而可以代替繁琐的人工计算，对要解决的问题的所有可能情况，可以一个不漏地进行检验，从中找出符合要求的答案，因此穷举法是通过牺牲时间来寻找答案的。如破译密码就是应用了穷举法，简单地说就是将密码进行逐个推算直到找出真正的密码为止。例如，一个全部由数字组成的四位密码，其组合而成的密码数共有10 000 种，也就是说最多要尝试 9 999 次才能找到真正的密码。破译密码时，我们可以运用计算机来进行逐个推算，破译任何一个密码只是一个时间问题。

二、穷举法的应用

在小学数学中，简单的排列组合问题可以应用穷举法解决。

三、穷举法的教学

使用穷举法计数时，要注意以下两点：

（1）初步估计计数的次数，总数不宜太多，且没有其他更简洁的方法。

（2）为了使列举的结果不重复不遗漏，要选择适当的标准分类，有顺序、有条理地列举。

案例 1 有长度分别为 3 厘米、5 厘米、7 厘米、9 厘米的 4 条线段，任意选取其中三条线段组成三角形，能够组成多少个不同的三角形？

分析 为了不出现失误，可进行穷举，把各种情况都列举出来，再判断。

A：3，5，7；B：3，5，9；C：3，7，9；D：5，7，9。

可知 A、C、D 三种情况满足条件。

案例2 在 1~200 的自然数中,数字"2"总共出现了多少次?

分析 在 1~200 这 200 个数中,"2"可能出现在个位、十位、百位上,我们就按数位来分类列举。

2 在个位上:2, 12, 22, …, 92;102, 112, 122, …, 192,共 $10 \times 2 = 20$(次)。

2 在十位上:20, 21, …, 29;120, 121, 122, …, 129,共 $10 \times 2 = 20$(次)。

2 在百位上:200,共 1 次。

所以,数字"2"总共出现了 $20 + 20 + 1 = 41$(次)。

案例3 我国古代数学著作《张丘建算经》上有一个著名的"百鸡问题",题目原文为:今鸡翁一值钱五,鸡母一值钱三,鸡雏三值钱一。凡百钱买鸡百只,问:鸡翁、母、雏各几何?

题目中的"鸡翁""鸡母""鸡雏"分别指"公鸡""母鸡""小鸡",若用通俗语言来表述,题目的意思如下:

公鸡 5 文钱一只,母鸡 3 文钱一只,小鸡 1 文钱 3 只。用 100 文钱买了 100 只鸡,问:在这 100 只鸡中,公鸡、母鸡和小鸡各有多少只?

分析 这道题目有 3 个量,是有一定难度的古代名题,不适合一般小学生,所以多年来没有出现在教材及普通读物中。但是教材中有"鸡兔同笼"及"100 个和尚吃 100 个馒头"的问题,从这个思路出发,可以想办法把原题转化成一般的鸡兔同笼问题。首先,我们假定公鸡的只数为 0,这样题目就变成了:

母鸡 3 文钱 1 只,小鸡 1 文钱 3 只。用 100 文钱买了 100 只鸡,问:在 100 只鸡中,母鸡和小鸡各有多少只?

其实,这道题是转化成了"100 个和尚吃 100 个馒头"的问题。因为买鸡用的 100 文钱是整数,因而小鸡的只数必定是 3 的倍数,否则就会出现非整数的钱数。可以把 3 只小鸡与 1 只母鸡分成一组,这 4 只鸡就是 4 文钱,然后我们看看 100 里面有多少个 4，就是有多少只母鸡。因为 $100 \div 4 = 25$，所以母鸡有 25 只，小鸡有 $100 - 25 = 75$（只）。此外，还可以采取穷举法，当然没必要死板地运用穷举法，可以先缩小范围，使得列举的次数尽量少些。比如我们可以先初步判断母鸡的只数不会超过 33 只，否则钱数肯定超过 100；而且小鸡的只数必须是 3 的倍数。于是列举出可能的组合如下：

$$31 \times 3 + 69 \div 3 = 116,$$
$$28 \times 3 + 72 \div 3 = 108,$$
$$25 \times 3 + 75 \div 3 = 100。$$

这样我们就得到了一组与原来题意不完全符合的答案：

公鸡 0 只，母鸡 25 只，小鸡 75 只。

为了使答案符合原题意，应让公鸡的只数增加，不让其为 0，同时母鸡的只数应减少，否则会出现 100 文钱买不到 100 只鸡的情况。如公鸡和母鸡各增加 1 只，1 只公鸡和 26 只母鸡就已经用去了 $5 + 26 \times 3 = 83$（文）钱，还有 17 文钱，只能买 51 只小鸡，这样的话 100 文钱才买到 78 只鸡，不符合题意。另外，小鸡的只数应同时增加，否则会出现钱数超过 100 的情况。如小鸡减少 3 只，相当于少花 1 文钱，而为了保证鸡的总数，公鸡和母鸡共需增加 3 只，无论怎样组合，都会出现增加的钱数远远超过 1 文钱的情况。分析至此，我们初步明确了：为了保证变化后，鸡的总数是 100 不变，钱的总数是 100 不变，每次公鸡增加、母鸡减少、小鸡增加 3 的倍数。

依据这一规律，我们便可大大缩小穷举的范围，先列举出部分可能的组合：

$$1 \times 5 + 24 \times 3 + 75 \div 3 = 102;$$
$$1 \times 5 + 21 \times 3 + 78 \div 3 = 94;$$
$$2 \times 5 + 20 \times 3 + 78 \div 3 = 96;$$
$$3 \times 5 + 19 \times 3 + 78 \div 3 = 98;$$
$$4 \times 5 + 18 \times 3 + 78 \div 3 = 100。$$

这时发现了一组答案：公鸡 4 只、母鸡 18 只、小鸡 78 只。

再继续往下列举，根据上述算式的规律，必须增加小鸡的只数，否则会出现钱数超过 100 的情况。

$$5 \times 5 + 14 \times 3 + 81 \div 3 = 94;$$
$$6 \times 5 + 13 \times 3 + 81 \div 3 = 96;$$
$$7 \times 5 + 12 \times 3 + 81 \div 3 = 98;$$
$$8 \times 5 + 11 \times 3 + 81 \div 3 = 100。$$

这时又发现了一组答案：公鸡 8 只、母鸡 11 只、小鸡 81 只。

再继续往下列举，根据上述算式的规律，必须再增加小鸡的只数，否则还会出现钱数超过 100 的情况。

$$9 \times 5 + 7 \times 3 + 84 \div 3 = 94;$$
$$10 \times 5 + 6 \times 3 + 84 \div 3 = 96;$$
$$11 \times 5 + 5 \times 3 + 84 \div 3 = 98;$$
$$12 \times 5 + 4 \times 3 + 84 \div 3 = 100。$$

这时又发现了一组答案：公鸡 12 只、母鸡 4 只、小鸡 84 只。

如果再继续往下列举，根据上述算式的规律，必须再增加小鸡的只数，否则还会出现钱数超过 100 的情况。如果把小鸡的只数增加到 87 只，就是 29 文钱，那么公鸡和母鸡一共还有 13 只，这 13 只无论怎样组合，都不会超过 65 文钱，总钱数都不够 100。综上分析，只有以上三种答案。

从以上解答过程还可以发现一个规律，从 0、25、75 开始，是按照公鸡增加 4 只、母鸡减少 7 只、小鸡增加 3 只的规律找到答案的。笔者猜想，古人也可能是通过先全部穷举，再总结出这个简便的规律的。

第七节　数学思想方法的综合应用

前文阐述了各种思想方法，并且绝大多数思想方法结合了案例来例证各自的应用。实际上这些思想方法不是彼此完全独立的，它们相互之间有联系、有渗透；而且就同一个问题而言，可能用到多个思想方法。因此，有必要通过一些案例体现思想方法的综合应用。自从《标准 2011 版》颁布以来，我国小学数学教育又开始了新一轮的改革，课程理念更加先进，教材编排更加完善，课堂教学更具主体性。"然而，学业成就评价改革进展缓慢，特别是考试方式和试题编制方面变化甚微。就数学学科而言，我国仍在沿用旧有的评价方式，纸笔测试的标准化考试依旧盛行，数学试题的编制没有实质性的改变，仍过于关注显性知识和基本能力，却忽视了新课改所倡导的许多新的理念、思想和方法。"[①]

课程改革是一个系统工程，从政策及行政管理、课程标准、教材，到教研、教学、评价和考试，需要统筹推进和协调一致，特别是考试作为指挥棒这样一个评价方式应进行配套改革。中考和高考尽管弊端很多，但是目前还没有找到比考试更好的选拔方式，所以要改革考试方式，包括考试时间和题目等方面。例如减少死记硬背的填空题和选择题，主要考查需要思考的解答题，包括灵活多变的综合性解答题、证明题和联系实际的真问题。给学生足够的思考时间，可以把考试时间延长到 4 小时；因为 1 分钟做一道选择题或者填空题，这不是在考查数学思维、思想方法和核心素养，这是在考查记忆力；试想哪个数学家是用几分钟发现和证明一个定理的？哪个工程师是用几分钟发明一个技术专利的？哪个程序员是用几分钟编写一套程序的？只有考试时间增加了，才有可能避免学生和老师死记硬背套题型，片面追求解题技巧，忽视教科书的价值，从而把考试评价的价值向数学核心素养的目标引导，真正考查抽象、推理、模型、数形结合、函数、代数与方程、分类讨论、统计、转化等重要的思想方法，为后续学习，特别是大学的学习和终身学习打下良好数学基础。

案例 1 一场露天音乐会的举办场地为一个长 100 m、宽 70 m 的长方形，门票已售完并且场地上站满了歌迷。下面哪个数是对场地上人数的最佳估计？

    (A) 5 000　　　　　(B) 7 000　　　　　(C) 28 000　　　　　(D) 70 000

分析　这道题需要应用模型思想计算长方形的面积，再根据每个人的占地面积这一生活实际进行推理。长方形的面积是 7 000 m²，根据生活常识，每个人站着的占地面积大约是 0.125 m²，也就是说 1 m² 站 8 个人已经比较拥挤了。选项 D 是 70 000 人，每平方米站 10 人，显然人数过多，不符合安全要求，

---

① 梅松竹，王燕荣. 我国数学试题与 PISA 数学试题的比较及启示[J]. 数学通报，2012(6)：18 - 21.

所以排除 D。选项 B 是 7 000 人,每平方米站 1 人,非常宽松,似乎可作为候选答案,但是与"站满了歌迷"这一描述不符。同理,选项 A 也不符。选项 C 是 28 000 人,每平方米站 4 人,人数不多不少,也符合安全要求,所以是最佳答案。

案例 2 爸爸匀速开车从甲地到乙地,当行驶了全程的 $\frac{2}{3}$ 时,加满油的油箱里只剩 $\frac{1}{4}$ 箱油,只用这些油能到乙地吗?

分析 此题既可以运用模型思想,计算全程的耗油量,也可以直接推理。假设总路程是 1,那么全程的耗油量为 $\left(1-\frac{1}{4}\right)\div\frac{2}{3}=\frac{9}{8}$(箱)。也就是说,按照这个耗油量,全程需要 $\frac{9}{8}$ 箱油,所以到不了乙地。当行驶了全程的 $\frac{2}{3}$ 时,用了 1 箱油的 $1-\frac{1}{4}=\frac{3}{4}$,$\frac{2}{3}<\frac{3}{4}$,即把路程和一箱油都看成 1,只有行驶的路程的比例不小于使用的油的比例,才能保证一箱油够开到终点,可用数形结合思想表示如图 5 - 7 - 1,所以到不了乙地。

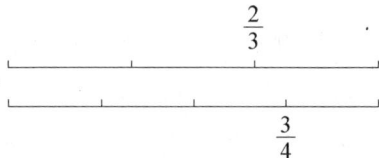

图 5 - 7 - 1

案例 3 小明家距离学校 500 米,小丽家距离学校 800 米。小明家距离小丽家多远?

分析 此题并不是常规的小学数学计算题,因为题目中并没有告知小明家和小丽家的具体方位,无法直接计算,需要利用分类讨论思想、数形结合思想进行分析,这是小学生需要培养的思想方法,也是培养学生数学严密性的很重要的方法。本题还要利用三角形三边关系进行推理。小明家和小丽家的方位可以有以下几种情况,如图 5 - 7 - 2 所示:(1)小明家、小丽家、学校在一条直线上,学校在小明家和小丽家之间;(2)小明家、小丽家、学校在一条直线上,小

明家在学校和小丽家之间；(3)小明家、小丽家、学校不在一条直线上，三点连线成一个三角形。

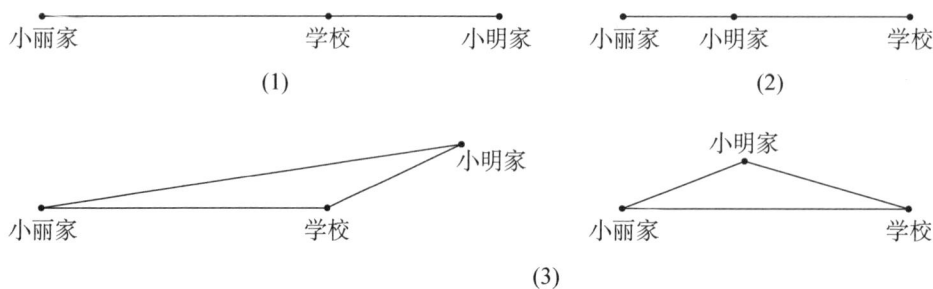

图 5-7-2

根据上图可得：(1)两家距离最大，为 1 300 米；(2)两家距离最小，为 300 米；(3)根据三角形任意两边之和大于第三边，任意两边之差小于第三边，可得小明家与小丽家的距离大于 300 米，小于 1 300 米。

案例 4 小明是个滑板迷，他来到一家商店买滑板，可以买组装好的，也可以买以下零件自己组装：一块板子、4 个轮子、2 个轮子架、一套金属配件。各种商品价格如表 5-7-1 所示。

表 5-7-1

商品	价格/元
组装好的滑板	82 或 84
板子	40，60 或 65
4 个轮子	14 或 36
2 个轮子架	16
一套金属配件(轴承、橡胶垫、螺丝、螺丝钉)	10 或 20

(1) 小明想在这家商店买零件组装一个滑板，最低和最高价格分别是多少？

(2) 如果不考虑价格，小明最多可以组装几种不同的滑板？

　　(3) 如果小明只有 120 元,在 120 元以内买最贵的,每种零件可以选什么价位的? 在表格 5-7-2 中写出相关商品的价格。

表 5-7-2

商品	价格/元
板子	
4 个轮子	
2 个轮子架	
一套金属配件(轴承、橡胶垫、螺丝、螺丝钉)	

　　分析　(1)最低价格是：$40+14+16+10=80$(元)；最高价格是：$65+36+16+20=137$(元)。(2)可用部分穷举法加上分类讨论,因为板子有 3 种价格,先把 40 元板子的组合情况都找出来,将种数乘 3 就可得全部组合的种数。$(40, 14, 16, 10)$,$(40, 14, 16, 20)$,$(40, 36, 16, 10)$,$(40, 36, 16, 20)$,有 4 种。$4×3=12$,总共有 12 种,即最多可以组装 12 种不同的滑板。如果用如图 5-7-3 所示的树状图表示,就更直观了,从板子到配件,有 4 种连线方法。(3)此题可在前两问的基础上计算、推理,因为 137 比 80 更接近 120,所以从 137 开始推理。最高价格 137 比 120 多 17,可在 137 的基础上做减法,把轮子的价格 36 换成 14,减少 22,全部价格变为 115。现在还不能确定 115 是否为 120 以内的最大值。如果把 137 中的 65 换成 60,总价变为 132,那么还需要减少 12 以上,17 以下,才能保证最后的值大于 115,但是表中没有合适的数。如果把 137 中的 65 换成 40,总价变为 112,这小于 115。所以 115 组合是最终答案,填表如表 5-7-3 所示。

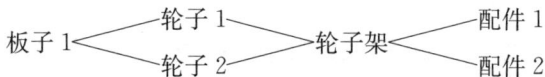

板子 1 —— 轮子 1 / 轮子 2 —— 轮子架 —— 配件 1 / 配件 2

图 5-7-3

表 5 - 7 - 3

商品	价格/元
板子	65
4 个轮子	14
2 个轮子架	16
一套金属配件(轴承、橡胶垫、螺丝、螺丝钉)	20

案例 5 从宾馆步行至山顶的路程是 9 千米,为安全考虑,步行者必须在晚上 8 时前回到宾馆。几名游客决定沿此路线登山,计划上山的平均速度是每小时 1.5 千米,下山的速度是上山的 2 倍。上山和下山的速度已将吃饭和休息等花费的时间包含在内。根据安全要求,这些游客最晚几时必须出发?

分析 本题需要利用时间、速度和路程的关系模型来计算时间,然后根据上山和下山的总时间、回到宾馆的最晚时间进行逆向计算和推理。上山时间为 $9 \div 1.5 = 6$(小时),下山时间为 $9 \div (1.5 \times 2) = 3$(小时),总时间为 9 小时。要求在晚上 8 时,即 20 时前返回,$20 - 9 = 11$,所以这些游客最晚 11 时前必须出发。

案例 6 今天是小红的生日,她邀请了 5 个同学参加聚会,吃饭时他们 6 个人围着圆桌坐,位置的安排必须满足下列要求:

(1)小丽挨着小红坐在小红的右边;(2)小梅在小雪和小东之间,挨着两人坐;(3)小明和小东挨着坐;(4)小雪不挨着小红。请在如图 5 - 7 - 4 所示的示意图中写出每个人的名字。

分析 此题需要借助直观图进行试验、猜想、分析、推理,最后确定空间位置模型。先随意确定小红和小丽的位置,如图 5 - 7 - 5 所示。再根据第(2)、(3)条要求确定 4 个人的顺时针位置关系可能为:小雪、小梅、小东、小明或小明、小东、小梅、小雪。然后根据第(4)条要求确定后一种关系正确,如图 5 - 7 - 6 所示。

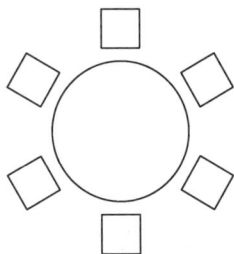

图 5-7-4

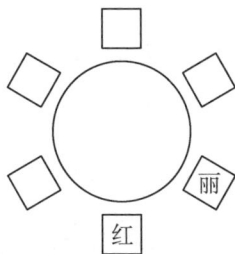

图 5-7-5

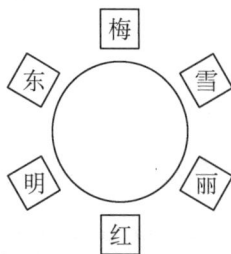

图 5-7-6

案例7　小明有 1 万元钱,准备用于投资理财,有两种理财方式:一种是买 3 年期国债,年利率 3.8%;另一种是买银行保本理财产品,年收益率 3.7%,每年到期后连本带息继续购买下一年的同款理财产品。3 年后,哪种理财方式收益更大?

分析　国债与定期存款计算利息的方式相同。这里要注意第二种理财方式的计算方法不同于国债和定期存款,国债和定期存款是单利,第二种理财方式是复利,就是上一年的本息收益全部作为本金购买下一年的理财产品。买银行保本理财产品的收益情况如下:第一年本息收益为 $10\,000\times(1+3.7\%)=10\,370$(元),第二年本息收益为 $10\,370\times(1+3.7\%)\approx10\,754$(元),第三年本息收益为 $10\,754\times(1+3.7\%)\approx11\,152$(元)。购买 3 年期国债的本息收益为 $10\,000\times(1+3.8\%\times3)=11\,140$(元)。因为 $11\,152>11\,140$,所以 3 年后,银行保本理财产品收益更大。

投资理财是一个非常复杂的问题,一般为了资金的安全,可以在保本类理财方式中做选择,特别要关注复利(俗称利滚利)计算在投资中的应用。

案例8　某市 2021 年底常住人口数为 198 万,同比增长为 -1%,2020 年底该市常住人口数是多少?

分析　负增长就是减少了,同比增长为 -1% 就是同比减少了 1%,所以用 1 减去负号后面的数就可以了。

设 2020 年底该市常住人口数是 x 万,则

$$(1-1\%)x = 198,$$

$$x = 200。$$

所以,2020 年底该市常住人口数是 200 万。

案例9 传统的钟表有 60 个刻度,俗称 60 个小格、12 个大格,我们把圆形表盘看作一个圆,每个小格所对的圆心角是 $6°$,每个大格所对的圆心角是 $30°$,2 个大格所对的圆心角是 $60°$,3 个大格所对的圆心角是 $90°$。从 1:00 开始,时针与分针第一次重合,是什么时刻? 从 12:00 开始,时针与分针第一次组成 $90°$ 角,是什么时刻?

图 5 - 7 - 7

图 5 - 7 - 8

分析 时针转一圈用 12 小时,走 1 大格用 1 小时,走 1 小格用 12 分钟;分针转一圈用 1 小时或者 60 分钟,走 1 大格用 5 分钟,走 1 小格用 1 分钟;秒针转一圈用 1 分钟或者 60 秒。因为指针都是匀速进行顺时针旋转运动,所以问题可以转化为运动场里的路程、时间和速度的问题,其中格数看成路程,速度看成每分钟走多少格。时针的速度为 $\frac{1}{12}$ 格/分,分针的速度为 1 格/分。

观察图 5 - 7 - 7,1:00 的时候,分针指向 12,时针指向 1,时针距离分针 5 小格,成 $30°$ 角。现在我们开始观察钟表或者看图想象指针的运动,时针慢得几乎看不出它在运动,而分针也像蜗牛一样缓慢前进追赶着时针,过了 5 分钟,我们看到希望了,因为时针走 1 小格用 12 分钟,所以经过 5 分钟时针还没有到半小格;而此时分针已经到了 1 这个刻度了。如果再过 1 分钟,分针又走

了 1 小格；而时针才刚到半小格处，这时分针已经超过时针了，说明它们重合的位置在第 5~6 小格之间。分针与时针重合的时候两根指针用的时间相等，相当于分针追上了时针，两根指针的路程差为 5 小格。

因为 $5 \div \left(1 - \dfrac{1}{12}\right) = 5 \times \dfrac{12}{11} = 5\dfrac{5}{11}$（分），所以从 1：00 开始，时针与分针第一次重合是 1 时 $5\dfrac{5}{11}$ 分。

再观察 5 - 7 - 8，12：00 的时候，时针和分针重合，都指向 12。假设时针不动，分针走 15 分钟指向 3 就组成 90°角。时针在缓慢运动，现在开始看图思考，时针 12 分钟走 1 小格，分针走到第 16 分钟时，时针在第 2 小格的左半格里；分针走到第 17 分钟时，时针还在第 2 小格的左半格里。说明要使时针与分针组成 90°角，它们的距离为 15 小格，分针的位置应在第 16~17 小格之间。根据两根指针的路程差是 15 小格，可得 $15 \div \left(1 - \dfrac{1}{12}\right) = 15 \times \dfrac{12}{11} = 16\dfrac{4}{11}$（分），所以从 12：00 开始，时针与分针第一次组成 90°角是 12 时 $16\dfrac{4}{11}$ 分。

案例 10　直角三角形有很多性质，两个锐角的大小与边的长短有密切关系。比如我们熟悉的一副三角尺有两把，其中一把是锐角分别等于 60°和 30°的直角三角形，其 30°角所对的直角边等于斜边的一半；另一把是两个锐角都等于 45°的等腰直角三角形，其两条直角边相等。又如，如图 5 - 7 - 9 所示，在直角三角形 ABC 中，∠A=26.5°，∠B=63.5°，只要两个锐角的大小不变，无论边长怎样放大或缩小，这个三角形的形状保持不变，都近似地有 BC：AC=1：2。我们利用直

图 5 - 7 - 9

角三角形的这个性质可以解决一些实际问题。地球在自转的同时围绕太阳公转，在北半球，每年的冬至这天太阳光线与地面的夹角最小。已知某市冬至这天正午太阳光线与地面的夹角大约为 26.5°，若某小区南楼高 40 米，在冬至这天，北楼门前一根 4 米的路灯杆的影子长 8 米，南北两栋楼之间的距离是 80.1 米，请问：北楼一层的住户屋里能照射到阳光吗？

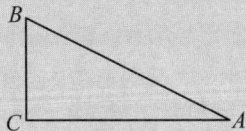

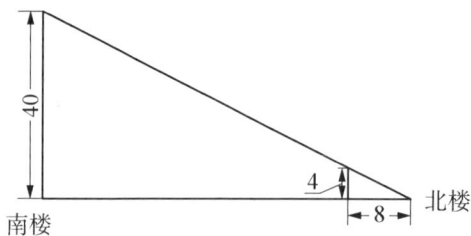

图 5 - 7 - 10

分析 如图 5 - 7 - 10 所示,我们把南楼的高 40 米作为直角三角形中 26.5°角的一条对边,楼的影子长作为 26.5°角的一条邻边。把路灯杆作为直角三角形中 26.5°角的一条对边,影子长作为 26.5°角的一条邻边。

小学学习了图形的放大与缩小,两个直角三角形形状相同,数学上称为相似直角三角形,那么对应边成比例。设南楼的影子长为 x 米,则

$$40:4=x:8,$$
$$4x=320,$$
$$x=80。$$

根据 $80 < 80.1$,说明北楼一层南墙的地面有阳光,阳光可以透过南面落地窗照射到屋里。

案例 11 妈妈用鸡蛋、肉糜和韭菜做三鲜饺子馅,先把三种馅料的质量按照 $2:3:4$ 做了一盆馅,又按照 $5:6:7$ 做了同样质量的一盆馅,结果第二盆中的韭菜比第一盆少用了 50 克。两盆馅一共有多少? 每种馅料各用了多少?

分析 先根据三种馅料的质量比确定每盆馅各种馅料的质量占比,第一盆馅的鸡蛋、肉糜和韭菜各占 $\frac{2}{9}$、$\frac{3}{9}$、$\frac{4}{9}$,第二盆馅的鸡蛋、肉糜和韭菜各占 $\frac{5}{18}$、$\frac{6}{18}$、$\frac{7}{18}$。因为两盆馅的韭菜相差 50 克,这 50 克占比为 $\left(\frac{4}{9}-\frac{7}{18}\right)$,所以每盆馅的质量为 $50 \div \left(\frac{4}{9}-\frac{7}{18}\right) = 50 \div \left(\frac{8}{18}-\frac{7}{18}\right) = 900(克)$。

根据 $900 \times 2 = 1800(克)$,$900 \times \left(\frac{2}{9}+\frac{5}{18}\right) = 450(克)$,$900 \times \left(\frac{3}{9}+\frac{6}{18}\right) =$

$600(克)$，$900\times\left(\dfrac{4}{9}+\dfrac{7}{18}\right)=750(克)$，可得两盆馅一共 1800 克，鸡蛋、肉糜和韭菜各用了 450 克、600 克和 750 克。

案例 12 一个长方体的高为 3 分米，长和宽均为 2 分米，如图 $5-7-11$ 所示，一只蚂蚁从左下角的点 A 处出发沿着长方体的表面爬到右上角的点 B 处，怎样爬路线最短？最短路线是多少？

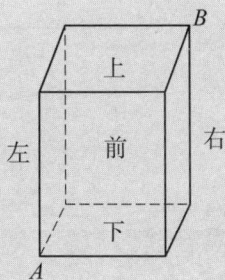

图 $5-7-11$

分析 我们根据排列组合的思想方法，把从 A 到 B 的各种路线列举如下。

这个长方体的上下两个面全等，前后左右 4 个面全等。经过如图 $5-7-12$ 所示的树状图分析，可知一共有 6 种爬行路线，分别为：左上、左后、前上、前右、下后、下右。根据对称思想，其中左上、前上、下后、下右的最短路线相等，左后与前右的最短路线相等，这样问题就归结为在 A 前右 B、A 前上 B 这两种爬行路线中找出最短路线。

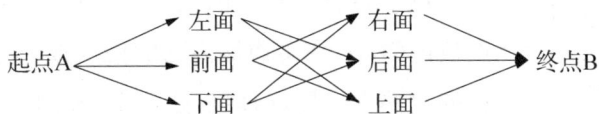

图 $5-7-12$

怎么爬路线最短呢？根据平面上两点间线段最短，我们把长方体按如图 $5-7-13$ 所示展开，展开图是平面图形，连接 A 和 B 得到两条线段。这两条线段分别是两种爬法各自最短路线，这样就把立体图形的问题转化为平面图形的问题。因为 $3+2=5$，$2+2=4$，根据勾股定理，$5^2+2^2=29$，$4^2+3^2=25$，所以如图 $5-7-14$ 所示的 A 前右 B 的爬行路线最短，最短路线长为 5 分米。

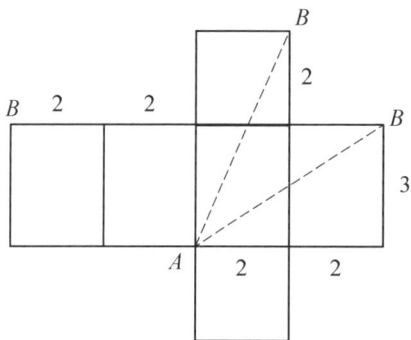

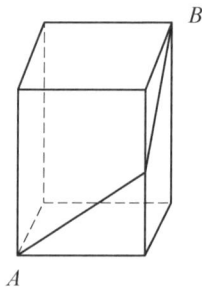

图 5 - 7 - 13   图 5 - 7 - 14

案例 13　我们经常使用的方格纸实际上是由两组互相垂直的若干平行线组成，如果每相邻两条平行线间的距离看作单位1，那么每个方格都是边长为1的正方形，所有的任意两条直线的交点称为格点。如果在方格纸上确定一个原点 O 和横、纵坐标轴，那么方格纸就成为所有格点作为整数坐标点的平面直角坐标系。在方格纸上画多边形，若多边形的顶点都是格点，则称之为格点多边形。我们在研究平行四边形的面积公式时曾经先通过数方格的方法计算面积，那么格点多边形的面积与这个多边形的格点的数量是否有一定的关系呢？

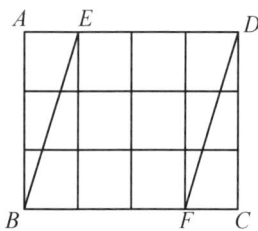

图 5 - 7 - 15

我们先研究如图 5 - 7 - 15 所示的几个特殊的多边形。

每个多边形的面积记为 S，在多边形的边上的格点数记为 M，在多边形内部的格点数记为 N。我们通过列表的方法进行研究，见表 5 - 7 - 4。

表 5 - 7 - 4

多边形	S	N	M	$\dfrac{M}{2}$	$N+\dfrac{M}{2}$
长方形 ABCD	12	6	14	7	13
平行四边形 EBFD	9	6	8	4	10
三角形 ABE	1.5	0	5	2.5	2.5
梯形 EBCD	10.5	6	11	5.5	11.5

我们根据这样一个假设来观察思考：S 与 N 和 M 有一定关系。观察表格中的每一行数据，发现 M 大于 S，直接把 N 和 M 相加，或者二者之和的二分之一，都不够理想。我们不能仅仅停留在一般的数据大小上去观察，还应思考一个更加本质的问题：S 是多边形中包含单位正方形的个数，单位正方形的个数与格点之间有一种对应关系，猜想这种关系可能是：一个内部的格点对应一个正方形，2 个边界上的格点对应一个正方形，于是安排了表格中有一栏是 $\dfrac{M}{2}$。

我们把内部格点数与边界格点数的二分之一相加，观察表格最右一栏，把每个多边形的 S 与其进行比较，一下子豁然开朗。估计哪怕是低年级学生，只要是学习过小数的初步认识的，都可以发现这个关系：

$$S = N + \frac{M}{2} - 1。$$

上面这个公式是通过几个特殊的多边形获得的，我们再看一个一般的多边形。如图 $5-7-$ 16 所示，四边形 $ABCD$，通过分割可以分成 4 个三角形和一个长方形，计算其面积为

$$S = 2 + 2 + 5 + 1.5 + 3 = 13.5。$$

通过猜想的格点多边形面积公式，计算其面积为

图 $5-7-16$

$$S = N + \frac{M}{2} - 1 = 12 + \frac{5}{2} - 1 = 13.5。$$

再次验证了该格点多边形面积公式的正确。

当然还可以继续举例验证，但是无论如何，我们不可能把所有的多边形都举例验证，因为多边形的边数可以趋向于无穷大。这个公式是通过不完全归纳法得到的，本题的严格证明可以用数学归纳法，数学归纳法是证明自变量为自然数的函数解析式成立的演绎推理方法，感兴趣的老师可以查阅相关资料。

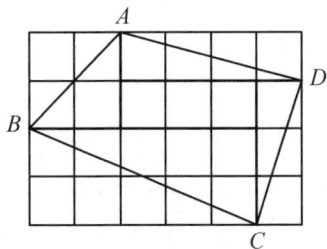

案例 14 已知直角三角形 ABC 中，$\angle C = 90°$，$BC = a$，$AC = b$，$AB = c$，求证：$a^2 + b^2 = c^2$。

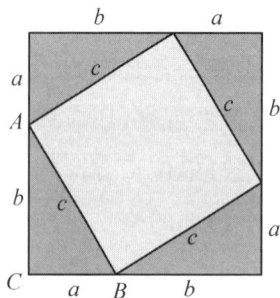

图 5-7-17

分析 我们把△ABC 绕点 C 顺时针旋转 90°，得到△A′B′C，再把△A′B′C 向上平移距离(a+b)；接着把得到的三角形绕直角顶点顺时针旋转 90°，向右平移距离(a+b)；接着再把得到的三角形绕直角顶点顺时针旋转 90°，向下平移距离(a+b)；这时得到一个边长为(a+b)的正方形如图 5-7-17 所示。

每个直角三角形的两个锐角互余，四个直角三角形全等，则它们的对应锐角相等，所以相邻两个直角三角形的两个锐角互余。

被四个直角三角形围成的四边形是以 c 为边长的菱形，且菱形中的每个内角 = 180° - 90° = 90°，因此这个菱形是正方形，其面积为 c^2。

由四个直角三角形的面积之和为 $4 \times \dfrac{ab}{2}$，得大正方形的面积 $S = 4 \times \dfrac{ab}{2} + c^2 = 2ab + c^2$。

又大正方形的边长为 (a+b)，其面积 $S = (a+b)^2 = a^2 + 2ab + b^2$，所以 $a^2 + 2ab + b^2 = 2ab + c^2$，化简得 $a^2 + b^2 = c^2$。

这就是著名的勾股定理。

案例 15 我们古代数学名著《孙子算经》中有一道题：今有物不知其数，三三数之余二，五五数之余三，七七数之余二，问物几何？

分析 此题用小学数学有余数的除法可描述为：

一个整数除以 3 余 2，除以 5 余 3，除以 7 余 2，这个整数是多少？

我们试着用小学数学的知识和方法来解决问题，把这个整数记为 a，商分别为 b、c、d，可以列出下面的等式：

$$a = 3b + 2, \qquad\qquad ①$$

$$a = 5c + 3, \qquad\qquad ②$$

$$a = 7d + 2. \qquad\qquad ③$$

通过观察发现，①和③的余数相同，根据 $a=3b+2=7d+2$，则 $3b=7d$，由 3 和 7 互质，可取 $b=7,d=3$，得 $a=3\times7+2=23$ 满足 ① 和 ③。再看 23 是否满足 ②，令 $5c+3=23$，得 $c=4$，满足条件。所以 23 就是一个答案。

这个方法不具有一般性，碰巧有 2 个余数相同。我们来寻找通性通法，先来观察下面两组算式。

$10=5\times2,$ $11=5\times2+1,$ $11\div5=2$ 余 1

$10+5=5\times3,$ $11+5=5\times3+1,$ $16\div5=3$ 余 1

$10+10=5\times4,$ $11+10=5\times4+1,$ $21\div5=4$ 余 1

$10+15=5\times5,$ $11+15=5\times5+1,$ $26\div5=5$ 余 1

......

                     $12=5\times2+2,$ $12\div5=2$ 余 2

                     $12+5=5\times3+2,$ $17\div5=3$ 余 2

                     $12+10=5\times4+2,$ $22\div5=4$ 余 2

                     $12+15=5\times5+2,$ $27\div5=5$ 余 2

         ......

我们发现有余数除法的一个性质：如果被除数加上除数的倍数，且除数不变，那么余数也不变。可以再举例验证这个结论，也可以用符号进行证明。

设 a 为被除数，b 为除数，且 $b\neq0,a=bq+r$，则存在整数 m，使得

$$a+bm=bq+r+bm=bq+bm+r=b(q+m)+r。$$

显然，商变为 $(q+m)$，余数仍然为 r。

现在我们可以利用这个性质研究一般性的方法，为了容易理解，我们先研究如何寻找满足②和③的整数。把原题转化为简单的问题，即：

一个整数除以 5 余 3，除以 7 余 2，这个整数是多少？

满足②和③的整数需要两个条件：除以 5 余 3，除以 7 余 2，即

$$a=5c+3, \tag{②}$$

$$a=7d+2。 \tag{③}$$

观察算式，除数分别是 5 和 7，按照下面的方法思考：

先列举 7 的倍数，截止到除以 5 余 3：$7,14,21,28,\cdots$；

再列举 5 的倍数，截止到除以 7 余 2：10，15，20，25，30，…。

为什么按照这个方法找呢？就是为了保证一个算式成立，另一个算式不改变余数。

28 是 7 的倍数，加到③，仍然不改变除以 7 余 2 的条件，同时满足除以 5 余 3。

30 是 5 的倍数，加到②，仍然不改变除以 5 余 3 的条件，同时满足除以 7 余 2。

把两个整数相加，得 $28+30=58$。

根据有余数除法的性质可以发现：28 除以 5 余 3，加 5 的倍数 30，58 仍然满足除以 5 余 3；30 除以 7 余 2，加 7 的倍数 28，58 仍然满足除以 7 余 2。所以 58 是一个答案。58 再减去 5 和 7 的公倍数 35，得 $58-35=23$，23 是满足条件的最小的正整数。

我们把这个方法推广到 3 个式子①、②和③。

$$a=3b+2, \hspace{4cm} ①$$

$$a=5c+3, \hspace{4cm} ②$$

$$a=7d+2。 \hspace{4cm} ③$$

观察算式，除数分别是 3、5 和 7，按照类似的方法思考：

先列举 5 和 7 的公倍数，截止到除以 3 余 2：35，…；

再列举 3 和 7 的公倍数，截止到除以 5 余 3：21，42，63，…；

然后列举 3 和 5 的公倍数，截止到除以 7 余 2：15，30，…。

可得，$35+63+30=128$ 就是一个答案，128 减去 3、5 和 7 的公倍数 105，得 $128-105=23$。23 是满足条件的最小的正整数，128 加 105 的倍数也都是答案。

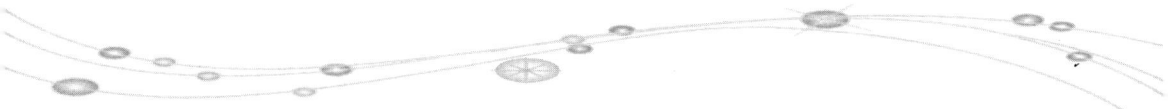

练习五

1. 小学数学单元整体设计的理论基础是什么？小学数学单元整体教学如何体现结构化思想？请举例说明。

2. 如何加强分析法与综合法的教学？请举例说明。

3. 如何让学生感悟反证法？请举例说明。

4. 如何让学生感悟假设法的合理性？请举例说明。

5. 穷举法的优势和不足是什么？请举例说明。

6. 如何在某一个知识点上综合运用数学思想方法？请设计教学案例。

7. 分别用算术和方程方法解决问题,把算术方法的分析思路和列方程找等量关系的过程阐述清楚,并比较两种方法的优势和不足。

从甲地到乙地,开汽车走高速公路和坐高铁走铁路的路程相同。汽车的平均速度为 100 km/h,高铁的平均速度为 250 km/h。汽车出发 6 小时后高铁出发,结果汽车和高铁同时到达乙地。高铁用几小时追上了汽车？甲乙两地的路程是多少 km?

8. 如图,正方形的边长为 a,以各边为直径在正方形内画半圆,求重叠部分(阴影)的面积。

9. 有理数可以用分数 $\dfrac{b}{a}(a,b \in \mathbf{Z}, a \neq 0)$ 的形式表达,而无理数却不能。请用反证法证明 $\sqrt{2}$ 是无理数。

10. 有一支队伍,人数在 1 000 和 1 100 之间。若排成 5 行,则末行 1 人;若排成 6 行,则末行 5 人;若排成 7 行,则末行 4 人。求人数。

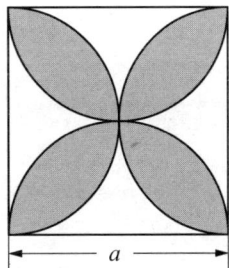

第 8 题图

参考文献

［1］布鲁纳.教育过程［M］.上海师范大学外国教育研究室,译.上海:上海人民出版社,1973.

［2］曹培英.学科知识是提升教学水平不可或缺的基础［J］.小学教学(数学版),2013(10):9-13.

［3］戴丽萍.中学数学思想方法的教学［M］.上海:上海教育出版社,1999.

［4］巩子坤,高海燕.7~12岁儿童对概率概念的错误理解及其发展［J］.小学教学(数学版),2014(3):10-13.

［5］克莱因.数学:确定性的丧失［M］.李宏魁,译.长沙:湖南科学技术出版社,2007.

［6］李丹,等.儿童演绎推理的特点［J］.华东师范大学学报(教育科学版),1964(1).

［7］梁秋莲.小学数学教学探索［M］.北京:人民教育出版社,2007.

［8］林崇德.小学儿童数概念与运算能力发展的研究［J］.心理学报,1981(3):289-298.

［9］林崇德.智力发展与数学学习［M］.北京:中国轻工业出版社,2011.

［10］林群.义务教育教科书·数学(七年级下册)［M］.北京:人民教育出版社,2012.

［11］刘加霞."数形结合"思想及其在教学中的渗透(上)［J］.小学教学(数学版),2008(4):47-48.

［12］刘社军.通识逻辑学［M］.武汉:武汉大学出版社,2010.

［13］梅松竹,王燕荣.我国数学试题与PISA数学试题的比较及启示［J］.数学

通报,2012(6):18-21.

[14] 娜仁格日勒,史宁中.度量单位的本质及小学数学教学[J].数学教育学报,2018(6):13-16.

[15] 史宁中.数学思想概论(第1辑)[M].长春:东北师范大学出版社,2008.

[16] 孙昌识,姚平子.儿童数学认知结构的发展与教育[M].北京:人民教育出版社,2005.

[17] 王瑾.小学数学课程中归纳推理的理论与实践研究[D].吉林:东北师范大学,2011.

[18] 王骧业,孙永龄.8~12岁儿童类比推理研究[J].青海师范大学学报(哲学社会科学版),1981(4):77-82.

[19] 吴国宏,李其维.小学儿童"互反可逆性"发展的研究[J].心理科学,1999(2):105-108.

[20] 伍鸿熙.数学家讲解小学数学[M].赵洁,林开亮,译.北京:北京大学出版社,2016.

[21] 张奠宙,唐彩斌.关于小学"数学本质"的对话[J].人民教育,2009(2):48-51.

[22] 中华人民共和国教育部.普通高中数学课程标准(2017年版)[S].北京:人民教育出版社,2018.

[23] 中华人民共和国教育部.全日制义务教育数学课程标准(实验稿)[S].北京:北京师范大学出版社,2001.

[24] 中华人民共和国教育部.义务教育数学课程标准(2011年版)[S].北京:北京师范大学出版社,2012.

[25] 中华人民共和国教育部.义务教育数学课程标准(2022年版)[S].北京:北京师范大学出版社,2022.

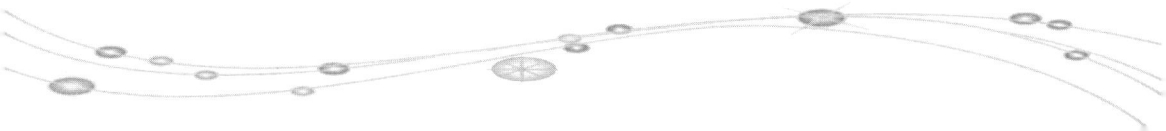

人名索引